作動する法／社会

パラドクスからの展開

林田幸広　HAYASHIDA Yukihiro
土屋明広　TSUCHIYA Akihiro
小佐井良太　KOSAI Ryota
宇都義和　UTO Yoshikazu
編

ナカニシヤ出版

プロローグ

法／社会が作動する。本書を手に取ったあなたはこの表現に戸惑いを覚えるかもしれない。「法が作動する」とは、法があたかも自らの意思をもって自律的に働くかのような自動詞的な表現である。法（さしあたり「制定法」に限定しておこう）とは人が作り使用するものであって、その意味では他動詞的な「法を作動させる」のほうがより適切な言い方ではないか。仮に「法が作動する」との表現があり得るとしても、法は人が設計したプログラム通りに動くだけなのではないか。たとえば昨今の有事法制、復興法制、新型コロナウイルス禍への対応を目的とする法制度など、種々の政策立法と法改正は、法が私たちの道具に過ぎないことを示している、と。

それでは「社会が作動する」はどうだろうか。社会が変化する／停滞するといった表現は不自然ではない自動詞的な表現である。しかしながら、その意味するところはきわめて曖昧ではないだろうか。たとえば「社会が変化した」の具体相がデジタル・デバイスの普及・定着やライフスタイルの変化、人々の思考・行動様式の変化等々だとすれば、「社会が変化する」とは、その実、社会そのものの作動ではなく、個々の作動の総称だということになる。つまり、「社会が作動する」と一枚岩的に言うことはできないことになる。

しかし、それでも法／社会は作動する。この表現には、法と社会が別のあり様に変化する／（逆に）変化を押しとどめる、法と社会が新出する諸状況を前にしてそれぞれの内部システムを組み替える／組み替えずにやりすごす、法と社会が相互作用的に鳴動する、など多岐にわたる意味が込められている。たとえば、本プロローグ執筆中に世界中を席巻している新型コロナウイルスは、私たちの生活様式を否応なしに変化させている。私たちが当たり前のように享受していた物理的な対面コミュニケーションや国内外における自由な往来は、その適用範囲を狭めオンライン・コミュニケーションやオンライン体験に取って代わられている。このように何らかのトリガーによって社会は変化していく。法もこの変化に即応したり、変化を促進／低減させたりするように作動し、社会に影響を及ぼすことがある。逆に社会が法の変化に応じて作動することもある。しかし同時に、今ある社会のかたちを変えることなく変化を押し留めようとする力も作動している。たとえば、人と人との直接的な関わりの重要性を強調してオンライン・コミュニケーションを対面コミュニケーションに近づけようとする動きや、多少のリスクを冒してでも人の往来を復旧させようとする動きがある。いわゆる「アフター・コロナ」「ウィズ・コロナ」社会においても新しいツールや様式は使われ続けるだろうが、旧来のすべてが取って代わられるわけではなく、既存のツールと様式の中には、その価値を高めたり新たな価値を獲得したりして存続するものもあるだろう。

このような社会の変わろうとするベクトルと現状維持のベクトルのいわば同時的両立は、非常時において顕著にあらわとなる。二一世紀の幕開けに起きた２００１・９・11（米国同時多発テロ）、２０１１・３・11（東北地方太平洋沖地震による津波被災と原子力発電所事故、東日本大震災）、そして先に触れた二〇一九年暮れから始まったCOVID-19感染といった、およそ十年周期で訪れている世界的な災厄と、その幕間に国内外で発生した様々な災害は、「災害資本主義」の跋扈を伴って私たちの社会を大きく変貌させ、その度合いがあまりにも大きいため私たちは以前の社会を思い起こせないほどである。しかし同時に私たちには、法を含む現行システムの高いレジリエンス（耐性・復元力）によって全体システムが変化しないまま維持されていることも観察可能である。

例として東日本大震災をとりあげてみよう。大地震によって発生した複合災害（津波、原発事故など）は、私たちに社会の現実（大都市圏－地方圏が形成する双方向的な搾取・依存構造、大都市・消費中心型構造、エネルギー政策など）をまざまざと見せつけ、そのあり方を見直す契機となった。震災後の数年間、既存構造からの脱却、エネルギー政策の転換、脱消費社会などを多くの論者が希望を込めて雄弁に語っていたことが思い出される。そして十年が経過する今、私たちが目にするのは被災前／後での社会の「変わりやすさ」と「変わらなさ」である。被災地は防潮堤や土地の嵩上げによってその景観を大きく変え、津波はそこに住まう人々の生業を変貌させた。非被災地からやってきた人たちによる長期的かつ地域に根ざした支援活動は新しい社会と人間関係のあり様を示すものだろう。すなわち安心できる生活によって成り立つ生の享受、すなわち「人間の復興」（福田徳三）を重視する社会が創生させる契機を見出すことができるだろう。

他方で、変わらなさも実感できる。被災地の復旧・復興は大都市と地方の搾取的関係を見直す契機であったにもかかわらず、被災地という限定された地域の課題として構成され、またフクシマ原発事故は、社会全体に関わるエネルギー政策・消費社会の問題から一部の老朽化した原発の廃炉工程の課題として捉えられるようになった、というように。すなわち、汎社会的とされた問題が部分的なものに落とし込められ、社会の大部分はあたかもそれらの問題が最初からなかったかのように震災前の「日常」に回帰したように思われるのである。

本書は、以上のような法／社会の様々な作動を、具体的な事象を題材にして分析してゆく。その題材と分析方法は各論者に委ねられているため、一見個々バラバラな論稿の集まりに見えるかもしれない。そこで、以下には読者への便宜のために、大まかな見取り図を示しておくことにしよう。本書を通底するテーマは、法／社会の作動を、その内外で展開されるコミュニケーションに照射し明らかにしようとするものである。いわゆる社会システム理論における「コミュニケーション」は独自的な定義を有するが、ここではさしあたり、コミュニケーションとは「情報の発信・伝達・理解の束」としておこう。ただしその「束」は、直線的・単線的ではない。なぜなら、発信された情報が過不足なく伝達されることは「ありそうにない」。伝達された情報が「正しく」理解されることもまた「ありそうにない」（そもそも初発に発信される情報の理解からして然りである）からだ。よって、より正確にいえば、コミュニケーションとは、「情報の発信・伝達・理解のズレの束のズレの束のズレの……」作動であるといえる。この点、本書に収められた諸論稿は、そうしたコミュニケーションの作動を法／社会が、どのように切り縮め／増幅させていくのか、そしてその切り縮め／増幅における法／社会の作動はどのようなものなのか、について独自のテーマを切り口にして分析していく。これを念頭に、本書の流れを見ていこう。

序章は法システムが内有させているパラドクスの解明にチャレンジするものであり、続く各部各論稿を産出する基点に位置付けられる。法は自らの根拠を自らに措定するという自己言及パラドクスを内在させているが、それを露呈させないように作動している。法システムには変化しつつも、内的一貫性を維持しているように見せかける「高度なカラクリ」が内蔵されているのである。しかし、このパラドクスこそが多様なコミュニケーションを生み出し、システムの耐性・体制を強化する。むしろパラドクスを内包しないシステムの作動には柔軟性がなく、内部崩壊を来す可能性がある。

続けてコミュニケーションに着目して各論稿が三つの部「折り合う」「生み出す」「息づく」に配置される。「第Ⅰ部　折り合う」は、既存の法システム、権利体系、紛争処理システム、法＝近代主義に裏打ちされた雰囲気、との折り合い方を論じる。私たちは物事を理解しようとするあまり、複雑な事象をあえて単純化することがある。しかし、この単純化作業の際に意識的、無意識的に見落とすことがありはしないか。そして別のあり様を構想する回路を自ら閉ざしているのではないか。複雑な事象を単純化しないこと、わかったことにしないこと、そして折り合うことは、新しいコミュニケーション＝新しい構想を生み出す契機となるのではないか、と論じられる。第Ⅱ部、第Ⅲ部は第Ⅰ部を基底に据えて、より各論的に展開される。「第Ⅱ部生み出す」では自足的、自閉的に展開されているコミュニケーションがその内外に新たなコミュニケーションを生み出す可能性を持つことを論じる。民事裁判、景観、健康食品をめぐるコミュニケーションは、コミュニケーションを別のコミュニケーションに接続させ、同時に新たなコミュニケーションを生み出していく。各論稿は私たちを今までとは異なるコミュニケーションへと導いてくれるだろう。「第Ⅲ部　息づく」の各論稿は抑圧される当事者や言説側から抗いとして展開されるコミュニケーションに注目したものである。女性のワキ毛、戦後補償、検察審査会、研究実践の内実に立ち入った分析を通して、社会的権力によって虐げられた当事者と当事者を取り巻く議論から生み出されるコミュニケーションが権力側に抗っていく息づかいを観察することができるだろう。

さらに本書は五本のコラムを各部に散りばめている。コラムは、様々な分野で活躍している実践家と研究者によって執筆されており、各論稿をクールダウン、もしくはよりいっそうヒートアップさせることで、本書全体のテーマを立体化させていく力を持つ。

このように、本書は各論稿とコラムを三つのカテゴリーのいずれかに配置しているが、特定のカテゴリーと押し込めようとする意図はないし、押し込めることは本書の基本姿勢に反する。そのためカテゴリーと掲載順はあくまでも読者にとっていちおうの見取り図として設定したにすぎず、これから本書を読もうとする皆さんを縛ろうとするものではない。各論稿・コラムをさしあたりの起点として、皆さんがコミュニケーションの束のズレを作動させ、そこから執筆者の意図を超えた別様のコミュニケーションが展開されてゆくこと、これが本書の目的である。

編者一同

目次

第Ⅱ部　生み出す

作動する法／社会——パラドクスからの展開——

序章　法システムのパラドクス

江口厚仁

《提題》

ある論理体系の内部で、その論理体系自体の存立根拠を確定しようとする基礎づけ主義的論証は、ミュンヒハウゼンのトリレンマ（同語反復・無限後退・判断停止）に突き当たり、究極的には失敗する。こうした自己による自己自身の根拠づけは、自己言及のパラドクスを発生させ、真偽判断ができない決定不能な状態に陥るからである。このパラドクスを最終的に解決／解消することは不可能であり、唯一ありうる対応策は「自己言及の引き延ばし（展開）」による問題の回避、すなわちパラドクスを見えなくする（隠蔽する）ことでしかありえない。

だがそれは、基礎づけ主義的論証を放棄し、その都度の場当たり的な対応を正当化する理由にはならない。逆である。基礎づけ主義的論証がパラドクスから逃れられず、絶対に完結／完成しないということが、その論理体系自身の変化／進化の活力源となっているのである。不断に新たな論証が産出されるチャンスと必然性が、はじめからシステムの根幹に組み込まれており、それがシステムの内容を豊かなものにしてゆく。基礎づけ主義的論証とは、いわば「パラドクスの積極的活用法」なのである。

法というシステムもまた、この問題を免れない。法解釈とは法的な基礎づけ（法的判断を正当化する論証）のネットワークだから、むしろ以上の問題が最もはっきりと出現してくる領域ですらある。法システムにおいて、こうした自己言及のパラドクスが具体的にどのように「展開」されているか、またそれがいかに巧妙に「隠蔽」されているかを観察することで、法解釈という営為に新たな光をあててみよう。これは法解釈という基礎づけ主義的論証の機能を、それ自体の法的正当化という法システムの「内的視点」からではなく、内部観察者からは見えないパラドクスの展開という「外的視点」から観察する試みである。それゆえこれは、直接的に「法実証主義的思考」を正当化したり、棄却したりすることを目的とした観察ではない。法システムにとって通常は「自明の背後仮説」となっている思考法に外的視点から新たな光をあて、そこから見えてくる光景を記述するささやかな試みにすぎない。それを法システムの側がどう受信する／しないかは、法システム自身にとっての問題、すなわち法学に関心を持つ読者の皆さん自身の問題である。

1　法／不法
——法の基底コードのパラドクス——

法が法的に正当であることを基礎づけるために法を持ち出せば、「法は法である」という法の自己言及が生じ、この恒等式は常に正しいが無内容（空虚）な定式に陥る。法を定義しようと思えば、必ず「法ならざるもの」との区別が必要となる。それゆえ法の最も根幹にある区別（基底コード）として法／不法の区別が措定されるのは必然である。法が法であることとの自己言及のパラドクス（決定不能性）は、不法という対立項を立て、それとの差異において法を定義するという「展開」を受けることにより、はじめて操作可能なもの、すなわち法的に（不法ではない形で）法を措定することが可能となる。この限りで、不法は法の「外部」にある（法／不法）。

だが話はここで終わらない。この法／不法の区別（スラッシュ記号「／」）はいったいどこから来たのか、この区別を立てている（可能にしている）ものは何か、という「区別の自己言及」が生じるからである。この区別が不法の側からなされることはありえない。もしもそうであれば、法／不法の区別を用いる一切の法的決定が不法なものになってしまうからである（不法［法／不法］の不可能性）。一切の法令・判決は、常に法（合法）の側から書かれる、これは「自明の理」である（たとえ個別的な法令・判決が事後的にその合法性を否定される場合があるとしても、このことは変わらない）。そうである以上、この区別の演算は必然的に法［法／不法］という形式をとらざるを得ない。合法なもの／不法なものを法的評価を通じて区別し、不法なものを合法的に不法とマークしているのは、あくまでも法ということになる。法は法の「内部」に法／不法の区別を持っていなければ、不法を不法として法的に評価することができない。この限りで、不法は法の「内部」にある（法［法／不法］）。

このパラドクスを展開する定番のストーリーとして、たとえばこんなものが考えられるだろう。法はもともと法の「外部」にあった潜在的に不法なものに言及し、それを法的観点から意味的に加工して、法的に処理・制御可能な「法的な不法」（違法・不適法・非合法・触法……）という形で法の「内部」に回収しているのだ、と。言い換えれば、損害賠償や刑罰などによって、確実に法的処理が可能となった不法のみが、法が認知する不法（法的な不法）ということになる。

だがそれでも話はここで終わらない。法［法／不法］という区別の同一性を支えている最左辺の法は、いったいどこから来たのかが問題になるからである。おそらくここで呼び出されてくる区別は、法［法／不法］／非法という区別だろう。非法とは法的評価が及ばない領域＝法の外部のことであり、たとえば科学的真理・宗教的教義・芸術的審美判断をめぐる争いから、いわゆる道義的責任や高度に政治的な判断に至るまで、法は法的争訟性や統治行為論といった独自の概念を駆使することで、この区別をうまく処理することができている。だがそれは裏返してみれば、非法領域をマークしているのもまた法自身であるということを意味する。法的判断が及ばない領域を合法的に画定するのもまた法である。すなわち、法［法［法／不法］／非法］であり、再び最左辺の法と区別されるものは何か、という問いが生じ、この問いはこれ以降どこまでも無限後退することになる。だから通常は、法の実務的有用性を持ち出すことで、このタイプの「子どもの問い」は然るべく切断（判断停止）されることになる。これ以上は論じても無駄／無意味な問いなので、真剣な議論には値しないのだ、と。もちろん実務的にはそれで十分だし、論理階層をどこまでも遡及するゲームは不毛である。法解釈はこうした「判断停止」をかけることで、はじめて実践的に有意味な論証を産出することができる。論証を通じてパラドクスを不可視化することのメリットは、まさにこの点にあるのだから、この対応は順当である。だがこの事態を逆から見れば、実定法体系の内側からは見えない／見なくてもよい何かが、法解釈的論証においては常に先取りされており、その究極的な未完成／不完全性が、新たな論証を生み出す震源地として機能しているさまを、外的視点からであれば観察できる、ということでもある。

たとえば、一つの思考実験として、法［法［法／不法］／非法］／無法という区別を立ててみよう。ここでいう無法とは、法的に加工して法の内部に回収できる不法でも、法的評価が及ばない領域として法的に排除された非法でもなく、現行法体系それ自体を端的に全否定し、その効力が及ぶことや、その評価を受けることを端から拒絶してはばからない「むき出しの力」のようなものを考えてみよう。もちろん法の側からすれば、さしあたりそれは最悪の不法だろうが、もしも法が何らかの理由で法的処理を諦める／見切るならば、無法は暴力によって対抗／殲滅してもよいものに変ずるだろう。それはいわば究極の法の管轄外とみなされるのである。だがここに、悪漢／英雄の弁証法という、いささか怪しげな物語を付け加えると、事態の見え方は変わってくる。ここでの無法は、最左辺の法の側からする区別であり、たとえば無法の側が歴史的／社会的に力を得て、それ自身の法を主張し始めるやいなや、法（1）［法／不法］／法（2）［法／不法］という図式が起動し、法と無法の転倒可能性が生じてくる。もしも「法の力」を「裸の暴力」から区別したいと考えるのであれば（たとえば「革命」の正当性を法的に基礎づけようとすれば）、さらに何らかの形で「上位の法」を措定することが避けられなくなる。このパラドクスは、たとえば憲法制定権力という形で、法学空間に姿を現すことになる。主権という「法と力の境界線」上にある概念を、神や自然の摂理といった非法的概念になるだけ頼らず、何とかして法的処理可能なものへと加工する努力が営々と積み重ねられてきたのである。そうした論証の蓄積が国民主権や立憲主義のシステムを正当化する法解釈的論証に、たとえ直接的にではないにせよ相応の貢献をしてきたこともまた事実であろう。

このように法／不法の区別は、その区別の統一性を支える原点として、常に法を先取りするほかはなく、この論証は「無限後退」か、さもなくば法の外部に「究極的な法」の如き大きな物語を措定する形でしかその体系を閉じることができなかった。かくして大きな物語のメニューは、神・自然・理性・自由・平等・民族精神・歴史法則・最大幸福……と豊富になったが、いまやそのどれを持ち出しても決定打となりうる時代状況にはないことを私たちは実感せざるをえなくなっている。これらの概念は、その内実をめぐって議論を始めた途端に、合意と同じだけの異論や対立を生み出すことになる。それでも／だからこそ議論を続けることには大きな意味がある。多様性の確認は新たな論証を生む苗床だからである。問題なのは、議論が自ずから一つの究極的根拠へと収斂することを先取りした論証さえ行っていれば事足れり、とする態度である。自己言及のパラドクスはどこまでも解消不能であり、究極的に体系を閉じることはできない。無理にそれを実現しようとすれば、どこかに必ず暴力や抑圧が忍び込んでくる。この事態に対する感度を保持しておくことは、日常的に法実務に携わっている法律家や実定法解釈学にとっても決定的に重要である。

パラドクスを法の外部の根拠に向けて引き延ばすだけでは危ういとすれば、それを法の内部に向けて展開する道がある。体系の究極的根拠づけはできなくとも、個別具体的な法的決定の場面で、とりあえずは「正しい決定」を担保するために、法システムの内部に法的に有意味な「下位区別」のネットワークを産出し、それらを相互補完的な円環状の論証構造へと再配置することにより、自己言及のパラドクスが露見して決定不能に陥るリスクをシステム内部に「分散」することができる。これは言語の体系が、実体的根拠なき「差異の体系」でありながら、個々の言葉の意味を循環的な相互言及のループによって支えている事態に似ている。そうした法的論証の積み重ねが、法システムの内部構造をより複合的・豊穣なものへと進化させていく。法律学の営みが永遠なのは、常に解決すべき新たな問題を生み出す社会への適応圧力だけが理由ではなく、そのパラドキシカルな論理形式の必然的帰結なのである。体系的安定性や一貫性を求める（部外者にとっては得てして無味乾燥に見える）法解釈の営みは、常に同時に変化と進化へのモメントをはらんでいる。基礎づけとはパラドクスの展開であり、論証とは法概念を用いた法的区別の循環的構造化であり、法解釈とは反復を通じた反復からの逸脱である。これらの抽象的な命題を、以下いくつかの具体的テーマに則してさらに展開してみよう。

2　法の支配
――法の政治性／非政治性のパラドクス――

近代民主国家の条件として、民主主義（democracy）と法の支配（rule of law）の制度的保障を車の両輪とする見解が有力である。中等教育の公民科的知識を踏まえれば、この物語は次のように描き出されよう。主権者国民が普通選挙を通じて自らの代表を国会に送り出し、社会全体の集合的決定に向けた正統な権力を国会に与える。国会は「国権の最高機関」として政治的決定を行い、その実施のために「唯一の立法機関」として法律を制定する。行政や司法などの国家機関は、いわば主権者国民の民主的／間接的な「自己決定」の成果である法律によって授権される範囲内でのみ正当に公務を遂行することができる。この制度的枠組みの支柱となるのが最高法規たる憲法であり、主権者国民の意思によって正統化された憲法に拘束された統治を立憲主義と呼ぶ。主権者国民から発した統治権力が、国会を中核とする各種国家機関を経由して、主権者国民へと合法的に環流してくる民主主義的な権力循環のメカニズムこそが、民主主義＋法の支配の物語のメインテーマである、と。さしあたりこの主張は正しい。だが、民主主義と法の支配を同一視したり、それらが自ずから両立する性格のものだと考えたりするのであれば、それは誤りである。

これを国会という機関の持つ両義性という観点から考えてみよう。国会は政治機関であると同時に立法機関である。この二つの機能は、少し考えればそう簡単に両立しないことがわかる。政治的決定／法的決定に求められる役割を、あえて対照的に描き出せば次のようなことがいえる。刻々と変化する社会情勢への柔軟かつ状況適合的な対応を迫られる政治的決定には、時間的には事態へのフレキシブルな即応性が、社会的には多数派の意思を尊重した多数決が、内容的には対立する利害を調整する多極的妥協とバーゲニングの機能が求められる。他方で、客観的で予見可能なルールに基づく判断を求められる法的決定においては、時間的には一定期間の安定性が、社会的には基本的人権に見られるように時々の社会的多数派の意思によっては左右されない個人の権利や少数者保護の機能が、内容的には決定根拠となる法の体系的一貫性が求められる。こうした法の機能は、立法府よりもむしろ司法府において実現される。立法府を中核とする民主主義のサイクルとは区別される次元で、司法府を中核とした法の支配のサイクルが併走している。憲法が主権者国民の意思と目に見える形で直結する局面として、憲法改正の国民投票という、どちらかといえば非日常的な政治的セレモニーに注目が集まりがちだが、そうした集権的／単発的な決定とは別に、日常的に継続して営まれる裁判の空間において、法システムは人びとの個別具体的なニーズや苦悩に直面し、それらを反映させた法解釈／判決の緩やかな積み上げを通じて、憲法体系の内実は刻々と補完／再編されていく。憲法とは憲法典の文言それ自体を指すのではなく、こうした法解釈／法的論証の循環的ネットワークの全体から構成されているのである。最高裁判所を頂点とする司法府は、憲法判断を通じて国政全体を監視する「憲法の番人」と呼ばれているが、それは同時に、分権的／継続的な裁判プロセスを通じて憲法体系を育成／ケアする「憲法の世話人」でもある。

法の支配は、裁判の個別事案処理を通じて、長期にわたって蓄積されてきた法の解釈適用の産物（判例法・学識法）に依拠することで、政治から一定の距離を保ちつつ、法に固有の一貫性を備えた自律的な決定を維持する司法府の機能に依存している。憲法が司法権の独立を定め、硬性憲法を後ろ盾に違憲法令審査権を司法府に与えているのも、時の政府や世論の動向によって簡単に振り回されない法的決定の安定性を守ることが、法の支配ひいては立憲主義の根幹を守ることにつながる、という思想に基づいている。これらを踏まえて考えれば、法の支配とは国会や内閣が民主主義のサイクルを通じて定めた法令に基づく統治がなされていることに尽きるという考えは、端的に誤りであるか、少なくとも事の本質を見落とした一面的な理解にすぎないことがわかる。

以上を要約すると、民主主義は「法は政治である」というテーゼを、法の支配は「法は政治ではない」というテーゼを掲げていることになる。特に国会という機関は、この矛盾する機能を常に同時に果たすことが求められている。実際には、たとえば内閣法制局という法律家集団が、時々の政治的意思決定の立法化に際して、それが既存の実定法体系と矛盾せぬよう緻密な調整を図る役割を果たしてきた（だからこそ法制局長人事への政治的介入が永らく禁じ手とされてきたのである）。また司法府の側でも、法律条文の文字通りの適用を解釈を通じて回避したり、拡張したりする工夫を積み上げてきた。法は政治である／法は政治ではない、この矛盾する命題はいずれも正しい。だからこそ、法システムは様々な法概念や法制度を緻密に組み上げることで、この両命題を同時に演算しても破綻しない複合度の高いシステムへと成長してきたのである。

たとえば三権分立制は、立法／司法／行政の三権を相互にチェック・アンド・バランスの関係に置き、権力の暴走に歯止めをかける制度として一般に理解されている。これをパラドクスの展開という視点から観察すれば、主権という「法と力の境界線」が不分明になる最高権力のパラドクスを、硬性憲法という法の支配の要石の下、統治機構の内部に権力階層の循環的なループ（入れ子構造）を生み出すことで、法的に分散／馴致するメカニズムとして理解することができるかもしれない。

かくして憲法という審級は、法の政治性／非政治性という両義性が最も鋭く問題化する場面としてクローズアップされてくる。法の究極的根拠づけのパラドクスは、憲法－最高法規－主権者の意思というトリレンマ（三すくみ）が主題化されざるをえない憲法改正をめぐる議論空間において、目に見える形で結晶化する。

政治空間での民主的決定と、法的空間での法の支配の原理とが、憲法改正の手続や射程をめぐって鋭く対立する。この対立にはおそらく「正解」など存在せず、憲法という審級が、法システムのパラドクスが送り出される有力な名宛人としてマークされていることを踏まえた上で、この矛盾した要請をうまく受け止めるだけの複合度の高い論証を張ること以外に、適切な対処法はない。日本国憲法をはじめ多くの憲法が、硬性憲法として改正に高いハードルを課しているのも、政治的意思決定の氾濫を一定程度抑止し、そのための時間的余裕を確保するという点に照らせば適切な制度的対応といえるだろう。

ここで当初の問題設定に話を戻せば、民主主義と法の支配は近代民主国家の車の両輪なのだが、両者は自動的に両立するわけではなく、むしろ相互に矛盾する要請を掲げた異質な原理である。この事実を見据えた上で、両者を同時に演算するための巧妙な仕掛けを、法システム内部の論証ネットワークを通じて開発していくことが、法システムにとっては最善手ということになるだろう。たとえば、「法は政治である、だからこそあまりに政治的に振る舞ってはならない」「法は政治ではない、だからこそ自己自身の政治性に鈍感であってはならない」といったふうに、どこまでも両義的な思考態度を手放すことなく考え続けること、パラドクス問題という終着点なき迷路を探索する道行きは、そうしたアイロニカルな思考を導きの糸とするしかないのである。

3　先例拘束性

――法の過去／現在／未来のパラドクス――

法の支配を支える司法制度上の原理として重視されている先例拘束性について考えてみよう。先例となった過去の判決（特に最高裁判所の判決）の判決理由、つまり具体的事案に法令を解釈適用した法律構成の枠組みに、それ以降の判決は拘束されるというのが先例拘束性のおおまかな内容である。裁判制度においてこの原理が重視されることには様々な理由があるが、現行法体系の解釈適用が客観性・一貫性・予見可能性を持つことは、法がルールの体系（要件‐効果の法則的結合を実現する論理関数の体系）であるための条件であり、かつ裁判官の恣意的判断を防ぐことで裁判の公平性や司法への信頼を守るという意味でも重要な役割を果たしている。だがここで少し立ち止まって考えてみよう。先例となる判決が先例化するのは、いったいどの時点においてなのか、と。

社会的事実の問題として考えた場合、先例が先例化するのは、先例となる判決が出された時点（「現在の過去」）ではなく、先例に言及した決定がなされる現在の判決（以下これを便宜的に「後例」と呼ぶ）が出された時点（「現在の現在」）である。もっとはっきりいえば、先例が先例化するのは、その都度の現在の判決＝後例ごとになされる裁判所の自己決定の結果である。先例はそれ自身の未来の参照のされ方を、先例が決定された時点（「現在の過去」）において決定し尽くすことなどできない。先例に先例性を付与するのは、その都度の現在の判決の反復的連鎖という事実そのものであり、それはただ事実遂行的（パフォーマティブ）に実現されたり／されなかったりする現象にすぎない。だが、先例拘束とは実際には後例による自己決定であるという事態は、そのままでは法的安定性を脅かすおそれがある。そこで自己決定をそれ自体によって正当化するというパラドクスは、すでに確定済みで安定性を保証してくれそうな過去に向かって引き延ばされる。先例は、あたかもはじめから／あらかじめ確定されていたかのように言及され、その都度の現在の判決の連鎖を通じて現実化されていく。これは事後的／回顧的にしか確定できないものを、常に先取りしてその都度の自己決定の前提にするというアクロバットの連鎖である。だがこれには、単なるパラドクスの隠蔽にとどまらない大きな利点がある。法的安定性は、先例の単なる機械的反復だけでは達成できず、常に反復と変更を両立させるメカニズムを必要とする。先例拘束性のパフォーマティブな現実化は、たとえ明確な形で判例変更が行われなくとも、その都度の現在における判決を通じて、この反復と変更という矛盾した要請を同時に実現するチャンスを生み出している。これは先例が、過去の時点で一義的／確定的に未来の後例を拘束できないからこそ可能となるゲームである。

それでは、先例が参照されながらも変更のモメントが前景化してくる局面について、さらに踏み込んで考えてみよう。その最も直接的なやり方は、先例に言及しつつその効力を明示的に否定する「先例の破棄」である。ただしこれは根拠となる法令（根拠条文）の改正が行われていない場合には、原審は法の解釈適用を誤った、という宣言を伴うほかなく、法や裁判制度への信頼を危うくするおそれもあるため、あまり好まれないのが通例である。さらにこの方法では、先例となった判決と判例変更をした判決の間に下されたすべての類似事案の判決が誤ったものになる可能性がある。だが、現行訴訟制度は判例変更を理由とする再審請求を認めていない。一事不再理／判決の既判力／訴訟経済といった概念を用いて、訴訟手続や判決の時間的不可逆性を策出しているわけだが、もしも法解釈という営みを、ルールという論理関数を客観性／一貫性を持って現実に当てはめる作業だと考えるなら、過去の誤った決定を反復利用したすべての事案に対して、その是正が認められないのは、本来なら筋が通らない話である。つまり法の解釈適用の営みを、所与の実定法体系を構成する無時間的な論理関数のパズル解きになぞらえるのは、法の実態に照らせばいささか非現実的だということである。とはいえ、法がルールの体系である以上、この表看板を完全に放棄するわけにもいかない。ここにもまた、矛盾するものの同時演算というパラドクスが姿を現している。

明示的な先例破棄ではなく、時代のコンテクストが変化したことを理由に判例変更を行うという手法が利用されることもある。この場合は、過去の時点では合理性を持っていた原審の法令解釈だが、現在の時点では著しく合理性を欠くため、解釈を変更して時代状況に見合った新たな判断を示す、という物語が提示されることになる。反復と変更の同時演算という視点に立てば、なかなかうまい問題処理ではあるが、法システムの表看板である客観的なルール＝論理関数への事実の当てはめという物語に照らせば、これまた筋が通らない話ということになる。法令（関数体系）と要件事実（代入する数値）が変化していないのに、それを演算する環境が変化したことで解が変化するというのは、常識的な数学的感覚に照らせばおかしな話である。法解釈と数学的証明問題は、論理的推論の積み上げという点では似たところもあるが、決定的に何かが違っている。法は、いつどこで誰がやっても同一の解を導く客観的なルールの体系（公平性）という外観を提示しつつ、実はそうではない運用を許容／推奨しているのである。環境変化を理由とした判例変更という物語は、法解釈の名の下に、意識的に「適用すべき先例の欠缺《けんけつ》」を産出し、コンテクストの変化に応じた新たな決定を導く技法だといえるだろう。そうした意味では、先例とは具体的事案の処理にあたって、法的に重要な論点と考慮すべき事実の評価方法をメニュー化した思考整理のためのツール（それを具体的事案に即して演算してみせた模範例）であって、必ずしも一義的な「正解」を約束しているわけではない、ということになるだろう。

これとよく似た対応策として「事案の峻別」という手法がある。先例となった事件Aと現在審理中の事件Bは法的に異なる事案なので、本件には先例の拘束力が及ばない、という物語を用いて、事実上の判例変更を行うというものである。事実整理の中で、先例が重視した事実とは異なる事実を発見し、視点の重心を移すことで、似た事件は別の事件になる。ルールが適用される事実のほうを変更すれば、先例のない事件に対して初めての判決を下すことになり、先例拘束性にもいっさい抵触しない。先例を先例化するのは常にその都度の現在の後例の連鎖である、という理屈からすれば、これはきわめてノーマルな事態である。先例は後例による参照を通じて先例化する以上、後例による参照を期待できなくなった先例は、その法的効力は否定されないまま、実際には休眠モードに入ることになる。ここでのポイントは、過大なストレスなく事実上の判例変更ができるということばかりではなく、実定法体系の内部に矛盾したルール（法解釈）を同時に保存することができるという点である。状況の変化によっては、休眠していたルールが再び召喚されることもあるかもしれない。テクスト化された法典上で矛盾するルールの同時保存を行うのはタブーだが、判例空間でこれを行うのはノーマルな事態である。矛盾したルールを含む参照先が豊富であることは、将来的に新たな法的論証を産出する上でも有利であろう。

こうした先例拘束の可能性／不可能性が表裏一体の現象であるという事態は、法というシステムが時間を処理する特有の形式に由来している。法は要件‐効果のプログラム体系であるから、過去の事実（要件）に法的評価（効果）を規則的に付与することで、過去への評価を現時点でひとまず固定し、紛争の一回的／終局的解決を図ることが強く期待されている（本当にそんなことが可能か、という問題は残るが）。先例拘束もまた、現在の判決の自己決定を相対的に安定した過去へと引き延ばすことでパラドクスを回避する仕掛けである。つまり法には、安定した過去を産出し、それを資源に現在／未来の決定に指針を与えるという過去固定的な志向性が貼り付いている。

他方、社会的事実として人びとの時間識覚を観察するとき、「現在の過去」に意味を与えているのは、圧倒的に「現在の現在」における観察である。過去の事実や出来事を現在の時点で都合良く改変するのは「歴史修正主義」の汚名を免れない不正だが、過去をどう意味づけるかは（良くも悪くも）常に現在の再解釈に開かれている。現在から完全に独立した過去それ自体の固定的意味なるものを想定するのは難しい。機能的に過去志向性を持つ法システムですら、現に先例拘束のゲームにおいては、その都度の現在における過去の再解釈を密かに利用している。だが法システムは、正面からそのことを認めるわけにはいかない。現在の時点で過去の決定に不満を抱く人がいたとしても、いったん固定した過去に相応の不可逆性を与えておかない限り、紛争の際限なき蒸し返しや便宜主義的な法解釈の蔓延によって、法のルールとしての安定性が損なわれるおそれがあるからである。ただし直ちに付言すれば、法にとって過去の不可逆性は決して宿命でも必然でもなく、一定の法的条件づけの下で産出される技術的問題にすぎない。たとえば、未来に予想される望ましい結果を根拠にして、現在の法的決定を正当化する未来志向／結果志向的判決が乱発されるのは、決定根拠とされた未来予測が期待外れに終わる可能性を考えると危ういが、法のルールとしての機能を維持しつつ、その都度の「現在の現在」の時点で、「現在の過去」と「現在の未来」とを適切に媒介する多重構造の法的論証＝パラドクスの展開を企てるチャンスは常に開かれているのである。

4　法令拘束性
──司法的立法のパラドクス──

裁判とは現行法体系の解釈適用の場であり、裁判官の決定は立法府の定めた法令に拘束されたものでなければならない。これもまた先例拘束の原理とともに、選挙による民主的統制を受けない裁判官の恣意的立法を防ぐ原理として尊重されている。この裁判官による立法（judge made law）の禁止は、判事を「法体系の代弁者」とみなし、厳密な法解釈技術を用いて現行法の「正しい意味」を発見することこそが、判事の職業的使命であるという「謙抑的判事像」とも結び付いている。だが同時に、法は当該事案に適用しうる明確な実体法ルールが存在しない場合であっても、その訴えに裁判を通じて解決すべき法的利益があると認められる場合には、国民の裁判を受ける権利に基づき裁判を拒絶することを許さない（裁判拒絶の禁止）。本来ならば、適用すべき「実体法の欠缺」は、裁判官の立法禁止の原則に照らして考えると、当てはめるべき実体法ルール（要件－効果プログラム／法的論理関数）の不存在を理由に、初めから「解なし」という結論（本案審理以前の請求棄却）になってもおかしくない。ここに出現しているパラドクスは、司法の立法禁止／司法への立法要求という矛盾した要請を同時演算する可能性である。

この問題が顕在化するのは、まさしく実体法ルールの欠缺が問題となるハードケースと呼ばれる状況下である。このパラドクスへの対処法として援用されるのは、おおむね次のような物語である。そこで判事が行う「立法」は純然たる立法ではなく、既存の法体系全体を見渡しつつなされる、その合理的／論理的な穴埋め作業（立法者／法体系の意思の枠内で行われるミクロな立法）に限定されるため、その限りで司法的立法とは（広義の）法解釈の一部にすぎない、と。局面は異なるが、最高裁判所が違憲法令審査の場面で、特例の単純削除型の違憲判断には踏み込むが（特例を解除すれば、原則ルールに回帰した問題処理が十分可能なケース）、原則に対する特例創設型のそれには慎重である（立法府に対して立法的対応を要請することはあるが、自発的な司法的立法は行わない）のも、実体法の過剰／欠缺を司法審査するにあたり、それが既存の司法的コントロールの枠内で処理可能か否か、という側面を重視しているからではないかと思われる。こうした法解釈／立法の区別（あるいは法発見／法創造の区別）に基づくパラドクスの展開は、多様かつ緻密な法解釈方法論の産出を通じて、いちおうの成果を挙げているといえそうである。

だがここで、所与の法体系の客観的解釈＝法発見という制定法実証主義のゲームを社会的事実として外部観察するとき、法令は自己の将来の参照のされ方のすべてを、立法の時点で一義的に確定できるのか、という問いが浮上してくる。

先例拘束性の場合と同様に、現実に法令の意味内容を確定しているのは、その都度の現在の裁判（法を有権解釈する権能を持ったあらゆる機関が含まれるが、ここではその代表例として裁判を指示する）における法的決定の連鎖という事実そのものである。法令拘束の下にある裁判は、法解釈の名の下に、実際には個別事案ごとに参照すべき法令集合の選択／組み合わせ／解釈内容を刻々と再編集している。それゆえ法の体系的一貫性／客観性とは、この物語の下でパフォーマティブに遂行される個別的決定の集積として、事後的に確定されるものでしかない。立法府が立法の時点で、あらかじめ法の体系的一貫性に配慮した調整を行っていることは事実だが、日々刻々と同時多発的に継続する個別事案処理の空間における再編集の全貌を、立法府が事前にコントロールできると考えるのは、あまりにも非現実的な想定である。法令の意味内容は、あたかも初めから／あらかじめ確定されていたかのように言及され、その都度の現在の判決の連鎖を通じて、再編集を受けつつ現実化されていく。これもまた、事後的／回顧的にしか確定できないものを、常に先取りしてその都度の自己決定の前提に据えるという、先例拘束性と同様のアクロバティックな営為なのである。その都度の裁判における自己決定は、法典という文字テクストの形式で固定化されている（ように見える）根拠に向けて、いわば横方向に引き延ばされ、その拘束下に置かれているという物語を通じて、実際にはミクロな「司法的立法」に活動の余地を与えている。もちろんその範囲は無制約ではなく、解釈／立法の区別はその射程を一定の条件下に置く機能を果たしているわけだが、この再編集の余地を条件化している解釈方法論もまた、その都度の法的論証を通じて反復／変更されうることに変わりはない。法令拘束とは、法令による裁判の一方的拘束ではなく、法の解釈適用を担う法実務との相互依存を前提とした循環的現象である。この事態は、立法者が立法の時点で、当該法令の意味内容を未来に向けて一義的に確定することができないからこそ可能となるゲームである。ここでもまた、法システムにおける反復／変更の同時演算というパラドクスが、法解釈という形式をとった法的論証＝パラドクスの展開を通じて法体系の豊穣化に寄与している姿を観察することができる。

5　憲法改正
――法の力のパラドクス――

最高法規＝憲法という審級は、いったんは法システムの内部に循環的に分散されたパラドクスが、その最終的な解決（という不可能な問題）をめぐって主題化されるとき、この問題の「筆頭／最終名宛人」という役割を期待されていることもあって、法のパラドクスが集約的に再現される場となる。それは法体系全体の要石であるとともに、究極的な決定不能性を生み出すパラドクスの巣窟でもある。

その一例として、いわゆる「憲法の自殺可能性」問題について考えてみよう。憲法自身が規定する憲法改正手続を用いて、たとえば主権者の変更（国民から天皇への、あるいはその逆方向への）を行うことは可能だろうか。通説的見解によれば、当該憲法のアイデンティティの根幹に関わるような変更は、もはや憲法の同一性を保障するものとはいえないので、これを憲法改正と呼ぶことはできず、旧憲法の廃止と新憲法の創設を意味する一種の革命と捉えるしかない。その限りで憲法は自殺を予定していない／予定することなどできない、とされるようである。少なくとも形式的には合法的であるかのように見える方法を悪用してなされる無法は、単純な不法以上の悪辣さが際立つ瞬間だろう。だがこの事態を逆から見れば、それは当該憲法の効力の源泉たる主権者の最高権力を、当の憲法自体が制約できることを意味する。少なくとも形式的に見れば、最高権力の最高性を守るために最高権力を制約するという、いささか捻れた事態が発生している。ここではこの論点そのものについて、これ以上の深入りはしないが、制度全体の象徴的頂点を指示する最高法規や最高権力といった概念は、それ自身への問いの折り返しが発生した瞬間に、このタイプの自己言及のパラドクス＝循環的な決定不能性に突き当たることになる。これを回避したいのであれば、さらに新たな下位区別を立て、体系内部に新たな論証ネットワークを構築し続けること以外の手立てはなく、憲法学はそうした論証の在庫をすでに数多くストックしていることを付け加えておこう。

主権者の最高権力＝憲法制定権力という審級は、法／力の区別がはらむパラドクスが際立つ最終局面でもある。平時であれば、［法の力（法的強制＝法を維持する力）／不法な力（反社会的暴力＝法に反抗する力）］という区別を用いて、法は法／力の区別をうまく処理できている。だが、この区別自体を支えている法、つまり法［法の力／不法な力］という区別の起点となっている法の根拠として、主権者の最高権力＝憲法制定権力（法を創出する力）に言及した途端に、この区別を支えているものが法なのか／力なのかの区別が不分明になる。主権とは、法と力の境界線上に置かれた概念であり、同時にそれは憲法体系の内部／外部の境界線上に立つ概念でもある。憲法はそれ自身の内部で主権者を指名する法的な力を持つが、その憲法自身の力を外部から支えているのは、ほかならぬこの主権者の力である。この循環した事態を理解するには、いわゆる緊急事態・例外状態・革命などの局面をイメージしてみればよい。そこでは法／力の区別が融解し、これまでにない新たな法＝正義が突如として出現することもあれば、勝てば官軍的に「力こそ正義」という最悪の状況に陥ることもありうるだろう。そうした意味で、主権＝憲法制定権力とは、憲法体系にとって最高のリスク／最高の切り札という両義性を備えた一種の「魔物」であり、平時の法運用においては、なるだけ冷凍パックしておくのが無難／賢明な対応である。もっぱら政略的／党派的な動機に基づいて憲法改正を政治的に争点化する試みは、この「魔物の眷属」を不用意に召喚する危うさを秘めており、民主主義のサイクルからすれば相応の正当性を持つにせよ、法の支配のサイクルに照らして考えればきわめて危険なギャンブルだということだけは意識されていてもよい。

フランスの哲学者J・デリダは、こうした「法の力」にまつわる最高権力のパラドクスに言及しつつ、この「魔物」は例外状態においてのみ出現するわけではなく、日々の法実務の空間においても、はっきりそれとはわからない不可視な形で、しかし繰り返し出現してくることを指摘している。それは概略こういう意味である。判決とは、法的ルールの単なる当てはめ作業、すなわち既存のルールの反復的演算ではない。誰がやっても同じ算術計算の反復には「決定者」は不要である。判決が決定の名に値するものとなるのは、法の解釈適用の継続性・一貫性を反復的に産出する裁判プロセスのただ中から、その反復的演算の破れ／差延が産出される瞬間が到来することによってである。あたかも初めからそう決められていたかのように、過去からの断絶を伴う新たなものが宣言されるとき、法廷空間に正義が出現する（「脱構築は正義である」と）。

ルールの適用（反復）には、常にルールの革新（変更）というモメントが、表裏一体の形で貼り付いている。これは先例拘束性・法令拘束性について論じた箇所でも繰り返し指摘してきたテーゼだが、最高権力という「魔物」を法システム内部に分散／馴致する手立てとしても、その都度のいま／ここでの個別具体的な法実践の中にパラドクスを展開してゆく方法がきわめて有効だということである。そしてこれは、法廷空間にのみ限定された話ではない。日常生活においても必要に応じて憲法を参照し、そこに新たな意味を読み込んでいこうとする人々の営為が、いわば「分散された憲法制定権力」として、憲法体系の裾野を開拓していく。それは直ちに法的効力を持つコミュニケーションではないが、法の内部／外部の境界線上で、法システムに活力と試練を与える法の力の源泉として有効に機能しているのである。

6　むすびにかえて
――パラドクスの積極的活用法――

法の基礎づけ主義的論証体系は、終わりなきパラドクスの展開過程であり、その都度の現在になされた法的決定の連鎖を、特定の連続性／一貫性を持つひとまとまりのシステムとして観察する法専門家（その背後にいる市民）たちの法解釈を通じて動態的に構築されていく。その内容は事前決定されているわけでも、自己完結するわけでもない。ここからいえるのは、法解釈という営為はレディメイドな根拠に安住することができない、ということである。あらゆる基礎づけ論証の背後には、それを予想外の形で決定不能へと追い込みかねないパラドクスが貼り付いている。このリスクを回避するには、たとえ結果的には同じ結論に到達するとしても、そこへと至る論証のバリエーションを重層化し、常に複数の代替選択肢を準備しておくことが有益である。こうした論証メニューの多様化は、新たに生み出された事実の評価方法や場合分けの基準を契機にして、これまでとは異なる新たな結論に至る論証回路を開発する可能性を高めてもくれるだろう。

こうしたパラドクスへの対処法は、どれほど試みても結局は弥縫策にとどまるが、だからといって頭を抱え込む必要はない。個別具体的な問題処理に際して、私たちが現にどのようなパラドクスの展開を用いて問題に対処しているか、そうすることで見えなくなっているものはないか、より生産的なパラドクスとの折り合い方はないか、を観察／分析することには重大な意味がある。なぜならそれは、既存のやり方では解けない問題に対処する新たな可能性を生み出す源泉となりうるからである。パラドクスの最終的解決が不可能であるならば、それをシステム進化の活力源にしてしまえばよい。同一性をただ反復しているだけの透明度の高いシステムは、環境変化への適応力において凡庸化／老朽化のリスクを免れない。矛盾したものを常に同時に演算できる不透明なシステムのほうが、システムとしての複合度／成熟度ははるかに高いのである。いささか意地悪な言い方をすれば、法システムは客観的体系性を備えた透明度の高い解釈論を構築するという表看板の下で、実際には矛盾した要請を常に同時に演算しうるポテンシャルを備えた複合的な論証ネットワークを産出している。これはなかなかに巧妙で、したたかな戦略ではないだろうか。

最後に少々蛇足めいた提言をしておこう。従来の論証作法においては、循環論法や矛盾する命題の同時演算を極度に忌避する傾向があった。もちろん論理学的証明や学問的推論においては、このルールの遵守が求められることには相応の理由がある。だが現実社会もまた、このルールに即して構築されており、この条件を満たさない現象は虚偽／誤謬を理由にまともに論じる価値がない（問題はそうした「異常な状態」をどう回避するか、だけである）と議論を短絡させるのは誤りである。法システムのパラドキシカルな構成を前提とすれば、それは必然的に循環論法や矛盾する命題の同時演算を内包することになる。これらは究極的には真偽判定不能なパラドクスに至るが、だからといって、法システムがこうした性格を持つこと自体が非現実的というわけでも、ここまでの観察がただちに虚偽になるわけでもない。

もちろん基礎づけ主義的論証の空間では、パラドクスがそのままの形で出現することは許されない。それは論証を通じたパラドクスの展開／隠蔽に失敗したことを意味するだけだろう。他方で、法的論証の基礎づけを志向する内的視点からの観察と、本章が意図する外的視点からの観察は、そもそも議論の位相を異にしているのだから、たとえば本章の議論に法的基礎づけに直接役立つ何らかの正当化根拠の提案（あるいは批判）を期待するなら、それもまた筋違いの要求といわざるを得ない。外部観察の目的は、内部観察者の日常的実践を当人たちの自己理解とは異なる観察フレイムを用いて観察し、内部観察者には見えなかったものを可視化してみせることにある。内部観察者にとって、さしあたりそれはただのノイズかもしれない。だが日常的な対人関係においても、自分自身が異なる視点を持つ他者からどう見えているかを知ることは、その観察に同意するかどうかとはまったく別に、おそらくそれ自体に価値があるだろう。異なる観察点からなされる観察を交流させ、相互に学習する構えを促すことの意味は、まさにこの点に存する。まずは読者の皆さんに、もやもやした感覚をどの程度送り届けられたかがポイントである。そこから先の展開は、首尾良くノイズを受信してくれた皆さん自身の問題である。

参考文献

＊とても入門的とは言えない本格的な理論書ばかりだが、いずれも本章の議論を読み解くうえで必読かつ邦訳本の存在する文献なので、読者の皆さんもぜひチャレンジしていただきたい。

アルバート、ハンス（一九八五）『批判的理性論考』萩原能久訳、お茶の水書房。

ゴールダー、ベン／ピーター・フィッツパトリック（二〇一四）『フーコーの法』関良徳監訳、勁草書房。

デリダ、ジャック（一九九九）『法の力』堅田研一訳、法政大学出版局。

トイプナー、グンター（一九九四）『オートポイエーシス・システムとしての法』土方透・野崎和義訳、未來社。

ドゥウォーキン、ロナルド（一九九五）『法の帝国』小林公訳、未來社。

ハート、H・L・A（二〇一四）『法の概念』長谷部恭男訳、ちくま学芸文庫。

ハーバーマス、ユルゲン（二〇〇二・二〇〇三）『事実性と妥当性［上］［下］』河上倫逸・耳野健二訳、未來社。

ハント、A／G・ウィッカム（二〇〇七）『フーコーと法』久塚純一監訳、早稲田大学出版部。

ルーマン、ニクラス（一九九六）『自己言及性について』土方透・大澤善信訳、国文社。

ルーマン、ニクラス（二〇〇三）『社会の法1・2』馬場靖雄・上村隆広・江口厚仁訳、法政大学出版会。

ルーマン、ニクラス（二〇二〇）『社会システム――或る普遍的理論の要綱［上］［下］』馬場靖雄訳、勁草書房。

第Ⅰ部

折り合う

第1章　法の理念と現実はいかにして接近可能か？

――憲法九条と永遠平和の理念――

城下健太郎

《提題》

法の掲げる理想や理念が現実と衝突し、その実現が不可能になっている場合に、私たちは法というシステムとどのように付き合っていくべきだろうか？

以下に続く小論は、右のような問題意識を持ちながら憲法九条と永遠平和の問題を考察するものである。一方で、私たちは「憲法九条など時代遅れで現実の国際状況の変化に対応できていないのだから改正するべきだ」という声をよく耳にする。ここでは理念は現実の前に膝を折り、リアリズムが幅を利かせることになるだろう。他方で、私たちは「憲法九条は日本の平和にとって必要不可欠な理念である」という主張もよく知っている。ここでは理想主義（ユートピアニズム）がリアリズムを否定し、国際関係に対する希望的観測の下に行動することになるだろう。

これら両極端の主張には、何かしらの違和感を抱く人もいるのではないだろうか。当然ながら、法は現実の側からの要求すべてに応えるわけにはいかない。法が存立する理由は何らかの規準に照らして現実を評価・議論・変更することだからである。法が現実をすべて受け入れてしまい、現実への影響力を失うことは法という存在それ自体の否定だろう。だが、逆に法は現実を完全に無視して自身を実現することもできない。現実の側に法を受け入れる用意がなければ、それは実効性のない法となって空理空論を呼ぶだけだろう。明らかに、九条をめぐる議論はどちらの立場から見ても法の支配の機能不全をもたらすように思われる。

こうした事態を引き起こした原因は何か、そしてどうすれば避けることができるかを問うてみよう。この二つの対立を調和させることができないにしても、そうすることで「法的なもの」を捉えなおし、法システムとの付き合い方を考えるきっかけにできるはずだ。そして、そこにこそ袋小路に入り込んでしまったかに見える憲法九条を永遠平和の道へと位置づけるきっかけを見出すことができるのではないだろうか。以上のことをこれから検討してみよう。

1　法の理念と現実をめぐる問い

†憲法九条の実効性?

理想と現実、あるいは理念と現実の対立は社会の様々なところで問題になってきたが、法においてもしばしば生じる問題である。特に憲法九条をめぐる対立はその最たるものといっていいだろう。一方で平和主義を理念として掲げておいて戦争放棄や戦力不保持を規定しながら、他方で現実には違憲の疑いがきわめて強い自衛隊を放置しているのではないか。このような対立がずっと続いて今に至っている。憲法九条ほど実効性に疑いを持たれている法律条文はないだろう。戦争と平和の問題はいつも理想や理念の無力さを人類に語りかけてくる。

法理念については、これについて体系的考察を行った法哲学者ラートブルフによれば、「法的現実のための構成的原理であると同時にその価値尺度」であり（ラートブルフ 一九六一、一〇九頁）、法が課題として実現するべきものであるとされる。具体的には正義、個々の法の目的（合目的性）、そして法的安定性すなわち秩序と平和である（ラートブルフ 一九六一、二〇八頁）。したがって、憲法九条の命じるところの完全非武装＝絶対平和主義もまた法理念としての平和、すなわち国際秩序における紛争や暴力を法的に処理・解決に導くという法的平和の実現とともに果たされるはずであるが、その実現はいまだ遠い状況である。

法の歴史を見ると、このように法の本来実現すべき課題が実現できなくなるということは憲法九条に限ったものではなく、アメリカの禁酒法や敗戦後のわが国の食糧管理法といった「実効性なき法」がしばしば例として挙げられる（碧海 一九六七、二一頁）。そのうち、食糧管理法が引き起こした事態とは、法の定める配給だけでは生きていけずにヤミ米を購入するという法律違反が常態化したものである。確かに、法は権力的統制によってもその実効性を担保しているが、食糧管理法のように、自己保存に反するような法は世間一般の遵守意識を獲得できない。その結果、法遵守意識が著しく低下してしまえば、もはや法に対する習慣的な服従は獲得できず、法は空文化してしまう。

†法意識からのアプローチ

こうした問題はいわゆる悪法問題として論じられることも多いが、実効性との関連では法意識の観点から論じられることも多い。「法意識」については、さしあたりここでは法律および法に対して持つ基本的態度として把握しておこう(1)。食糧管理法の場合、後の調査ではヤミ米を食べずに法を守って栄養失調で亡くなった裁判官に対して、「ゆうずうがきかぬ」「ばかげている」という反応が多く（八四％）、法を守って死んだことを「たいへん立派である」とする回答はわずかであった（一五％）[2]。このことから、法律を拒絶した現実の法意識がこうした事態を引き起こし、法の支配の機能不全を引き起こしたということができる。

憲法九条の場合も、その実効性において日本国民の法意識が重要な意味を持っている。ただし法意識が対象とするもの、そして法意識と条文とのズレを意識させるものは国際関係の現実そのものであり、まさに「世界中の国々が軍隊を持っているのに、日本だけ完全非武装を貫くのはばかげている」というわけである。こうしたリアリズムに基づく法意識とは別に、「世界平和について日本が先駆けて軍事力を放棄すべきだ」というユートピアニズムに基づく法意識ももちろん存在するが、憲法九条が実効力を持って自衛隊を廃止するところまで至っていないのが現実である[3]。

こうしたリアリズムとユートピアニズムとを鋭角に二項対立させることは、やはり法の基本的なあり方を無視することになりかねない。法の支配はもとより不確実なものだからである。いつも法が期待された効果を発揮できるわけではないし、通常の法実践においても帰結が常に予測可能だということはありえない。理念の押しつけや法意識を絶対的なものとみなす以外の道はないのだろうか。

2　いくつかの解決方法

こうした理念と現実とのズレを解消するための方法はいくつかある。大まかに分類するならば、第一に法を現実に機能させることを優先し、これに合わない理念を排除するもの。第二に理念を法の目的として設定し、法解釈あるいは法政策的な手段を駆使するといった技術的実践によって現実との融和を図るもの。第三に現実に対する理念の価値的優越を前提に、現実の法意識や法状況を理念に合わせて強力に改革をめざすものに整理されるだろう。

†解決方法その1――改正

解決方法の第一は、いうまでもなく改正である。これは、憲法九条に変更を加えて現実の自衛隊や安全保障体制に適合するように条文を修正・追加することによって、これまでの矛盾を解消しようとするものである。提題で見たように、国際秩序に対するリアリズム的立場はこの態度を取るだろう。こうした立場からすれば、憲法改正は政治的解決であり、一時的にではあるが政治が法に優先されることになる。しかし、憲法改正については、現実とのズレに関していつも政治の都合だけで文面を変えるのは、憲法の存在意義に関わるということも念頭に入れておく必要がある。憲法は、政治権力を制限し、ときには民主的多数派の決定に対する抑止機能を果たすというのが法の支配の役割でもあるからだ。つまり、安全保障の分野だからといって例外視せず、法の支配と両立させるという観点が九条の改正には求められることになるだろう。

憲法九条削除論　この問題に対処したものとして、法哲学者井上達夫の憲法九条削除論が挙げられるだろう。改正を論じるのは何もリアリズムだけではない。平和主義の理念に対して法の支配、あるいは立憲主義の理念の貫徹をこの立場は主張する。この立場によれば、憲法九条は自衛のための戦力も含めてあらゆる戦力を放棄したとしながら（井上 二〇一九、二二六頁）も、そのこと自体が立憲主義にとって問題視されるべきだとされる。「なぜなら、九条によって、日本には戦力がないことになるからです。憲法上ないはずの戦力を統制する規範を憲法が規定できるはずがない。つまり、九条があるために自衛隊という軍事組織と、日米安保という軍事同盟が、憲法外の存在として肥大化している」という（井上 二〇一六、五五頁。傍点原文）。九条は政治権力を制限する立憲主義にとっては有害なので削除して、これに代わって戦力統制規範（徴兵制の可否や良心的兵役拒否について定めたもの）を制定し、安全保障の基本政策をどうするかについては民主的立法過程に委ねよというのが九条削除論の内容である（井上 二〇一九、二四六頁）。これは、非武装を掲げながら自衛隊および米軍に依存した安全保障体制を続け、アメリカの戦争に協力しながら「平和主義」を掲げるという「欺瞞」に対する痛烈な批判である。

この見解は理念と現実の間の対立だけでなく、法の支配の理念と平和主義の理念という理念同士が相互に対立していることを前提にしているが、この理念同士が対立している原因として平和主義を憲法条項に取り込んだことを強調しすぎているように思われる。むしろ、日本における現実の戦力の肥大化をもたらしたものは、憲法へと平和主義を取り込んだことそのものにあるのではなく、国際秩序に対するリアリズム的認識に基づく国民の法意識によってその後の憲法実践が阻害されたことにあると考えることもできるはずである。こうしたリアリズムの法意識に対しては、日本社会の戦前から戦後への転換において、軍事的価値を背景に置く勢力を徹底的に九条は排除したこと（樋口 二〇〇〇、二二二頁以下）、最高裁で認定されてはいないが九条が憲法前文とともに「平和的生存権」の理論的基礎を提供したことをもって、平和主義と国民の法意識を近づける法実践として評価できないだろうか。もしそうなら、法意識を理念へと近づけることで、完全非武装を法理念として、不利な法現実の中でも憲法に組み込む戦略を放棄する必要はないはずである。

† 解決方法その２——法解釈

解決方法の第二は、法解釈により法の支配の統一性を少なくとも外観においては堅持する立場である。特に憲法学の教科書では、九条が侵略戦争についてのみ限定的に放棄し、自衛のための戦争や最小限度の戦力保持は可能であるとする限定放棄説が講学上、採られてきた（芦部 二〇一九、五七頁以下）。現在の政府見解も自衛隊に関してはほぼこれと同様であり、二〇一四年の第二次安倍内閣の閣議決定においてはさらに個別的自衛権に加えて集団的自衛権をも認めているという見解へと拡張している[4]。

こうした法解釈とは別に、憲法学者長谷部恭男は、憲法条文には「ある問題に対する答えを一義的に定める準則」と「答えを特定の方向へと導く力として働くにとどまる原理」とがあるとして、これまでの明文解釈は憲法九条を無前提に「準則」としているが、むしろ「原理」として読むことで最小限度の実力を保持することが許されるとする（長谷部 二〇一六、第一章）。この立場によれば、憲法九条の原理を絶対平和主義として読み解くことは個人的な善き生き方の構想として位置づけられ、公共的な議論たりえない。むしろ憲法の「原理」は自衛のための何らかの実力組織を保持することを許す「穏和な平和主義」を採用しているのだという（長谷部 二〇〇四、一六〇頁）。

この立場の基礎にあるのは、やはり理念としての絶対平和主義と立憲主義（法の支配）は対立するという見方である。その点では先の井上と同一であるが、そのニュアンスは異なっている。井上が法の支配の理念的意義を強調するのに対して、長谷部は原理の解釈を裁判官あるいは法専門家の良識やコンセンサスに委ねており、硬直した法の支配の現実的側面が強調される。これはしかし、「裁判官の支配」を正当化しているように見え、法の支配の機能不全を覆い隠すどころかかえって際立たせてしまうのである[5]。

† 解決方法その3――法意識の改善・改革

第三の解決方法は、理念に現実を合わせることである。その方法はさまざまである。おそらく理念に現実を無理やり合わせる手っ取り早い方法は革命であるが、暴力によって平和主義を実現するというのは明らかに背理しており自家撞着である。いわゆる一般的な護憲派の方法は、憲法九条と平和主義の重要性を訴えかけることで現実の人びとを説得・教育・陶冶しようという方法だろう。もっとも、平和主義の重要性を理解させ、完全非武装へと導くというのは非常に困難である。というのは、九条とのズレを発生させる現実とは、現実の世界秩序なのであって、法意識を変化させるべきはわが国の人びとだけでなく全世界の人びとだからである。平和主義を信奉していない人びとにとって、このやり方はむしろ無力感を際立たせ、一種の信仰告白に近いものに見えてしまうのではないだろうか。すでに見たように、法学者たちが絶対平和主義を憲法の中に取り込めないと考えたのはまさに絶対平和主義が特殊な個人の善の構想に見えたからである。

以上のような問題点があるにもかかわらず、第三の解決方法のために必要な枠組みはある程度、議論が蓄積されている。当然ながら国際平和を実現するためには世界レベルであらゆる暴力、あらゆる紛争を処理・調停・解決する方法を模索することが必要である。それはカントが『永遠平和のために』で採った方法である。平和主義を理念として把握し、人類文明の進歩という歴史哲学に基づいて、啓蒙により人間精神や法・政治制度の漸進的発展によって永遠平和に到達することをめざすという戦略をとったのがカントである。カントの『永遠平和のために』は有名な著作であるが、この著作は単なる絶対平和主義の信条を述べたものではない。カントは、むしろ政治権力の現実を徹底して直視しながら永遠平和の理念を実現する方法や制度を模索している。以下では、『永遠平和のために』に言及しながらカントの戦略を検討しよう。

3 永遠平和の実現への道

†『永遠平和のために』の文脈

この著作をカントが執筆した直接の動機は当時、フランス革命をめぐって戦争状態にあったヨーロッパの国際状況にあるということはよく知られている。一七九五年、スイスのバーゼルでフランス革命政府軍とプロイセンが結んだ和約は将来の戦争への火種を残すものであった。この和約によってプロイセンはイギリスとオーストリアを出し抜いて対仏同盟から離脱したのだが、このことはオーストリアとプロイセンの衝突という将来のドイツ分裂戦争を招くものであり、またフランスとの和平で西方の安全を確保しながら東方でポーランドへの領土割譲を迫るというプロイセンの露骨な戦略が隠されたものだった(6)。

†永遠平和のための各条項

こうした歴史的文脈がカントの永遠平和のための構想に影響を与えたのは間違いない。永遠平和の理念はこうした国際政治の現実を統制し、諸国家を義務づける条項を用意する。それらは永遠平和を準備するために各国が守るべき責務を述べた六つの「予備条項」と永遠平和を法的に保障するための国家体制および国際秩序について述べた三つの「確定条項」からなる。以下でその内容を簡単にまとめておこう(7)。

まず、予備条項は順に①将来の戦争の危険を残した平和条約の否定、②独立国家を他国が所有することの禁止、③常備軍の将来的撤廃、④戦時国債の発行禁止、⑤他国の統治や体制への暴力的介入の禁止、⑥戦時において将来の平和や相互の信頼関係を不可能にする行為(殲滅戦争へつながるような行為)の禁止とある

（一四、二五二－二五八頁、VIII, 343-347）。

次に、確定条項は順に①各国家の市民的体制は共和制であること、②国際法は自由な諸国家の連合の上に基礎を置くべきであること、③世界市民法は、普遍的な友好を促す諸条件に限定されるべきであることである（一四、二六二－二七六、VIII, 349-359）。

† 予備条項と許容法則

予備条項を見れば、戦時国際法のように、戦争が行われることを想定して、かなり具体的内容に踏み込んで諸国家を規律しようとしていることに気づくだろう。憲法九条との関係で重要なのは③の常備軍の将来的撤廃である。この条項をもって『永遠平和のために』は憲法九条を擁護しているものとされてきた（寺田二〇一九、一九〇頁以下）。将来的撤廃とあるように、実は予備条項の中にはただちに実現すべきものとそうでないものとがある。カントによれば予備条項の①⑤⑥はただちに実現すべきものであるのに対して、予備条項の②③④は「法規則の例外措置としてではなく、法規則の執行に関して、状況によっては、主観的に権限を拡張しその適用に手加減を加え、完全なる遂行を延期することも許されている」ものである（一四、二五八、VIII, 347）。つまり、性急に適用すると本来の意図していた効果が発揮されない場合には遅延を許容するというのである。カントはこれを「許容法則 leges permissive」と呼ぶ(8)。

もし、この許容法則が憲法九条に当てはまるならば、その執行を延期することができるだろう。しかし、どのような条件でいつまで許容されるのだろうか。カントの未公刊の講義録（『ヴィギランティウス人倫の形而上学』）では、すべての人間が法秩序から切り離され、無法状態に置かれた場合、強者の暴力が支配することを防ぐために法のための暴力を設立可能であることが示されている（XXVII, 514）(9)。そうであるならば、いまだ強者の暴力が支配している国際秩序において、日本が憲法九条を擁しながらその適用（すなわち戦力不保持を実現すること）を延期することは十分可能だろう。もちろん、その戦力は人類に無法状態をもたらすような規模のものでは許されないし、他の条項を守りながら運用することが求められるだろう。その間に確定条項によって目指されるべき「法的な平和状態」としての永遠平和の理念を実現させるよう努力することになる。別の著作（『人倫の形而上学』）では「おそらく永遠平和がありうるものではないにせよ、私たちはそれが在りうるものでもあるかのように行為しなければならない」とされる（一一、二〇七頁、VI, 354）。

†共和主義的抑止力という例外

常備軍について、カントはもう一つの例外を置いている。それは「国家市民が自分や祖国を外部からの攻撃に対してそなえさせるために、自発的に武器をとって定期的に繰り返す軍事演習」は常備軍とは異なるので認められるというのである（一四、二五四頁、VIII, 345）。常備軍は、国家が国民の生命を手段として用いているので、撤廃されるべきというのがカントの主張であり、それ自体は現代の平和的生存権としての「戦争に巻き込まれない権利」に通じているが、自警団の設置は妨げないというわけである。[10]この点が次の確定条項①につながっていく。

†確定条項と「法的な平和」

確定条項が示唆するのはカントのかなり控え目な主張である。それによれば、カントが目指しているのは、戦争を根絶した世界ではなくて、そうした争いが存在するのを前提にしながらもそれに法的調停を加えていく世界なのである。確定条項の説明に従えば、《人びとが互いに敵意を向けあう戦争状態としての自然状態

↓自由かつ平等な市民によって形成された共和制国家↓それらの国家の連合↓世界市民的体制》という世界秩序の発展を理念として掲げている。世界共和国のような一つの国家が成立することは最悪の専制を招く（＝その国家に反発するものにとって逃げ場がないという意味）ので、「消極的代替物」として国家間の自由な連合が要請されることになる（一四、二七三頁、VIII, 357）。自由な連合は国際法を執行し、各国の合意に基づけば紛争を平和的に調停する仕組みを作り出すことが認められているが、諸国民は世界市民としては友好への権利として外国への一時的な滞在権のみが認められるにとどまる。

カントが世界的な法的平和のための細かな制度化を行わなかったのは明らかである。たとえば、平和維持のための執行力の負担配分や各国の経済格差の解消、国際的な権利保障の仕組みなどについては彼は何も述べていない。これらの永遠平和のための諸制度がさらに少しずつ発展していけば、一時的に延期されていた憲法九条の完全非武装が世界のすべての国で実現するかもしれない。そうした理念を制度化する責任を負いながら、世界に生きているすべての人びとがこの世界秩序に属する一市民として生きていくよう義務づけられるというわけである。

4　むすびにかえて
——憲法九条との付き合い方——

† 世界市民としての義務

理念と現実の対立についてのカント的解決は（もしかしたら許容法則が不要になる日は来ないかもしれないという意味で）永遠の時間稼ぎというべきものかもしれない。時間稼ぎの間に何をすべきか。法意識を変化させるとして、それはどのようにしてなのか。カントの回答は自分自身の理性を公的に使用し、公共的な問題を議論するネットワークを構築することを目指して各人の思考が自由になるように鍛え上げるという啓蒙のプロセスを指示するにとどまる。つまり、世界市民は他者に対して自分の意見と理由を述べながら、自分とは別の意見を持つ他者とわかりあう努力をなすコミュニケーション上の責任を負わされているというのである（ボーマン 二〇〇六、一六九－一七〇頁）。

†憲法九条との付き合い方

とはいえ、このようなカントの戦略すら理想的に過ぎるという意見もありうるだろう。この点に関して、一つの例を最後に挙げよう。[11] 戦後日本の在野知識人であった吉本隆明は、自衛隊をいずれは解体すべきでしょうか？という質問を受けて、カントと同様に自衛隊を自警団のようなものにしていけばいいと答えた後で「国家間の戦争は否定するけれども、個人で戦うことは否定しないわけですね」との質問に次のように述べている。

そうです。北朝鮮でも中国でもアメリカでも、どこかの国が戦争を仕掛けてきて、日本国を勝手に占領しちゃった、そして僕の家族なり知人を殺しちゃったという場合、それでも我慢するか、「いや、やっぱり我慢できねぇ」と思って戦うかは、僕の勝手ですからね。それは僕の自由であって、誰も否定することができないものです。たかだか日本国憲法がどうあろうと、それは僕の勝手です。それは法律問題とはなんの関係もないことです。（吉本・田近 二〇〇二、二〇五頁）

これは単なる開き直りや暴論ではない。法学は「ナマ」の自由を公的に、そして法的な「権利」に変換してしまう。だが、自分自身で自由になるためには、公の立場や法律上の地位によるのではなく、弱いたった一人の人間でありながらも勝手に抵抗して、自由に振る舞おうとする強い意志が必要なのだ。この意志に従って自分自身の意見を述べること、それこそが自分とはまったく異質な他者との公的なコミュニケーションの場を形成するのである。

もちろん、このことは憲法九条に無関心であれというのではない。そうではなく、九条に対してむやみやたらに敵愾心を募らせることや、あるいは逆に過剰にありがたがることから生じる説教臭さを捨てるために、憲法九条に対する自分のポジションをいったん忘れて右の吉本への問いに自分ならばどう答えるか考えてみてほしい。そうすることで生まれる自由な思考と意志こそが法意識の変化を呼び起こし、世界平和の制度化につながっていく。それに参加することがこの地球に生きる世界市民としての義務であり課題なのである。

（1）「法意識」の詳細な語義については、六本佳平（一九八三）「「日本人の法意識」研究概観——法観念を中心として」日本法社会学会編『法意識の研究』三五号、一五頁以下を参照。それによれば、法意識は現行法に対する一般的知識やそれに対する好悪の態度と、法的なものそれ自体に対する理解や態度に分けられるようであるが、ここでは深入りしない。

（2）この点について、日本人の法意識を「法無関心型」「法寛容志向型」「法厳格適用型」の三分類から分析しているものとして日本文化会議編（一九七四）『共同討議　日本人にとって法とは何か』研究社、四七頁以下を参照。

（3）ここでの国際政治におけるリアリズム／ユートピアニズムの二項対立の図式についてはE・H・カー（二〇一一）『危機の二十年——理想と現実』原彬久訳、岩波文庫を参照。

(4) こうした政府見解による「解釈改憲」を正当化するものとしては、いわゆる「憲法変遷論」がある。石村修(一九九九)「憲法変遷の意義と性格」高橋和之・大石眞編『憲法の争点〔第3版〕』有斐閣、二九二‐二九三頁の解説を参照。

(5) 長谷部説の理論的根拠として用いられているロナルド・ドゥオーキンへの批判として、田中成明(二〇一八)『法の支配と実践理性の制度化』有斐閣、二八四頁を参照。

(6) この文脈理解は山根雄一郎(二〇〇八)「平和の形而上学――『永遠平和のために』の批判哲学的基底」坂部恵・佐藤康邦編『カント哲学のアクチュアリティー』ナカニシヤ出版、一八八頁以下による。

(7) 以降のカントのテクストからの引用は利便性を考え、岩波書店版の『カント全集』の巻数・頁数と、慣例どおりにドイツ語原文のアカデミー版全集 Kant's gesammelte Schriften, (Hrsg.) Preußischen Akademie der Wissenschaften. の巻数・頁数を本文中に記している。なお、訳文を一部改めている部分がある。

(8) この許容法則については、カントの法哲学の重要概念であり、文献学的研究においてかなりの蓄積がある。以下の著作を参照。Reinhard Brandt, "Das Erlaubnisgesetz, oder : Vernunft und Geschichite in Kants Rechtslehre," Reinhard Brandt ed., *Rechtsphilosophie der Aufklärung*. Symposium Wolfenbüttel 1981, Berlin 1982, S. 233-285; B. Sharon Byrd and Joahim Hruschka (2010) *Kant's Doctrine of Right: A Commentary*, Cambrige University Press, pp.94-106.

(9) この点については、ヴォルフガング・ケアスティング(二〇一三)『自由の秩序』船場保之・寺田俊郎監訳、ミネルヴァ書房、四〇〇頁、注74を参照。

(10) これをフランス革命の義勇兵を想定しているとする見解もある(寺田 二〇一九、一九一頁)が、むしろ共和主義的な有徳な武装市民(普段は畑を耕しながら有事の際には武装して戦う市民)の伝統にカントは位置づけられるべきであろう。共和主義の思想史的伝統を記述したものとしてJ・G・A・ポーコック(二〇〇八)『マキアヴェリアン・モーメント』田中秀夫・奥田敬・森岡邦泰訳、名古屋大学出版会を参照。そこにはカントは含まれていないが、『永遠平和のために』にはイギリス政治思想(特にハリントンの『オシアナ』)の影響が存在すると思われる。

（11）以降の分析は、南剛（二〇〇五）『意志のかたち、希望のありか――カントとベンヤミンの近代――』人文書院、二六一頁以下に多くを負っている。

参考文献（注に掲げたものを除く）

碧海純一（一九六七）『法と社会』中公新書。

芦部信喜（二〇一九）『憲法（第七版）』高橋和之補訂、岩波書店。

井上達夫（二〇一六）『憲法の涙――リベラルのことは嫌いでも、リベラリズムは嫌いにならないでください2』毎日新聞出版。

井上達夫（二〇一九）『立憲主義という企て』東京大学出版会。

寺田俊郎（二〇一九）『いま読む！名著　どうすれば戦争はなくなるのか――カント『永遠平和のために』を読み直す』現代書館。

長谷部恭男（二〇〇四）『憲法と平和を問いなおす』ちくま新書。

長谷部恭男（二〇一六）『憲法の理性〔増補新装版〕』東京大学出版会。

樋口陽一（二〇〇〇）『個人と国家――今なぜ立憲主義か』集英社新書。

ボーマン、ジェームズ（二〇〇六）「第四章　世界市民の公共圏」ジェームズ・ボーマン／マティアス・ルッツ＝バッハマン編『カントと永遠平和――世界市民という理念について』紺野茂樹ほか訳、未來社。

吉本隆明・田近伸和（二〇〇二）『私の「戦争論」』ちくま文庫。

ラートブルフ、グスタフ（一九六一）『ラートブルフ著作集1　法哲学』田中耕太郎訳、東京大学出版会。

[コラム1]

未来のために今できること

「もしも」を想定した〝ゲーム〟をしてみませんか。あなたは「ある国」の政治リーダー。お金（機密費）は潤沢にあり、人事をテコに官僚機構も牛耳っています。さて。あなたは、その絶大な権力を振りかざす誘惑に屈することなく、国を統治することができるでしょうか。

私の答えは「ノー」。もちろん「誘惑に負けない」と言明したいのですが、権力は蜜の味。外部の「ブレーキ」なくして、誘惑に抗うことは難しいと思うのです。

近代史を紐解けば、なおのこと。先の大戦でファシズムや全体主義がどれだけの悲劇を生んだのか。法や人権をどれだけ踏みにじったのか。その萌芽はいつも目を凝らさねば、見えないほど小さく、しかし、気づいた時にはもう止まらない。私たちはだからこそ為政者の動きを絶えず監視し、異変を早期にキャッチする訓練を積まなければならないのです。

権力の斧は最初「多数派」から一番遠そうな人へと振り下ろされます。なぜなら多くの人が高みの見物を楽しめるから。「ホラ、お上にたてつくからだよ」「今は政府批判の時じゃないでしょ」。政敵への蔑み。官僚への恫喝。政府に異論を唱える人への弾圧……。しかし、「対岸の火事」はあっという間に社会全体に広がり、気づけば我が身も燃えている。

皆さんはこう思うかもしれません。「憲法が為政者の手足を縛っているのに？　日本は立憲主義の国でしょう」。考えてみてください。憲法には「体」がありません。「暴君」と化した為政者を止められるのは結局、「生身」である私たちにほかなりません。立憲主義とは「羊皮紙の上に書かれた言葉」を信じる前提があってこそ成り立つ「ルール」。しかし、近年日本には、そのルールの存在すら理解しない無知（無恥）な政治家が跋扈しています。「政治の劣化」という生易しい言葉では表現できない事態。それほど日本政治の実情は深刻です。

ここで、クイズを一つ。「日本は法治国家である。イエスか、ノーか」。確かにこの国には憲法があり、法体系があり、一見すると秩序立った国に思える。しかし、内実はどうでしょう。法治国家とは名ばかりの「人治支配」の国。それを象徴するのが、安倍晋三政権時代に「閣議決定」でなされた憲法九条の解釈改憲ではないでしょうか。

時の政権のさじ加減で「国の形」ですら瞬時に変わる。こんなに恐ろしいことがあっていいのでしょうか。最高法規ですら「骨抜き」に、歴代内閣が認めて来なかった「集団的自衛権の行使」を容認する。二〇一四年、それはこの国で確かに起きたことなのです。その前年、麻生太郎副首相は「ナチスの手口を学べ」と述べて国際社会の批判を浴びました。国民が気づかぬうちに変えてしまおうとの思惑が透けた驚愕の発言ですが、安倍政権のその後のやり口はその言葉通り。単に「政権の本音」が漏れただけなのかもしれません。

有権者は選挙で支持政党、候補者に票を投じます。しかしながら、為政者に「全権委任」を与えたわけではなく、政治リーダーは常に国民に説明する責任を負います。仮に「結果オーライ」と思えるような政策であっても、国民は、手続きの正当性が疑われるのなら「ノー」と言うべきです。なぜか。為政者の「フリーハンド」をひとたび許せばその手口は一人歩きし、為政者のみに都合がよい「ルール」にやがて変えられてしまう。だからこそ政治を不断に監視することが未来の私たちを守ることになる。日々、忘れてはいけない視点だと思います。

いつの世も、為政者は「親しげ」な顔で私たちに近づいてきます。恐ろしい企みをハナから隠さない政治家はまずいないでしょう。日本政府内では今、るシステム」が動き続けています。二〇一五年に始まった「内閣人事局」制度。仕組みを作ったのは、官房長官時代の菅義偉首相です。「政治主導」を掲げ、官邸が省庁幹部人事を掌握したことで霞が関の「ヒラメ」化が進み、官邸への「忖度」が蔓延しています。本当にこれで「正しい政治判断」が下せるのでしょうか。

二〇二〇年秋はさらに、菅政権による日本学術会議への人事介入が問題となりました。「学問の自由」に対する挑戦ととられかねない事態ですが、それすらも政権の狙い通りだったのかもしれません。世の中を萎縮させることで異論はしぼんでいく。今や「暴政の芽」は、見ないフリができないほどに育ちつつあります。

政治リーダーが醸し出す親しげなアイコン（令和おじさん、パンケーキ好きなど）に目を奪われては見えないものがあります。どうか為政者の言動に注目し続けてください。それが「異変」を察する目となり、やがて、権力の暴走を止める力強い「ブレーキ」になるのだろうと思います。（毎日新聞夕刊報道グループ記者　鈴木美穂《すずきみほ》）

第2章　中心なき社会の権利論

西村枝美

《提題》

憲法上の諸権利（以下、「権利」という）は、社会に絶対君主という中心が存在していた時代に生まれた。この中心に抗するために。日本国憲法の権利の分類（自由権、国務請求権、参政権）のもととなったイエリネックの権利体系論は、国家との関係で、国民の地位を分類、体系化したものである。[1] まず、国家の命令に服する受動的地位から始まり、法的命令が何も存在しない消極的地位（自由な地位）、個人的利益のために国家の具体的働き（裁判の判決など）を請求する積極的地位、自身が国家機関の主体となり国家活動をすることを認めるよう請求する能動的地位。近代以降の憲法でも、絶対君主の代わりに、民主的機関（民選の議会や長）が中心に君臨し、社会に中心が存在するという想定は維持されている。

しかし、もはや、国家機関が、社会の中心・頂点にいて、すべてを統括できる（だからこそ抗しなければ自由はない）、という想定は維持できないのではないか。なぜなら、社会は一元的ではないからである。宗教界が世俗的な政治的統治と一体化しなくなり、経済が政治的思惑を無視して成長ないし停滞するようになり、教育が家庭教育から学校教育に拡がりつつも学校教育の第一の目的は国家への忠誠心育成ではなくなり、科学技術が国家の威信高揚とは別の熱望から今なお進展している。それぞれが政治の狙いとは別の基準でそれぞれに動いている。そうだとすれば、権利の役割も変わるのではないか。一九六五年に、そう指摘したルーマンの視点で[2]、権利論をみてみよう。

1 自由

憲法学の権利論は、基本的に、国家vs.国民という二項対立図式である。そして、後者の立場を守る権利の「価値」を説く（表現の自由の保障が自己実現、自己統治という重要な価値を守ることになる、といったように）。

ルーマンは、この二項対立図式と憲法による価値保障という点に、中心があった時代の権利論の古さをみる[3]。多元化した社会における自由の問題は、「国家からの自由」といった二項対立図式のみで表せるような単純なものではない。また、中心があった時代ならば、「国家からの自由」（国家の不在）が、同時に、各人に、自由の価値を保障することも意味したのであろうが、実際は、国家の不在と、自由の確保は、同じことを意味しない。むしろ、権利論の課題は、法廷での原告と被告という二項対立図式に縮減される以前の、日常生活での、自由を得られる条件整備も視野に入れることではないのか[4]。

ルーマンの権利論は、イエリネックの権利体系論でいえば、各地位に伴う請求権（自由権、国務請求権、選挙権）ではなく、請求権を行使するに至らない各状況それ自体への考察が大半を占める。具体的状況での自由の成立条件それ自体を可視化するのだ。社会が多元化して、自由の成立条件が複雑化しているのに、法廷での判断中心の権利論、つまりは訴訟コスト（精神的、金銭的）を負担する気力のある市民に頼り、また原告と被告の対立図式に詰め込まれた権利論なんて、本当に権利論なのかよ、とルーマンは言う(5)。

ルーマンは、「自由って何」という問いに、「行為が各人の人格への帰属すること」と答える(6)。ある行為をあなたがしたときに、それがあなたの人柄に結びつく場合と、あなた個人の人柄に結びつかずに、規格化標準化された社会的役割に合わせただけだ、となる場合がある。朝、制服で学校に行くこと、スーツを着て会社に出社すること、こうしたことはルーマンの言う「自由」ではない。あなたの社会的役割に合わせた行動だからだ。社会的役割を超えた行為、社会的役割からずれた行為（あなたの名前を覚えさせるプレゼン、ドレスコードの自覚的逸脱など）は、各人の人柄に、ただちに結びつく。自由は大事だ、と憲法学はその価値を説くが、社会的役割が確立した領域では、それからずれた行為をすることが、「自由」である。社会への負担は、そのズレ次第では、とても、大きい（単に個人の評価にとどまらず、社会的役割それ自体の再考に発展することがあるという意味で。自由は必ずしも無害を意味しない）。

さて、あなたは、自由に分類される行為を、今日はしたか？

2　自由権
――創設ではなく維持として――

イエリネックの前述の体系論は、文字通り、国家との関係での地位の「創設」の物語である。国家との関係で単なる義務主体にすぎない受動的地位にある人間に対し、国家は、その権利能力を承認することで、権利主体としての法的人格（自然人ではない）を創設するのである。[7] この法人格には、それぞれに、それに対応した請求権（公権）が国家に対して認められる。

権利論の課題が、イエリネックのように単に、複数の法的人格＝ペルソナ（仮面）[8] の創設ではないなら、何を課題とする？

戦後西ドイツの憲法の体系書にて、ヘッセは、この問いに、やはり地位の創設、と応じる。ただし、イエリネックと異なり、国家の承認と自己拘束によって基礎づけられた法的人格の創設ではなく、自由で民主的な基本秩序を憲法こそが可能にしている、という基本理解のもと、この基本秩序における法的地位を、国家権力によっても個人によっても意のままに扱えない基本権を持つ法的地位を、根拠づけることだ、と。[9] ヘッセは、イエリネックとは別の意味で権利を前国家的権利とは見ていないのである。

他方で宮沢俊儀は、日本国憲法解釈につき、イエリネックを参照しつつも、修正を加える。地位を「関係」と言い換え、これらの関係に対応する権利を行使できる根拠を、国家（憲法）による地位の創設ではなく、人間の尊厳性の要請に求める。[10] したがって、上記の問いに、日本の憲法学は、生まれながらの権利の「維持」と応じたことになろう。

ルーマンも、維持、と応じる。ただし、分化の維持。[11] 前国家的に人として持っている権利ではなく、社会が分化していることとそれ自体の、維持。経済、宗教、教育、科学技術などが政治の手段とならずにそれぞれ別の機能を果たしつつ融合しないことの維持。個々人が具体的個人として社会秩序の機能的担い手でありうるために必要な社会的諸制度、[12] の維持。

精神的自由（表現、集会、結社の自由など）と経済的自由（財産権や職業選択・遂行の自由）についてルーマンの視点でみてみよう。なお、ルーマンがシステムというとき、それは人的組織や擬人化された行為

能力を持たせうる単位のことではなく、社会で特定の機能を履行するコミュニケーションを指している。(13)

まずは精神的自由について。社会秩序は、単に一方的に自己表出をするだけではなく、言語（非言語）によるコミュニケーションが可能になるための、複数の装置が必要である。(14) 相手がどう出るかという行為予期が多くの人に共有されること、他人とコミュニケーションする際に必要となる合意事項が限定、特定されること、他者とコンタクトをとることを活性化する仕組みが整備されていくこと（愛の制度化（法律婚導入））。諸組織への加入要件が不透明な縁故などではなく多くの人に開放されていくこと。消費市場が活性化し自己表出の一手段となること。時間測定の共通化）、膨大な情報を整理・単純化し、社会に伝達する仕組み（マスコミが届けるのは、解説であり、イメージであり、概要であって、ニュースの対象となった現場での「事実」とは濃度が違うが、私たちは、「事実」を必要としない（か?:））、などが必要となってくる。

自由の主戦場は、まさに、ここだ。そして社会が複雑になるとコミュニケーションを個人の気ままなやり取りに委ねておけなくなり、国家も法律といった形式でコミュニケーションを可能とする様々な装置の一部を設定するようになる。(15) このうちで、精神的自由にかかわる諸権利が果たしているのは、これらの諸条件の中で繰り広げられるコミュニケーションを、別の論理で動く政治システムに飲み込まれないように「分化」させつづけることだ。(16) 政治システムは、拘束力を持った決定を遂行する一つのシステムである。(17) もはや政治的コミュニケーションを独占していないこのシステムは、何について決定するのか社会の動向を受信するべく、社会のコミュニケーションに常に関心を持っている（べきである）。そして、政治システムは、往々にして、社会の問題への「感度」向上にとどまらず、「支配」に転化し、コミュニケーションを、ゆがませる。(18) こうしたことが起こらないように、権利は政治システムから分化を維持する機能を持つ。

次に経済的自由についてみてみよう。ルーマンは、「経済」をコミュニケーションの一つとみている。言語（非言語）のかわりに貨幣を用いてのコミュニケーションである（コミュニケーションなき単なる所有状態は経済の対象から外れる。無人島で暮らすロビンソン・クルーソーは経済活動をしていないのである。そういわれると、憲法学はそもそも「経済」の意味を特定していない[19]）。

日本の憲法学は、精神的自由と異なり、財産権を保障する価値について沈黙している。この権利が社会的な拘束を負ったもの（権利内容は時々の政策により変化する）ことを受け入れているからである[20]。憲法学は、財産権とは何か、という問いに、「個人の現に有する具体的な財産上の権利の保障」と「私有財産制保障」と応答するにとどまる[21]。近年、現に有している財産それ自体が実質法律により内容形成されていることに対し、法律を超えて、憲法が命じている「財産権」保障とは何か、について改めて議論が起きている[22]。

他方ルーマンは、法律を超えた憲法的価値の抽出に目を向けない。貨幣制度の確立により、貨幣という媒体を用いた特定のコミュニケーション（経済システム）に、財産権が組み込まれていると理解することから出発する。

現在、財産が国家に左右されるといわれて思い浮かぶのは、土地の剥奪制限よりは、各種の政策の方であろう。子育て支援、教育の奨学金、老後の見通しにかかわる社会保障政策、さらに景気を回復させるための各種の財政政策、何より税金。私たちの「財産」は、土地それ自体ではない。貨幣により計られる貨幣価値だ。貨幣制度にとって、発行通貨の信用を裏付ける中央銀行の独立性は、法制度における裁判の独立に匹敵する重要性を持つ。しかし、憲法には、司法制度保障規定はあっても貨幣制度の規定がない。それは当然だ。これは裁判で二項対立図式によって守ることができるようなものではないからだ[23]。ただ、財産権により、この貨幣制度は「間接的に」国家から守られることになっている。財産権が、貨幣を媒介として、その時々の市場の条件に従ったコミュニケーションチャンスを保障することによって[24]。財産権が保障するのは、現に保有する財産の価値ではなく、財を保有することによって得られる人間らしい生活でもなく、経済システムへの参加者としての役割という機能である。

憲法が財産権保障と併せて収用補償の規定を置くのは、神聖不可侵の財産剥奪の代償ではなく、貨幣の論理で動く財産領域に、政治的動機（たとえば国際化に対応する巨大飛行場建設のための土地収用）という別の論理で乗り込んでくることを、補償させることで貨幣の論理に引き戻すためだ。税金を課すことも、収用と同質である。なぜなら、貨幣を媒介にした市場の論理から外れた政治的動機に基づく介入だからである。これが収用補償規定に相当する規定なしに許されるのは、単に日本国憲法三〇条が納税の義務を課しているから、ではなく、長期的視点で見れば、その税金が貨幣を媒介とした経済的コミュニケーションの活性化に再投入されるからである。(25)

政治システムは貨幣にかかわるとき、経済システムの論理に従わなければならないのである。政治システムの論理に経済システムを融合してはならず、経済システムの分化を維持しなければならない。ルーマンは、憲法学が財産権を自由権に分類することで、ある点から目をそらしているという。(26) それは、この権利がいかなる意味で自由にかかわるのか説明していないことである（仮に、人間らしい生活への貢献といった説明をしたならば、現に保有する財産の不平等をどう説明するのだろう？）。ルーマンは、基本的に経済システムの参加行為は、各人の人格に帰属するような自由な行為にならないという。(27) 株式の売買といった経済活動は、市場の論理に従った行為に過ぎない。経済システムの論理に逆らって人格に帰属する行為をするのは（そしてそれが経済システムを活性化するのは）、経済活動の典型例ではない。資産家であることは、あるいは納税額が多いことは、人格に帰属する行為に直結しないのである、ルーマンにいわせれば。収入の高さは、個性なんぞでは、ない。国家からの自由を語ることで、事足れりとしている憲法学の、自由であることへの沈黙が、ここでも皮肉をもって攻撃されている。財産権は、なにより、経済システムの維持に資する機能を持つものであり、個人の人格に帰属するという意味での自由との関連性は二次的なものにとどまる。

他方で、憲法学においては財産権と同じく経済的自由に分類される職業選択の自由・職業遂行の自由は、複合的な機能を持つ。単に、貨幣を媒介とした経済システムへの参加者としての役割にとどまらず、自己表出として自己の人格に帰属する自由な行為でもあり、言語（非言語）を用いたコミュニケーションの側面も持つ。単なる経済活動ではない[28]。

3　選挙権
——治者の証ではなく日常の維持として——

選挙権の性質について、日本の憲法学は現在二つの説が主として存在する。選挙権を公務と権利の二つの性格を併せ持ったものとみる説と、権利とみる説である[29]。ただ両説は、選挙権が、制限選挙時代のような特権や恩恵ではなく、権利とみる点で共通しているとされる[30]。また、ルーマンと対比するとき、両説にはもう一つの共通点がある。それは、国民主権であることを基礎に、いかなる意味で国民が治者か、について語ろうとする点である。ルーマンは、あっさり国民は治者になったことはない、という[31]。これは、あの有名な、ルソーの檄文、いや論文の一節（「自由なのは、議員を選挙する間だけ[32]」）とは意味が違う。

ルーマンは、選挙を、国家の中心・頂点奪取（奪取した者の決定には従って当然だ）の物語ではなく、与野党の議席確保のゼロサムゲームとしかみていない。したがって議会で多数を占めたことが統治権行使の正統性を意味しない。単に拘束力ある決定を下す基盤を得ただけなのである。ルーマンは、国民は治者ではない、と述べた後、「それでもなお国家が拘束力を持った決定を遂行するには、①どうすればいいか、②①のためにどういう条件が必要か」と問いかけるのである。そして、①について、暴力を背景とした威嚇という答えがありうる。しかし、威嚇により拘束力を持った決定を遂行する手法は問題がある。なぜならその状態は、決定に従っているのではなく、暴力に従っているだけだからである。よって、国家が行った決定だから拘束力を持つ、というそれ自体で受け入れられるような政治的権力の形成が必要なのである。そして②それが可能になるための条件として、ルーマンは、国家の決定を受け入れるかどうかが、（1）個人の人格に帰属する行為と評価されないこと、（2）各人の日常のコミュニケーションでの相互の役割期待と別問題であること、（3）各人の経済的コミュニケーションの可能性に影響を与えないこと、を挙げている。[33] つまりは、暴力を背景にした決定の受容ではなく、日常生活に何の影響も与えず「いつものこと」と受け入れられる形こそが拘束力を持った決定の正統性を増大させるのである。[34] この場合、より強制力の強大な誰かが登場しても、そちらに決定を下す正統性が移行しない。国家の決定の受容は、熱意ではなく、単調さに現れる。[35] 国家決定の危機は、市民の反抗ではなく、単調さの破壊によって引き起こされる。

したがって、政治にかかわる権利（代表例としての選挙権）は、日常生活での社会的役割や自己表出とは別のものとして組み立てられることになる。ルーマンは、選挙権の機能を、政治システム内部の分化の確保にみている（個人の個性の発揮でも、主権者としての社会的役割遂行でもない）。選挙権がない、もしくは複数政党制がない状態と、選挙権があり、かつ複数政党制である状態とを比較してみよう。そもそも国家機関により政治的コミュニケーションが独占されていない政治システムは、社会から決定すべき内容をくみ上げる。その際の社会への「関心」は、決定を行うための「感度」向上ゆえであり、それを超えて、「支配」を目的にしてはならない。選挙権がない状態は、「支配」化に抵抗するすべがなく（賛同するしか選択肢がない）、社会のコミュニケーションは、政治システムに融合されてしまう（分化が維持できなくなる）。これに対し、選挙権があれば、市民と国家の接点が分離できる。複数政党制の選挙は、賛同一択ではなく、ある政党の勝利は別の政党の議席数の減少につながるゼロサムゲームとなる。権力の所在が変動する。こうなると、政治システムは、二つの部門に分離、すなわち、ゼロサムゲームをめぐって、有権者の支持を得るために「感度」を上げる部門と、個々の案件につき立案・決定をする行政部門に分離されざるを得ない[36]。

政治システムが内部で分化すると同時に、もう一つの帰結が生じる。市民と行政部門（上述の政治システム内部で立案決定をする広義の行政部門）の分離である[37]。国家との関係で市民の利用できるルートが、選挙という形で開放されているからである。

選挙権行使では、自己の利害を投票箱に詰め込むことはできない。そういう意味で、選挙権行使は、人格に帰属する行為、自由な行為ではない。選挙権が規定されているのは、正統な権力形成を、他の社会的役割や自己表出から分離して、それとして、別個独立したものとして、維持するためである。選挙権が、他の権利とは別に、規定されている意味もここにある[38]。

4　平　等

――等しさへの権利ではなく距離要請として――

平等の重要性は疑われていない。ただ、これがいかなる意味で個人の権利なのかと問われると、答えるのが意外と困難かもしれない。なぜなら、平等の問題は、国家が個人Aと個人Bとに対する待遇の区別をすることによってはじめて顕在化し、そこには不可侵の「各人の領域」が予め存在しないからである。

日本国憲法の教科書をみると、憲法一四条が保障しているものにつき平等「権」といわず、平等「原則」としかいわないにもかかわらず、それがなぜ個人の権利化するのかについての説明がない。[39] もっとも、取り扱いの違い（の一部）が法的な問題にもなることとはどういうことかについて頁を割いているものもある。奥平康弘は、その結果、平等権の対象を、AとBの間に一方が損をして一方が得をするといった関係性がある場合、つまり比較される両者に、判決によって取り分の変化が引き起こされるものに一四条の対象を限定する。[40]

他方で、ルーマンは、平等を、個人の権利ではない、とあっさり位置づけるところから始まる。[41] AとBの取り扱いを同じにするとはどういうことかという基準それ自体を具体的事例とは独立に抽出できない以上、平等それ自体に価値があり、その侵害がただちに個人の権利でもあるというのは飛躍があるからである。ルーマンは、平等原則が、何が平等に扱うことで、何が不平等に扱うことになるかについての指示を具体的事例とは独立に示せない空疎な原則であることが、この原則に次のような特定の機能を与えるという。「あらゆる不平等な扱いには十分な根拠づけをせよ」と要求する機能。[42] 十分な根拠づけがあるのかについて問いを発する機能である。そして、なぜ国家はこのような命令に服すのか、というと、市民を政治的に平等だとして等しく選挙権を与えて社会に政治的に等しいものとして位置づけたためなのである。平等原則は、市民が選挙権を平等に有することと同じ原理、その第二弾というわけである。[43] 市民に選挙権を付与することで政治的に等しいものとして位置づけたものの、政治的駆け引きの中で成立する国家の施策は、特定の領域に偏る可能性がある。この施策の実施の側面での平等性を国家に課すのが、平等の機能なのである。ここに、国家と社会との「距離」を要求するという意味で選挙権と同じ機能性が平等原則にはある。[44] 特定個人を、ひいき、抑圧しない、という「距離」保障である。距離が等しくない場合、それに合理的な理由が必要となり、平等原則はその理由を要求するものである。

5 尊厳

——天賦ではなく各人の創設として——

ドイツの憲法の規定は「人間の尊厳は不可侵である」(一条一項)から始まる。この規定は、憲法改正が明文で禁止され(七九条三項)、連邦憲法裁判所により「自由な民主政においては最高位の価値」と位置づけられている。[45] この「人間の尊厳」とは何かについて、ある教科書等では三つの説が挙げられる。[46] ①人間を人間と特徴づけるもの、すなわち神の似姿、理性、意思・判断の自由(キリスト教やドイツ啓蒙思想の流れを体現した伝統的考え方。カントの有名なフレーズ:「主体は自らの目的としてあり、他者にとっての道具、手段ではない」)、②自分が何であるか決めるのは自分のみである(国家が付与できない)との視点から、「人間の尊厳」は、自己表出を通じて各人が創設するもの、とし、一条一項をもっぱら、そうして創設されたものの国家からの保護と理解する機能論、③人間の尊厳の基礎は、人間を自由で平等なものとして相互に負いあい、保障しあい、承認の共同体として国家共同体を形成することにある、とする承認論。

この②の説が、ルーマンの主張するところのものである。ルーマンは、所与の観念的人間像から出発しない。社会において、単なる生物学的個体ではなく、コミュニケーションの相手として、他者と区別した「あなた」として相手に認識されること、そのための基本的条件として、ルーマンは、自由と尊厳とを挙げる。[47] 社会において単なる個体ではなく、人格を持ったものとして存在する、そのためには単に言語が通じるだけではなく、人格としての首尾一貫性や信頼性などが継続して必要である。人間は人格としてそうした自己を表出し続けることで、人格となるのである。自ら、自らを構成し続けるものである。個々のコミュニケーションに自らの尊厳を危機にさらしつつ、他者とコミュニケーションすることで、社会の居場所を得続ける（失うこともあろう）ものである。ルーマンは、自由を、自己の人格に帰属する行為ととらえ、尊厳を、そうした自己表出の成功[48]、ととらえる。尊厳は、人間であることそれ自体に備わる自然的素質ではない。自己表出を通じて、創設していくものである[49]。自由と尊厳は、関係しあっており、ともに、同一のもの、すなわち自己表出を通じて、他者と区別される「私」として構成されるところの、人格、にかかわっている。自由は、人格の外的条件、尊厳は、人格の内的条件である[50]。

憲法上、自由にかかわる権利が多様であるのに対し（表現、職業、信教、学問など）、尊厳については、ドイツの憲法ではただ一度しか言及されていない。尊厳という人格の内的条件を、国家が、侵害するとはどういうことだろう。ルーマンは、全体主義的な国家が、はじめて、それを、策略的に、してしまった、という[51]。各人から、自己表出を、公的・私的空間にわたり根こそぎ奪い去り、自己の人格に帰属する自己表出を、不可能にすることによって。ナチス政権後に、誕生したドイツの現行憲法が、真っ先に、尊厳規定を置かなければならなかった、その、自由と尊厳にとっての、異様さよ。

日本国憲法一三条前段の「個人として尊重される」との規定は、制定直後は倫理規定として理解され、法規範としての議論の厚みを欠いていたが、近年、ドイツの「人間の尊厳」規定のように、人格の平等性を体現したものとして、権利論の中核に据えられるようになってきている[52]。これは、法解釈の深みか、それとも、社会の危機か。

6　権利の役割

中心なき社会の諸権利は、権利が「国家からの自由」「国家への自由」「国家による自由」などといった国家起点の視点ではなく、「自由」の観点で再定位される[53]。そして諸権利は、社会において特定の機能を担う諸システムが、相互に依存しつつも融合されずに共存しあうことで社会としての統一性を複合的に維持することを支える役割を持つ[54]。

（1）Georg Jellinek（1905）*Der subjektiven öffentlichen Rechte.*

（2）ニクラス・ルーマン（二〇〇一［原著一九六五］）『制度としての基本権』今井弘道・大野達司訳、木鐸社。以下では、同書を引用する場合『制度』とする。なお訳は変更している部分がある。ただし、同書では「中心がない社会秩序」といった表現はなく、主として、分化した社会秩序か、未分化のままの社会秩序かという線引きをしたうえで、後者の場合、国家に社会全体のヒエラルキーの頂点をみる見解がある（だが今や古い）、という構図になっている（『制度』第一章参照）。別の著作では、分化した社会を指して、「頂点も中心もない社会」と表現している。ニクラス・ルーマン（二〇〇七［原著一九八一］）『福祉国家における政治理論』徳安彰訳、勁草書房、一八頁。

（3）二項対立図式につき、『制度』六六－六七頁、三四二－三四三頁、価値につき、『制度』九－一〇頁、二二頁、三五三－三五九頁。

（4）基本権の法律による実現という問題提起につき、『制度』三四六－三五〇頁、また基本権が国家の存立を支えるとする、『制度』六七－六八頁。なお、日本の憲法学において、憲法上の権利は、規範の複合体により形成されているものもあるという意味での法制度論は、制度的保障の議論を通じて共通認識となっている。制度保障につき、石川健治（二〇〇七）『自由と特権の距離［増補版］』日本評論社。また基本権の内容形成につき、小山剛（二〇〇四）『基本権の内容形成』尚学社。他方で、ルーマンの言う「制度」は、こうした憲法学で用いられる規範的複合体という意味での制度ではない。事実的な行為態度予期の複合体である。『制度』一三－一四頁。

（5）『制度』三五〇頁、三四七頁。

（6）『制度』九五頁。また九二‐九九頁。
（7）Jellinek（Anm. 1）, S. 82.
（8）「人格」という概念の概念史的位置づけ、およびルーマン自身のこれに対する位置づけにつき、ニクラス・ルーマン（二〇〇四［原著二〇〇二］）『社会の教育システム』村上淳一訳、東京大学出版会、二二‐三六頁、ニクラス・ルーマン（二〇〇七［引用先の原論文二〇〇五］）『ポストヒューマンの人間論』村上淳一訳、東京大学出版会、一一七‐一三九頁。人格は、「私はどうあるべきか」と思い悩む私という意識統一体、とは別の、一つの形式、コミュニケーションのための単なる帰属点である。ニクラス・ルーマン（二〇一三［原著二〇〇〇］）『社会の政治』小松丈晃訳、法政大学出版局、二八六頁
（9）コンラート・ヘッセ（二〇〇六［原著一九九九 第二〇版］）『ドイツ憲法の基本的特質』初宿正典・赤坂幸一訳、成文堂）Rn. 280. また、イエリネックの地位論についてのヘッセの見解は、同書 Rn. 281.
（10）宮沢俊儀（一九七一）『憲法Ⅱ［新版］』有斐閣、八八‐九八頁。権利が「「人間性」から論理必然的に生ずるもの」とする、同書、九七頁。こうした権利の所与性は、日本の憲法学の主流である。法学協会編（一九五三）『註解日本国憲法（上）』有斐閣、三二七頁、芦部信喜（二〇一九）『憲法　第7版』高橋和之補訂、岩波書店、八〇‐八三頁。なお、イエリネック理解につき、石川健治（二〇〇二）「人権論の視座転換」『ジュリスト』一二二二号、二頁以下。
（11）『制度』一〇四頁、三二六‐三二八頁。コミュニケーションの自由につき、一五八‐一六〇頁、所有権につき、一九八‐一九九頁、職業の自由につき、二〇九‐二一〇頁、選挙権につき、二四〇‐二四一頁（さらに選挙権があることにより政治システム内も分離が維持される。政治と行政の分離は、二四一頁。市民と政治の分離は、二四三頁。日常生活と政治的役割の分離は、二五〇‐二五一頁）、平等原則につき、二九三‐二九四頁。
（12）『制度』七四頁。なお、ここでの「制度」の意味につき前掲注（4）。
（13）『制度』二〇頁、二七‐二八頁、三三一頁。なお、『制度』は、システムの閉鎖性を論じていない前期ルーマンに属している。後期を中心としたルーマンのシステム論につき、江口厚仁（一九九三）「法・自己言及・オートポ

イエシス」『法政研究』五九巻三・四号、九七頁以下、馬場靖雄（二〇〇一）『ルーマンの社会理論』勁草書房、村上淳一（二〇〇〇）『システムと自己観察』東京大学出版会、一一一頁以下、など。
(14)「コミュニケーションの一般化」の諸装置である。『制度』一四四 - 一五二頁。
(15)『制度』一五三頁。例えば放送法などで、情報提供、解説をする仕組みを作るといった、コミュニケーションを支える装置の一部を国家が作っていることを含めた権利論（裁判所によってではなく政治責任でなされる権利保障）をルーマンは展開している。『制度』三四八 - 三四九頁参照。
(16)『制度』一五八頁。政治システムに対する危機点に立つのが権利なので、各人の主たる関心事と権利の有無は必ずしも一致しない（例：恋人獲得を権利とみることへの沈黙）。
(17)『制度』一五八頁。ルーマンの政治システム理解を論敵ハーバーマスなどと対比する、毛利透（二〇〇二）『民主政の規範理論』勁草書房、五九頁以下。
(18)『制度』一六一 - 一六二頁。「支配ではなく、感度が合言葉だ」（一六一頁）。
(19)『制度』一八一 - 一八七頁。ルーマンの経済システムにつき、春日淳一（二〇〇三）『貨幣論のルーマン』勁草書房。
(20) この思考を体現するものの一つである二重の基準論につき、多くのものに代えて、芦部、前掲書、一〇四 - 一〇五頁、二〇二 - 二〇三頁、二三五頁、二四三頁。
(21) 多くのものに代えて芦部、前掲書、二四二頁。
(22) 応答の一つとして、石川健治（二〇一三）「財産権①」「財産権②」小山剛・駒村圭吾編『論点探求憲法〔第2版〕』弘文堂、二二四頁以下、二四一頁以下。
(23)『制度』一九三 - 一九四頁。
(24)『制度』一九四 - 一九五頁。
(25)『制度』一九七頁、二〇一 - 二〇三頁。
(26)『制度』二〇五頁。

(27)『制度』二〇五‐二〇六頁。
(28)『制度』二〇六‐二一〇頁。
(29) 前者としては、清宮四郎(一九七九)『憲法〔第3版〕』有斐閣、一三七頁、後者としては杉原泰雄(一九八九)『憲法II　統治の機構』有斐閣、一七六頁、辻村みよ子(一九八九)『「権利」としての選挙権』勁草書房。選挙権全体の概観につき、林田和博(一九五八)『選挙法』有斐閣、三六‐四一頁。
(30) 奥平康弘(一九九三)『憲法III　憲法が保障する権利』有斐閣、四〇三‐四〇四頁。
(31)『制度』二三二頁。
(32) ルソー(一九五四〔原著一七六二〕)『社会契約論』桑原武夫・前川貞次郎訳、岩波文庫、一三三頁。
(33)『制度』二三七‐二三八頁。
(34)『制度』二三四‐二三八頁。
(35)『制度』二四〇頁。単調さではなく、友／敵の区別による政治的統一体を論じるのは、カール・シュミット(二〇〇七〔原著一九三二〕)「政治的なるものの概念」長尾龍一編『カール・シュミット著作集I』菅野喜八郎訳、慈学社、二四七頁以下。一九三二年というナチス政権誕生直前の社会背景を忘れてはならない。
(36)『制度』二四一‐二四五頁。ルーマンの言う行政は、広義の行政で、かつ人的組織としての行政組織ではない。国家的官僚組織(議会、(狭義の)行政、裁判所)と表現されている。『制度』二四六頁。
(37)「政治と行政の分離の最も重要な機能は、世間からの行政上の決定の独立性確保」とする『制度』二四八頁。
(38)『制度』二五二‐二五三頁。
(39) 平等原則と平等権を互換的に用いることを「当然」とし、「不利益な取り扱いを受けた」という要件があれば憲法訴訟の当事者適格は満たすとする芦部信喜(二〇〇〇)『憲法II　人権各論(1)増補版』有斐閣、一八‐一九頁。問題は何をもって「不利益な扱い」といえるか、であるのだが。
(40) 奥平、前掲書、一二四頁。
(41)『制度』二七四頁、二七六‐二七七頁、二七九頁。

（42）『制度』二八二頁。
（43）『制度』二八九－二九六頁。
（44）『制度』二九一－二九三頁。統治原理と「距離」につき、毛利透（二〇一四）『統治構造の憲法論』岩波書店、二八一頁以下。
（45）BVerfGE 5, 85(204). 自由で民主的な基本秩序の諸原理を承認せず、これに攻撃的態度をとる政党は、憲法違反であるなどとして、基本法二一条二項によりＫＰＤ（ドイツ共産党）を違憲とした一九五六年の判決である。
（46）Thorsten Kingreen/Ralf Poscher(Bono Pieroth/Bernhard Schlink(begr.)), *Grundrechte II*, 2020, 36. Aufl., Rn. 412-414; Horst Dreier, in: ders.(Hg.), *Grundgesetz Kommentar* Bd. 1, 2013 3.Aufl. Art. 1 I Rn. 57-59.
（47）『制度』九三頁、九五頁。
（48）『制度』九九頁。なお、自由については、本章**2**で取り上げた。
（49）『制度』六八頁。
（50）『制度』一〇二、一〇九頁。
（51）『制度』一〇六頁。
（52）憲法一三条を中核に据えるものとして、佐藤幸治（二〇一一）『日本国憲法論』成文堂、一二一頁、個人の根源的平等性につき長谷部恭男（二〇一八）『憲法　第7版』新世社、一一一－一一四頁、一四七－一四八頁。
（53）ただし、「自由」それ自体はプラスの価値を持つわけではない。本章**1**で述べたように、自由は人格という形式から見たときの分類方法法にすぎない。国家のみならず、「私」も、社会の中心におらず、「私」は諸システムをその機能に応じてわたり泳ぐ。河合隼雄が、とある対談で、日本人は、職場や家庭といったその場その場をアイデンティティーの基礎にしてしまうという「フィールド・アイデンティティー」だと述べているが、それに近いように思われる。河合隼雄・村上春樹（一九九六）『村上春樹、河合隼雄に会いにいく』新潮文庫、六六－六七頁。
（54）『制度』三二六－三二八頁。

第3章　組織に法令を遵守させる事実的な力
――「第三者委員会」を手がかりに――

福井康太

《提題》

企業等の組織に法令を遵守させるというのは容易なことではない。特に、その組織が営利を目的とするときには、利益最大化こそがその最重要目的となり、無理に無理を重ねた営利活動はしばしば法令の認める範囲を逸脱する結果を招く。また、経営者自身の利益と組織の利益も必ずしも一致しない。経営者が組織を食い物にして私利を図ることはよくある。さらに、組織防衛の力学も働く。何らかの不祥事が発生した場合、しばしば組織は事実を隠蔽する。また、組織が自らの評価を実際より高く見せるために実績を粉飾、捏造する。これらは組織防衛の力学によって生じる。このように法令を逸脱する様々な力学が働いている組織に法令を守らせることは容易なことではない。

しかし、それでも組織が法令を遵守しないわけではない。大多数の組織は、補正可能な小さなミスはともかく、概ね法令を守ってそれぞれの活動を行っている。これには、罰則があるから、行政指導があるからというような理由もあるだろうが、それだけではない。法を遵守させるための社会的な力もまた組織に法令を守らせるのである。

本章では、法令を逸脱する様々な力学が働く組織に法令を遵守させる仕組みの一つとして、企業等組織が不祥事を起こし、存立危機に陥った場合に、その危機を乗り切るための方策として最近頻繁に用いられている「第三者委員会」[1]に焦点を当てる。「第三者委員会」は、企業のみならず、学校、病院、自治体などの組織で、様々な性質、規模の不祥事に対応するべく、組織によって設置される。「第三者委員会」に対する社会的期待は大きく、国家的規模での危機的事態に対処するための方策として用いられることもある[2]。「第三者委員会」は、組織が不祥事を起こした場合に、事実を調査し、原因究明を行い、再発防止策を策定して、これを組織に実行させる。しかし、まず、「第三者委員会」の事実調査、原因究明が「内部調査」とどのように異なるのかは、理論的な解明が必要である。というのも、優れた「内部調査」があれば、「第三者委員会」の調査、原因究明など要らないという見解もありうるからである、また、「第三者委員会」が策定した再発防止策を組織にエンフォースする力はどこから来るのだろうか。後述するように「再発防止策」には法的拘束力がなく、司法を通じて強制することはできないが、なぜこれを組織が実行するのだろうか。

1 「第三者委員会」の位置づけ

† 「第三者委員会」の法的位置づけ

日弁連ガイドラインによれば、「第三者委員会」とは、「企業や組織において、犯罪行為、法令違反、社会的非難を招くような不正・不適切な行為等が発生した場合及び発生が疑われる場合において、企業等から独立した委員のみをもって構成され、徹底した調査を実施した上で、専門家としての知見と経験に基づいて原因を分析し、必要に応じて具体的な再発防止策等を提言するタイプの委員会」である。[3] その目的は、「すべてのステークホルダーのために調査を実施し、その結果をステークホルダーに公表することで、最終的には企業等の信頼と持続可能性を回復すること」にあるとされる。もっとも、日弁連のガイドラインに法的拘束力はなく、「第三者委員会」は、このガイドラインを完全に遵守する形で設けられるとは限らない。「第三者委員会」と経営陣が主導する「内部調査委員会」との境界線は曖昧である。[4]

ここで確認しておくべきことは、「第三者委員会」は、組織が契約ベースで任意に設置する委員会だということである。委員会の構成は、一般的に、法律の専門家であり、守秘義務を課される弁護士を中心とし、[5] 事案に応じて、不祥事に関連する技術等の専門家や公認会計士等の専門家が加わるのが一般的である。「第三者委員会」のあり方は、第三者による独立の中立的な委員会であること、一定の専門性を有する構成員によって委員会が構成されることを除けば、そのあり方は、それを設置する組織に広く委ねられている。法律上の根拠がなく、契約ベースで設けられる委員会である以上、その調査に法的強制力はなく、また再発防止策の提言にも特段の法的拘束力はない。

†「第三者委員会」の独立性、中立性

「第三者委員会」の最も重要な価値は、その独立性ないし中立性にある。というのも、組織が信頼を回復するために、不祥事を起こした当該組織とは距離のある独立中立の機関が、不祥事の事実を解明し、原因の究明を行い、再発防止策を策定することが期待されるからである。とはいえ、バイアスのまったくかからない独立性、中立性などというものは現実には存在しない。実際、「第三者委員会」を設置するのは不祥事を起

こした組織自身である。したがって、ここにいう独立性、中立性は、相対的なものに留まる。「第三者委員会」の独立性、中立性は利益相反性の有無によって形式的に判断されるべきではなく、むしろ、委員の構成に対して主要なステークホルダーが異議申立をすることがなく、また、それが社会一般の信頼回復にとってマイナスというより、むしろプラスに働くといった事情を考慮して総合的に判断されるべきものだと考えられる。(6)

†「第三者委員会」に期待される活動

それでは、「第三者委員会」に期待される活動とはどのようなものか。一般的に、「第三者委員会」に期待される活動は、①事実関係の解明、②原因の究明、そして③再発防止策の策定である。(7) 以下、それぞれについて述べる。

①事実関係の解明

不祥事が起こった際に、「第三者委員会」に最初に期待されるのは、事実関係の解明である。組織全体が危機に陥るほどの不祥事が起こったときには、まず、何が起こったのか、その何が問題なのか、問題事象はいつ始まり、まだ継続しているのか、その問題に誰が関わったのか、どのようにして問題が深刻化し、また、どのようにしてそれが露見するに至ったのか、損害は誰にどれだけ生じているのか、といったことについて、詳細に把握することが、まずもって求められる。この点、日弁連ガイドラインは、調査の対象となる事実は、「第一次的には不祥事を構成する事実関係であるが、それにとどまらず、不祥事の経緯、動機、背景及び類似案件の存否、さらに当該不祥事を生じさせた内部統制、コンプライアンス、ガバナンス上の問題点、企業風土等にも及ぶ」としており、広範な背景的事実まで含めて調査することを期待している。(8)「第三者委員会」が組織されるのは、不祥事の発覚で組織内が混乱している状況のなかで、まず独立中立の専門家からなる委員会に事実関係を精査させ、問題を正確に把握するためである。これは、「第三者委員会」のあり方がいかに多様であるとしても、この委員会に当然に期待される役割である。

②原因の究明

解明された事実関係を前提として、また事実解明作業と並行して、「第三者委員会」に求められるのは、不祥事の原因究明である。「第三者委員会」の基本的な目的は危機対応であり、したがって、問題の原因を明らかにして取り除くことが期待されることはいうまでもない。究明されるべき原因は、不祥事の性質に応じて異なり、事故事案であれば技術的な問題を含む原因、不正行為事案であれば、その発生原因、さらには問題を表面化させず、長期化させた組織風土など、様々なことが究明すべき対象となる。原因究明は、「第三者委員会」が再発防止策を策定するための前提となるのであり、この役割もまた「第三者委員会」にとって欠くことができないものである。

③再発防止策の策定

不祥事に際して、組織の危機を収束させるためには、同種の問題が今後繰り返し起こることがないようにすることが重要であり、「第三者委員会」には、その役割が強く期待される。「第三者委員会」の活動として最も重要なのはこの再発防止策の策定であり、事実関係解明も原因究明も、再発防止策を策定するために行われるといってよい。「第三者委員会」の存在理由は、組織の性質に応じた、実効性ある再発防止策を策定できるかどうかにある。「第三者委員会」は、再発防止策として、不祥事を起こした企業等の組織風土を改めるための提案をしたり、新たなチェック体制の導入を求めたりするが、時として関与者の責任の有無、程度を明らかにして、一定の社内処分を行うことを提案することもある。もっとも、「第三者委員会」の役割は基本的には不祥事で混乱している組織の危機収拾であって、関与者の責任追及を目的とはしないのが一般的であり、責任追及の役割はあくまで派生的だと考えるべきである(9)。実際、関与者の責任追及のためには、それを目的とする別個の委員会が設けられることが多い。

2　観察の観察

「第三者委員会」が不祥事の事実解明、原因究明、再発防止策の策定を行うとして、その委員が組織の経営陣と同一の立場でそのような作業を行うというのでは意味がない。しかし、なぜそうだといえるのか。これを理解するカギとなるのがルーマンの「観察の観察」についての理論である(10)。

ルーマンは、「観察」とは、人々が他の人々とコミュニケーションを行うにあたって、そのコミュニケーションをどのように意味づけするかに関わる営みであるとしている。すなわち、人が他の人々と関わるコミュニケーションは、たとえば、ある事象が科学的に正しい／いや誤りだという論争に学会で決着をつけるやり取りであれば、それは科学システムにおけるコミュニケーションとして観察され、そのように整序される。私が権利者だ／いや私こそが権利者だといったことがやり取りされる場合であれば、それは法的コミュニケーションとして観察され、そのようなやり取りとして整序される。

もっとも、このようなコミュニケーションは、当事者が同じものを争いあう審級（ファーストオーダーの観察）では閉じられることはない。つまり、どちらが正しい／正しくないとか、どちらが権利者／無権利者であるということはファーストオーダーの観察では確定されず、ずっとそのものを争うコミュニケーションが続くことになる。このようなコミュニケーションに終止符を打つためには、そのようなやり取りを一歩引いて観察する、つまり「観察の観察」の審級（セカンドオーダーの観察）が必要となる。[11]

「観察の観察」とは、たとえば、Aが「私が権利者だ」と主張し、Bが「いや私こそが権利者だ」と主張して争っている場合に、一歩引いた立場から、制定法や判例といった「条件プログラム」[12]を参照して、法律要件を満たすのはBであり、Bこそが権利者であるという決着を付けることができる観察審級である。[13]この観察審級に裁判等の法的手続が位置づけられる。筆者が指摘したいのは、「第三者委員会」もまたこの「観察の観察」の審級に位置づけられるということである。「第三者委員会」は、不祥事を起こした組織から独立して、中立的な形で事実関係を解明し、また原因の究明を行う。いわば、組織自身の観察を少し離れて観察するというスタンスで問題を精査し、再発防止策を立てるのである。

それでは「観察の観察」は何故に有意義なのか。この点、観察者は構造的に「盲点」を持っているが、日常にこれに気がつくことはない。[14]そもそも、眼は（鏡を使わなければ）眼自体を見ることはできない。このことを、不祥事を起こした組織に引き寄せていえば、組織の当事者は、自らの組織風土のどこに問題があるのか、何が不適切な慣行なのか、長年続いてきた社内慣行は違法なのか適法なのか、といったことが見えない。長年のあり方にどっぷり浸かってしまっていて、そのあり方そのものの問題性がわからなくなってしまっているからである。まさにそこが組織自身の「盲点」である。他方、組織自身による観察を「第三者」が独立した中立的視点で観察すれば、何が問題なのか、その慣行は不適切なのではないか、ひいては違法に及ぶのではないかといったことが、より鮮明に観察できる。なぜなら「第三者」は組織自身とは「盲点」を異にしているからである。

このように、「第三者」による「観察の観察」には、組織自身にはできないことが可能なのであり、そこにこそ観察を観察する「第三者」の存在意義がある。「第三者委員会」は「観察の観察」を通じて不祥事を起こした組織に貢献するのであり、それゆえにこそ組織は、たとえ痛みを伴ってもなお、[15]「第三者委員会」に危機事態への対処を委嘱するのである。

3　再発防止策のエンフォースメント

「第三者委員会」が事実解明、原因究明を行い、これに基づいて再発防止策を立てたとしても、それが遵守されないとしたら意味がない。この点、「第三者委員会」が策定した再発防止策には、法的拘束力はない。少なくとも、裁判によって組織にこれを実行させるような方法はない。[16]もっとも、だからといって再発防止策が遵守されないというわけではない。不祥事を起こした組織の多くが、「第三者委員会」が策定した再発防止策を忠実に実行している。少なくとも、これをエンフォースする何らかの事実的な力が背後で作用しているように見える。

この点、今日の組織はグローバルな市場において厳しい競争に晒されている。組織は、グローバルに広がる資本市場、商品・サービス取引市場、そして労働市場で、競争に生き残っていかなければならない。このような競争のなかで特に重要となるのが、組織に対する内外のステークホルダーによる「信頼」である。[17]この「信頼」を維持できなければ、組織はグローバル市場で生き残っていくことはできない。[18]なぜなら、この「信頼」がなければ、組織は労働力を得ることも、取引をすることも、資金を得ることもできないからである。

内外のステークホルダーから「信頼」を獲得し、維持し、高めていくことは、実際上容易なことではない。しかも、不祥事を起こした組織は、この「信頼」をいったん失って、「不信」の状態にある。組織が不祥事によって生じさせた「不信」を覆し、「信頼」を回復するためには、たとえそれがどれほど痛みを伴っても、その不祥事の全貌を解明し、原因を究明し、再発防止策を策定し、これを本気で遵守することを内外のステークホルダーに信じさせることが必要不可欠である。組織が独立中立の「第三者委員会」を組織して調査を委嘱し、事実解明、原因究明を行わせ、再発防止策を策定するのは、組織が痛みを伴う改革を行うというアピールをするためであり、その再発防止策を遵守することは、ステークホルダーの「不信」を「信頼」に転化し、さらにその「信頼」を高めていくための方策なのである。このようなことから、組織は「第三者委員会」の策定した再発防止策を否応なく遵守せざるを得ないのである。「不信」を「信頼」に転じ、それを維持し、高めていくことへの社会的圧力こそが、「第三者委員会」の再発防止策をエンフォースする最も強力な事実的力なのである。このようにして、「第三者委員会」が策定した再発防止策は、ある種のソフトローとして機能することになる。

4 「第三者委員会報告書格付け委員会」をめぐって

「第三者委員会」の策定する再発防止策をエンフォースする事実的な力が働くとしても、そもそも「第三者委員会」の独立性、中立性に問題があるなどして、その再発防止策が「信頼」に値しないという場合もしばしば見られる。一部の組織は、不祥事からの立ち直りを見かけの上だけ印象づけるために「第三者委員会」を立ち上げる。すなわち、不祥事を生じさせた経営陣が保身を図ったり、その原因を温存したりする隠れ蓑として「第三者委員会」が用いられているということである。このようなことが目に余る場合には、「第三者委員会」という仕組み自体に対する社会的「信頼」が損なわれることにもなりかねない[19]。

以上のような状況に鑑みて、二〇一四年四月に、有志の弁護士が中心となって、「第三者委員会報告書格付け委員会」という民間の監視機関が立ち上げられた[20]。この委員会は、社会的注目度が高いと思われる「第三者委員会報告書」を選択して審査、格付けし、その結果を社会一般に公表し、さらには、すぐれた調査報告書を表彰する活動を行っている。これは、いってみれば、組織の活動の「観察の観察」を、さらにもう一歩引いたところから観察する（サードオーダーの観察）活動である。このような活動は必要なのだろうか。

組織の不祥事対応の一環として立ち上げられる「第三者委員会」の実態を見ると、残念ながら真摯な不祥事再発防止のためというよりも、経営陣の保身や不祥事原因の隠蔽の片棒を担いでいるような「第三者委員会」が散見されることは否定できない。このような「第三者委員会」を不正の隠れ蓑にするようなやり方を社会一般の目にとまるようにし、牽制することは、現状を前提とする限り、一定程度の正当性を有するといわざるを得ない。他方、このような格付けは、組織が委嘱した「第三者委員会」の調査報告書の意義を相対化し、再発防止策の正当化プロセスの無限後退を招きかねないという危惧もある。したがって、「格付け委員会」はあくまで限定的にのみ活用されるべきで、組織の自主的取り組みとしての「第三者委員会」の意義を損なわない限りで容認されるべきものと考える。

5　結びに代えて
――事実的エンフォースメントに手続保障は可能か――

　ここまで、不祥事を起こした組織の危機対応の一環としての「第三者委員会」に期待される活動や機能について概観し、「第三者委員会」による再発防止策をエンフォースする事実的な力について社会学的に分析してきた。グローバル化が進み、また情報技術や人工知能の急速な発達によって、変化の速度が著しく高速化している現代社会では、司法や行政による強制力の意義は相対的に低下している。これに代わって、社会一般の「信頼」や、評価機関の「評価」などを利用した、法規範の事実的エンフォースメントが大きな力を持つに至っている。[21]このような事実的エンフォースメントは国家による強制を伴わないという意味では「市民的自由」をより拡張するもののようにも思える。

　しかしながら、ここで問題視すべきことは、「信頼」や「評価」による事実的なエンフォースメントには十分な手続保障が欠けているということである。司法や行政など、国家が関わる法規範のエンフォースメントには、一般的に、事前の聴聞や異議申立等の手続保障の機会が設けられている。これに対して、「信頼」や「評価」のような事実的な力によるエンフォースメントは捕らえどころがなく、コントロールも難しい。特に、不祥事の際には、「信頼」を裏切られたステークホルダーによる組織に対するバッシングがしばしば発生するが、これによって、組織が必要以上に大きな譲歩を強いられ、場合によっては活動の場からの撤退を余儀なくされる。[22]そのようなバッシングに対抗する「反論権」のようなものが組織に保障されない現状のもとでは、事実的エンフォースメントへの過剰な依存は、なお危険視せざるを得ない。[23]少なくとも、目に余るバッシングが行われた場合には、バッシングを行った相手を特定し、民事的に損害賠償等を行う手段は組織に対して保障されるべきであろう。手続保障なきエンフォースメントはただの暴力でしかない。

【付記】　本稿は、拙稿「「第三者委員会」についての法社会学的考察――ソフトローをエンフォースする事実的な力をめぐって」（『阪大法学』六七巻三・四合併号、二〇一七年）を、教科書という本書の性格に合わせて平易なもの（総説）に改稿し掲載するものである。

（1）「第三者委員会」は、企業等の組織が不祥事の危機対応の一環として、その危機的状況の収拾策として、弁護士等の専門家に委嘱して立ち上げるのが一般的である。この委員会には、中立の立場で不祥事の再発防止策等を策定し、これに基づいて当該組織に一定程度の介入を行うことが求められる。この委員会は、「調査委員会」、「外部委員会」、「外部調査委員会」、「独立調査委員会」、「特別委員会」、「事故調査委員会」など様々な呼称で呼ばれることがあり、不祥事を起こした組織との関わり方も様々である。なお、「第三者委員会」は、不祥事の危機対応のために用いられるばかりでなく、予想される利害対立に備えるための中立的審査機関として立ち上げられることもある。

（2）二〇一一年三月に東日本大震災によって引き起こされた福島第一原発事故に関して、国会、政府、民間、東電に四つの「事故調査委員会」（第三者委員会）が設置されたことは、なお記憶に新しい。この点について、経済産業省調査室・課「福島第一原発事故と4つの事故調査委員会」（『調査と情報』七五六号、二〇一二年）一－二〇頁。

（3）日弁連ガイドライン第一部「基本原則」前段。

（4）このことは「第三者委員会」の呼称の多様性と関わっている。

（5）不祥事の影響が海外にまで及び、アメリカ合衆国等ディスカバリー制度を持つ国の当事者から民事訴訟を起こされる可能性がある場合には、弁護士の秘匿特権が重要となるのであり、弁護士以外の専門家を「第三者委員会」のメンバーとする場合にはこの点に留意すべきであるとの指摘もある。この点につき、塩崎彰久「第三者委員会がイドライン弾力的運用の薦め——企業不祥事調査に関する実務上の留意点」（『ビジネス法務』二〇一一年八月号）一〇四頁以下、3.（3）を参照。

（6）この点につき、塩崎、前掲論文、3.（6）を参照。

（7）これらの活動は、日弁連第三者委員会ガイドラインにおける「第三者委員会」の定義に含まれている。

（8）日弁連ガイドライン第一部第1の1.（1）。

（9）同旨、池田辰夫（二〇一三）「第三者委員会とは何ものか？——serendipityから「手続過程論」へ」伊藤眞ほか編『石川正先生古稀記念論文集　経済社会と法の役割』商事法務、一〇二四-一〇二六頁。

（10）Vgl. Niklas Luhmann (1990) *Die Wissenshaft der Gesellschaft*, Suhrkamp, S. 85-87.（ニクラス・ルーマン（二〇〇九）『社会の科学1』徳安彰訳、法政大学出版局、七二-七四頁）。

（11）*Ebenda.*

（12）「条件プログラム」と、これと区別される「目的プログラム」については、Niklas Luhmann (1987) *Rechtssoziologie*, 3. Auflage, Westdeutscher Verlag (original Auflage, Rohwohlt Verlag 1972), S. 227-234.（ニクラス・ルーマン（一九七七）『法社会学』村上淳一・六本佳平訳、岩波書店、二五〇-二五九頁）。併せて、拙著（二〇〇二）『法理論のルーマン』勁草書房、五六-五八頁。

（13）福井『法理論のルーマン』前掲、六一-六二頁。

（14）See, Humberto R. Maturana, Francisco J. Varela (1998) *The Tree of Knowledge: The Biological Roots of Human Understanding*, Revised Edition, Shambhala (original version, 1984), pp. 18-23.（ウンベルト・マトゥラーナ／フランシスコ・バレーラ（一九九七）『知恵の樹』管啓次郎訳、ちくま学芸文庫、一七-二三頁。

（15）比喩的な言い方をすると、組織が自らの不祥事の全貌を詳らかにされるということは、ギリシャ神話に出てくる怪物メドゥーサが鏡で自分の顔を見るような恐怖と痛みを伴う。自らの醜さ、救いようのなさに直面することになるからである。しかしながら、組織はその痛みを通り抜けなければ、ステークホルダーから許しを得て、いったん失った「信頼」を回復することはできない。

(16) 上場企業の場合には、証券取引所の上場ルールによって、再発防止策を実行しないような場合には上場廃止となることから、この場合には再発防止策に事実上の強制力が働いていると言える。

(17) ルーマンの「信頼」概念の全体について、Niklas Luhmann (2000) *Vertrauen*, Lucius & Lucius, 4. Auflage (original Auflage, 1968). (ニクラス・ルーマン（一九九〇）『信頼――社会的な複雑性の縮減メカニズム』大庭健・正村俊之訳、勁草書房)。

(18) 「信頼」形成のプロセスについては、ebenda, S. 53-57. (邦訳七六－八三頁)。

(19) 実際、しばしば「第三者委員会」の独立性、中立性に問題があったり、また、そうでなくても、「第三者委員会」が十分な調査をせず、原因究明、再発防止策もありきたりであったりして、「第三者委員会」という仕組み自体の社会的信頼は低下してきている。

(20) 「第三者委員会報告書格付け委員会」(以下「格付け委員会」とする) の詳細については、以下のＵＲＬを参照：http://www.rating-tpcr.net/ (最終アクセス二〇一九年八月二六日)。この「格付け委員会」は、例えば、東亜建設工業株式会社の社内調査委員会による「平成27年度　東京国際空港C滑走路他 地盤改良工事における施工不良等に関する調査報告書」に全委員がF評価を付けている。「格付け委員会」によれば、同調査委員会は副社長を委員長とし、副委員長は顧問弁護士が、委員は常勤監査役、執行役員、副本部長たる従業員が務める完全な社内委員会であるが、会社は本委員会が第三者委員会ではないことを自認しながら、外見上は公正な報告書であるが如く装って公表している、という点が問題視されている。以上については以下のＵＲＬを参照。http://www.rating-tpcr.net/wp-content/uploads/fccfdeac65688725d48784e82ca152d10.pdf (最終アクセス二〇一九年八月二六日)。

(21) 二〇〇八年に採択された東京大学グローバルＣＯＥプログラム「国家と市場の相互関係におけるソフトロー――私的秩序形成に関する教育研究拠点形成」(およびその前身の東京大学21世紀ＣＯＥプログラム「国家と市場の相互関係におけるソフトロー――ビジネスローの戦略的研究教育拠点形成」) の中心メンバーは民商法の研究者であり、企業コンプライアンスやガバナンス、契約のエンフォースメントにおけるソフトローの役割、そしてその国家法との関係性が重要なテーマとなっていることがうかがわれる。以上について、http://www.gcoe.j.u-tokyo.

ac.jp/（最終アクセス二〇一九年八月二六日）。

（22）Twitter や Facebook といったＳＮＳを用いた不祥事バッシングで、その対象となった組織が破壊的なダメージを受けるということは、しばしば見られる。多くのバッシングは暴走状態に陥っており、内容も適正であるとは到底言いがたい。

（23）ちなみに、「第三者委員会報告書格付け委員会」は、その格付けに対する対象となった調査報告書の関係者による反論を同委員会のウェブサイトに掲載する機会を保障しており、関係者に対する手続保障に配慮している。以上について、http://www.rating-tpcr.net/about/#policy（最終アクセス二〇一九年八月二八日）。

第4章　「非知（よくわからない）」のススメ

――「ふわふわ」した社会を観察してゆくための準備として――

林田幸広

《提題》

本章の主張はきわめて単純である。すなわち、ひとは常々「非知（よくわからない）」という次元を意識しておいたほうがよいのではないか、ということだ。たとえば、いまある状況が何なのかよくわからない、これからどうなるのか／どうすべきか、よくわからない、他人の考えなどよくわからない、これらを安易に消さないことが重要なのではないか。

この主張にはただちに次のような批判がなされよう。非知はさまざまな意味でよくない。非知は危険であり、恐怖であり、無責任である、だからこそ、ひとはできるだけ多くのことや考えを知るべきだ、と。筆者はそれを正面から否定するつもりはない。しかし、非知を知（わかる）にいくら変換したところで、非知がなくなるわけではない。こう言うと、いやそれでもなお／それだからこそ、さらに非知から知への変換が望まれるのだ、との声が再び聞こえてきそうだ。しかしやはり非知は残り続ける。非知から知への変換をいま便宜的に「知化」とするなら、原理的にはすべてを知化できないなかで、知や知化する側にのみ有意な価値を認め、非知をやみくもに狭めたり、見ないようにしたりすることは、かえって私たちの生を脅かすことになりはしないか。

このような関心のもと、本章では、私たちの社会は「よくわからない」ということを――ただちに知化し抑え込むのではなく――できるだけ、そのわからなさの様態において示していきたい。少しばかり遠回りになるが、この問題意識を読者に共有してもらえるようにと念じつつ、時勢(二〇二〇年)にかかわるエピソードの紹介から始めよう。

1　予防できないのに予防に失敗すると責められる

「安心して感染したい」――これは二〇二〇年七月一四日付で、いわゆる新型コロナウィルスの感染者がゼロである新潟県見附市の公式フェイスブックに掲載された漫画のタイトルである。漫画には、「狭い町で噂になるから一人目の感染者にだけは絶対になりたくないわ~」/「感染したって分かったら　この町ん中ですぐに村八分にされんぞ~」/「感染なんかしたら「あの人!」って、後ろ指さされちゃう　もう町中どこでも」/「周りから陰口叩かれて　この町に住めなくなる」といった市民と思しき登場人物たちの発言が描かれる。そして、コマの最後で漫画の作者らしき人物が、「誰もが感染する可能性がある中で、こんな声を聞くと、噂するのも村八分にするのも後ろ指さすのも陰口を叩くのもウィルスじゃない。この、「ひと」なんだよなぁと思う。見附人として互いを思い合う温かい「ひと」でありたいと願う」と綴る。漫画に先立ち、「物騒なタイトルですが…。」と前置きの後、「丁寧に補強説明すると《もし新型コロナウィルスに

感染しても、安心して治療に専念できる見附であってほしい》ということなんです」と作者の意図が述べられている。(1)

この漫画に出てくる市民は感染していないのだが、もし感染したら、と反実仮想を設定し、そうなったら「この町に住めなくなる」という発言をしている。感染後の恐怖の対象は、ウィルスというより周囲のひとの反応であることを感染していない状態でいわば見越しているのである。本来的には、いかなる対策(＝知)を講じたところで、感染を一〇〇％防止できるわけではないことは、誰しも頭ではわかっているだろう。その意味では——程度の差はあれ——感染する／しないは偶然(わからないこと)である。(2) そのようななか、感染を防げなかった場合には感染者自身が責められる、すなわち感染者に責任が発生することが想定されている。どんなに注意をしたところで感染するか否かは、究極には偶然(わからない)にもかかわらず、である。(3)

いわゆる新型コロナウィルスをめぐる恐怖や非難といった一連の社会的反応には、この非知があらわになったこと／にもかかわらず非知であることを正しく見つめることをせず、対策が万全でないことを感染者や行政側の責任として扱っていることが大きく関係しているのではないか。どういうことか。まず、完全な予防も予測も制御方法もないという非知(よくわからないこと)が、私たちに消去しがたい現実として現前する。その結果、そうした非知の現象と一方でわかっていながら、同時に他方でそれを防げない側を非難するのである。またここから、できるだけ非知を見ないようにしたい、あるいは非知は制御できる(感染しないことができるはずだ)とのそもそも満たすことが困難な欲望を見てとることもできよう。

ここで筆者は、非知とは何もウィルスに限ったことではなく、社会全般の事象にあてはまると考える。私たちは普段は非知を気に留めることなく過ごせているだけだ。そこにはあるのは、非知はない、あっても気にならない(ことにできている)という次元の自明性だ。だからこそ、非知が気にせざるを得ないほどに大きく露わになった時、私たちは恐怖し、非難し、責任を追求する。[4] それならいっそ、社会は非知に満ちているということを暴露し非知の側を自明にしてみてはどうか。非知を見ずに済ませられていることが自明なのではない。逆である。まずもって非知はある、ということから始めたいのだ。社会は明晰に分析され説明と制御が可能なものではなく、よくわからないという意味において、もっと「ふわふわ」していることを示したい。繰り返しになるが、このような関心のもと、以下の作業は、非知（よくわからない）のさまを示していく（2）。そのあとで、非知を見ないで済ませるように働きかねない概念として、いま触れた責任ならびに、一見ポジティヴな意味をまとっている共感を検討する（3）。とはいえ、本章には新しい見地があるわけではない。以下の作業は、既存の知見を非知という次元から筆者なりに再整理することで、普段は見ないで済ませ（られ）ている私たちの足元の一端をあらためて見ていくためのささやかな作業である。

2　社会は「ふわふわ」している

†法学的アプローチにリアリティはあるか？

「ふわふわ」に立ち入る前に、それとは正反対、すなわち、近代の社会が成立するメカニズムを、シンプルかつ明晰に説明していると思われる法学的なアプローチについて、その教科書的な説明を一瞥しておこう。土台となるのはいわゆる社会契約論のストーリーだ。[5] 自然状態における個々人は自然権を有しているが、そのままでは秩序は成立しない。よって自然権（の一部）を譲渡し権力機構を創設したうえで、個々人はその機構に従っていく。そうやって社会秩序が成立するという理解（＝知）である。そしてこれは現代の代表民主制に翻訳可能である。有権者は選挙で代表者を選び、その代表者に権力を持たせ、代表者たちが決めたこと（＝法）には従っていく。そうやって社会が成立するというわけだ。[6] この法学的アプローチは、自分たち有権者が選んだ代表者が決めたこと（＝法）には従わなければならないという当為（＝かくあるべし）の次元を定立させ、整然とした社会像を描いているといえよう。

しかしこのアプローチは、私たちの日常感覚から少なからず乖離しているのではないだろうか。確かに意図的に法を侵そうとすることは滅多にないにせよ、法に従う／従わないの区別を個々人が認識するためには、そもそも法を知っていなければならない。あまねくすべての法を知っている個人はおそらく実在すまい。知らない法に結果的に従っている事実はあるにしても、このアプローチは、そうした事実（＝である）の次元のメカニズムを直接説明することには難があるのではないか。[7] 法を知らない（非知）にもかかわらず生きられているというのが私たちのリアリティであるとすれば、いま見た法学のアプローチは、この意味でのリアリティを摑まえきれているとはいいがたい。「ふわふわ」したリアリティは法学的アプローチの外にある。

†誤ったうわさが変える社会――「予言の自己成就」

繰り返せば、本章のタイトルにある「ふわふわ」した社会とは、社会とはよくわからないもの、という意味だ。冒頭で述べたように、わからないなら／わからないから知化する欲望はすべて捨てることはできないけれど、どうしてもわからないところは残ってしまう。知化することで非知が隠されると同時に隠された非知は残り続ける。こうした社会のわからなさの一端を説得的に提示したひとりが社会学者マートンだと筆者は考える。換言すれば、よくわからないことが生じるのがリアリティであるということがマートンの議論によって理解できる、と。もっとも、マートンは社会を機能という点から分析し、因果の可変性や社会への重層的な見方を提出したことで知られるが、ここでは有名なかれの「予言の自己成就」のみを参照する。[8] それを通じて、社会のわからなさの様態を引き出したい。

予言の自己成就とは、根拠や実体のない誤ったうわさが広まることで、結果的には、根拠も実体もなかったはずのうわさの内容が実現化するということを意味する。[9] マートンは次のように言う。

> 自己成就的予言とは、最初の誤った状況の規定が新しい行動を呼び起こし、その行動が当初の誤った考えを真実《リアル》なものとすることである。（マートン 一九六一、三八四－三八五頁。強調原文）

マートン自身が同箇所でとりあげている「銀行の取り付け騒ぎ」を例にこれを敷衍すれば次のようになる。①資産が潤沢で財政も安定しているため、現金支払いにまったく支障のない銀行がある。②その銀行が「破産する」との根拠のない誤ったうわさが広まる。③そのうわさを聞きつけた預金者たちが次々と預金を引き出す。④その結果、銀行は支払い不能となり、実際に破産する。ここでいうまでもなく、引用文にある「最初の誤った状況の規定」とは、破産するといううわさである。それによって呼び起こされる「新しい行動」とは、預金の引き出しである。そして、預金引き出しという行動の連鎖が、破産という「当初の誤った考え」を「真実《リアル》なものとする」わけだ。

予言の自己成就からさしあたり次の三つの点が引き出せると思われる。[10] 一つ目は、シンプルに、間違ったうわさが起点となって社会現象が変転すること（しかも誤りが真実になるという形で）がある点である。二つ目はどこかの時点から、預金の引き出し行為が合理性を持つ点である。当初は、誤ったうわさによって引き出していたのが、引き出しが相次ぐことによって、銀行が本当に危なくなっていき、放っておくと自分の預金が消滅する恐れが出てくる。そうなると、引き出し行為は合理的な判断となっていく。三つ目は、引き出し行為をするひとたちの視点や理解の差異を見てとれる点である。たとえば、当初に引き出し行為をしたひとは、主観的にはうわさをさほど信じてはいなかったかもしれない。しかし、それを見た別のひとが、「引き出し行為は破産のおそれからだ」と理解して行為する。それを見たさらに別のひとが、「やはり破産のうわさは本当だ」と理解して引き出す。この過程から、当初引き出したひとの主観による行為は、そのひとを見る別のひとたちにとって「正しい＝客観的な」行為として理解されていくことが導かれるだろう。そこに成立しているのは、「当事者が主観的にどう考えたかとは別に、他人からどう理解されるか（他人がそれをどう理解するか）」（佐藤 二〇一一、二五四頁。（ ）は引用者補足）であり、そのような理解の集積が社会的な事実を作っていくという過程である。

いま見た予言の自己成就から、社会現象が「ふわふわ」揺れ動くさまの一端が示されたのではないだろうか。繰り返せば、誤ったうわさで動き始め、不合理な行為が合理となり、主観が客観化していく。ことの始めから終わりまでを単純な因果関係ではなかなかうまくは説明できない。予言の自己成就は、単線的な知の枠組みでは説明・制御できないような、比喩的な表現が許されるなら、そうした知で摑まえようとするとするりとすり抜けてゆくような社会のありかたを示してくれる[11]。

ところで、コロナ禍で外出自粛要請が出された当初、スーパーや薬局の棚からトイレットペーパーがなくなっていったことは記憶に残っているのではないだろうか。主因は、外出を控えるため普段より多めに購入する客が増えたためであろう。しかし、中には普段通りに購入しただけの客もいたかもしれない。しかしそれを見た他の客が買い置きをし、さらにそれを見た他の客が買い置きをしていく。そうするうちに買い置き購入という行為が客にとっての「客観的な」現実となり、トイレットペーパーが棚から消える。ここまでは先の銀行破産の事例で引き出した二つ目、三つ目と同様である。しかしこちらはさらに続く。製造会社から、自社倉庫には通常通りの在庫があるという、言ってみれば「一段高い客観的な」情報が発せられてもしばらく不足状態は続いたのだ[12]。この状況についてもマートンの指摘は示唆に富む。マートンは、予言の自己成就に関する叙述をW・I・トーマスの公理から始めているのだが、その公理とは「もしひとが状況を真実であると決めれば、その状況は結果においても真実である」というものだ（マートン 一九六一、三八二頁）。そして次のように言う。

右の公理の前半は絶えずわれわれに次のことを想い出させる。すなわち、人間は単に状況の客観的な諸特徴に対して反応するだけでなく、自分たちにとってこの状況が持つ意味に対しても、反応するものであり、しかも後者に対する反応の方が、時には主となるということを。（マートン 一九六一、三八三頁）

製造会社には在庫があること（一段高い客観性）がわかっていても、「自分たちにとってこの状況」、つまり実際に目の前の棚からトイレットペーパーが他の客によって次々に買われ品薄になっていく光景を目にすると、つい「反応」（購入）するのである。誤ったうわさが否定され、正しい情報が伝わっても、である。ここにも、知で制御できない、「ふわふわ」した社会の現実を見てとれるのではないだろうか。

†フェイクとトゥルース

いまひとつ、これとは別の角度から社会の「ふわふわ」を見てみよう。昨今、ある情報が流れたとき、それはフェイク（虚偽）なのかトゥルース（真実）なのかといった二択の議論があるが、以下では、あらゆる情報が例外なくそのどちらかにあてはまるというわけではなく、必ずしも二択では掴まえきれないという意味での非知があるのではないか、ということを示したい。

再びコロナ禍の出来事を思い返せば、お湯やお茶を飲むことで感染を予防できるという情報が流れたことがある。(13) これには科学的な根拠がないとしてただちに否定されたが、広まったツールが私的なネットメディアであるSNSであったことを考えれば、トゥルースとして伝達された向きはないとはいえまい。当たり前のことだが、トゥルースとして理解する受信者／発信者にとってみれば、それがフェイクであることを当人たちが理解するまではトゥルースである。

また別の事例だが、ツイッター上で、ある公人の発言内容への批判がなされていた（「#○○に抗議します」）際に、公人と同姓の有名芸能人の名前がハッシュタグ化され、今度はその芸能人を批判する書き込みが始まったことがあった（タグは名前の部分だけが異なる）(14)。この場合、芸能人のタグや書き込みをどう理解するか。タグも書き込みもトゥルースとして受け取るか、公人批判の流れからの、ある種の悪ふざけとして（わかったうえで）反応するか。しかし悪ふざけとわかりながらも、芸能人に本気で抗議する書き込みの可能性がないわけではない。あるいは悪ふざけそれ自体に抗議する書き込みも出てくるかもしれない。このように考えると、情報にはフェイクかトゥルースかだけに割り振ることが安易にできない場合があることが見えてくる。

もっとも、いまの私たちは、上記いずれの出来事についても、ひとまずその全容や顚末を知っている。よって、お湯による感染予防はフェイクだし、芸能人のタグは公人の名前が差し替えられたことも知っている。しかし、いまの私たちがそれを理解できるのは、その外部から全体を眺めやることができる特権的な立場にいるからである。そうではなく渦中にいるとき、たとえば信頼している友人から感染予防の情報がLINEで届いたとき、ただちにそれをフェイクと判断できるだろうか。応援している芸能人が抗議されているタグを見つけたとき、悪ふざけと気づくだろうか（本当のところ、悪ふざけかどうかわからないのだが）。先に見た予言の自己成就の事例においても、そもそも銀行に破産の理由などない（うわさは誤り＝フェイクである）ことがわかっていれば、預金の取り付け騒ぎは起こるまい。しかしこう考えることができるのは特権的な立場だからこそ、である。それに対して引き出した行為者は全体を見渡せない。全体が見渡せない中で、フェイク（破産）がファクト（破産）になるのである。私たちは社会の中にいる以上、社会を見渡すことなどできない。その意味で私たちは常に行為者である。

3　非知を不可視化する概念

これまでの記述から、社会現象における非知（よくわかかない）の位相が、あるいは少なくとも「こうだ」と割り切ることのできなさの一端が示せたのではないだろうか。しかし《提題》でも述べたように、だからこそ知化していく力学が働くのだろう。しかしその実、知化には、非知を減少させていく側面だけではなく、非知を見ないで済ませる働きがあるのではないか。何か問題が生じた際に、わかった気にさせたり終わった気にさせたりすることで「よくわからなさ」を不可視にしていく働きが、である。ここでは責任と共感を取り上げ検討したい。

†責　任

責任に関する研究は膨大にある。ここでは決定責任のみを取り上げ、それが非知を見えなくしていることを示すにとどまる(15)。

決定責任とは、結果を招く起因となった決定（者）にその責任を帰属させる考え方といえる。だが予言の自己成就の事例が示唆するように、銀行破産の責任を何に（誰に）帰属させるべきか一義的には定まりにくい場合もある。銀行破産の帰責先は、当初うわさを信じたひとか、取り付け騒ぎが現実となり預金を下ろしに行ったひとか、はたまた想定していなかった銀行か、なかなかに難しい。かといって因果関係の解釈が多元化すれば、責任の拡散を招きかねず、結果どこにも明確な責任が帰属されないことにもなりうる。(16)（よくない）結果が生じたにもかかわらず、原因＝帰責先がないという状態は、まさに非知（よくわからない）の典型といえよう。対して、どこかに帰責することは、帰責先と結果に因果関係があることが「わかった」という意味で知となる。たとえば、決定責任があるのは当初うわさを信じたひとであるとすれば、銀行破産は〝そういう原因だ〟ということで理解されていく。だが同時に、その他の因果関係の道筋は遠景化していくのではないか。ここに、非知を見なくて済ませられるようにする決定責任の働きがあると考える。何かに決定責任を帰属させることによって得られる知は、多元的な解釈可能性という非知（責任所在は一義的には決められない）を不可視化していくというわけだ。しかしなぜ多元的な解釈可能性はさほど視野化されないのか。換言すれば、決定（原因）の同定がなされるのはなぜか。

決定の問題をリスク論において考察する社会学者ルーマンの主張を参照しよう。現在における決定は未来のリスク（損害の可能性）を生むとするルーマンは次のように言う。

リスクから損害が生じるかもしれないが、そう確定しているわけではない。むしろそれはありそうにないかもしれない。しかしその損害が決定の帰結であるのは間違いない。すなわち決定によって損害が引き起こされるかもしれず、別の決定がなされたならその損害は生じなかったかもしれないのである。したがって決定について語りうるのは、帰結が決定へと帰属させられる場合のみである。（ルーマン二〇〇三、一〇三頁。強調引用者）

これを筆者なりに解釈すると、何らかの損害は決定の帰結として生じる。そして、その帰結の帰属先が問題になった場合にのみ、決定が問題化するということだ。決定が問題化するとは、損害を生じさせた決定の所在をめぐるコミュニケーション（ないしコンフリクト）が発生することも含まれよう。ウィルス感染を例にとれば、感染（帰結）の帰属先となる決定はどこにあるのかという問題がまさに問題化するということだ。仮にたとえば、帰結を招いた決定とは、いわゆる三密の場所に居たことか、知らないうちに感染者と濃厚接触していたためか、不要不急の外出によるのか。しかしそれ（帰属先としての決定）は本来的には非知である。その意味で帰属先としての決定は決定不可能といえる。しかし、現に感染（帰結）という損害が生じている以上、決定不可能であるはずの決定を語らなければならない。ここで、感染者自身に感染（帰結）が生じているのは事実であるため、帰属先としての決定もまた感染者自身の決定とみなされるのではないか。どのような決定なのかは実はわからない＝決めることはできない（非知）。しかし本人が感染している以上＝本人に帰結が生じている（知）。それならば帰属する決定先（帰責先）は本人であるという決定がなされるというわけだ。これはいってみれば、本人（の行為）という次元に、決定責任の多元的解釈やその決定不可能性を封じ込めるということになろう。**1**で触れた四コマ漫画の登場人物はそのことを見越していたのかもしれない。このようにして、非知は非知としてあるにもかかわらず、決定責任は非知を見ずに済ませられるように機能する側面を持っているのである。

†共　感

「あなたのことわかるよ！」とでも表現しうる共感は、一見非知の余地はなさそうだ。だが本当にそうだろうか。以下には心理学者のポール・ブルームを参照し検討する。ブルームによれば共感とは、「他者が感じていると思しきことを自分でも感じること」である（ブルーム 二〇一八、一〇頁）。他者の快苦をあたかも自分のことのとして経験することといってもよい。たとえば、小学校で銃乱射のような残忍な事件が生じた際、居合わせた小学生や親の気持ちを我が事として無意識に感じ、自動に反応することである。こうした共感はしばしば他者との関係を濃密にしたり社会を改善したりする契機としてポジティヴな意味が込められるものの、ブルームはその考えに異を唱える。[17]「道徳的な判断を下そうとして、他者の快や苦を自分でも感じようと努めている自分に気づいたら、その行為はやめるべきだ」（ブルーム 二〇一八、五一頁）、と。その理由の一つは、共感のスポットライト効果ともいえる点にある。

> 共感とは、スポットライトのごとく今ここにいる特定の人々に焦点を絞る。だから私たちは身内を優先して気づかうのだ。その一方、共感は私たちを、自己の行動の長期的な影響に無関心になるよう誘導し、共感の対象にならない人々、なりえない人々の苦難に対して盲目にする。つまり共感は偏向しており、郷党性や人種差別をもたらす。（ブルーム 二〇一八、一七頁）

ブルームによれば、共感はスポットライトとして現れる。ライトで照らされる他者は顔がよく見え、かれらがどんな状況に置かれているのかがよくわかる。よくわかるからこそ、ただちに苦しい状況を改善しかれらを救済しようとする判断をする。しかしその反面、ライトに照らされない場所、すなわち、共感が向けられていない人々の状況は長期間放置される。共感した先だけが短視眼的に優先され、結果、正しい道徳判断や政策に失敗するというのだ。

本章の関心にひきつけてみると次のようになる。スポットライト効果により、ライトの当たらない場所には、共感している人（ライトを当てているひと）は盲目となるため、かれらからしてみればそれは非知の領域となるであろう。しかしながら、非知の領域においても、「人々の苦難」がないとは言えまい。共感とは、そうした苦難に盲目になれる、ライトの当たらない苦難を見ないで済ませられる働きをしているのである[18]。

以上、非知との関連で、責任と共感について検討してきた。もちろん、これらの概念が必要ないと言いたいわけではない。ここでは、二つの概念が、非知（よくわからないこと）を見ずに済ませられるようにする働きを持つという点を確認できれば十分である[19]。この見方に従えば、責任や共感が持ち出されるたびに、実はそこにはいま述べた意味での非知があるということになる。責任を明示すること、共感することは、非知を見ていないこと（にできている状態に自分があること）の裏返しである。

4　おわりに
――非知に向けて考えること――

以上、筆者なりに、非知（よくわからない）の位相を示してきた。やはり主張は単純だし、本章は、おそらく誰もがうすうすはそう思っていることを――童話「裸の王様」の子どもよろしく――暴露したに過ぎない。社会で生じる出来事はいかなる場合でも、その説明や意味づけは一筋縄ではいかない、と。ではどうすればよいのか。非知がなくならない以上、いくら考えても無駄なのか。そうではない。非知（よくわからない）は、たとえば、既存の説明図式や因果連関で「わかった」とするのではなく、〝それでよいのか〟という問いを開き、「別様に考えていく」ように仕向ける契機として捉えるべきである。その際の問いの形式は、What（何）や why（なぜ）というより、how（いかにして）だろう。what には何かをあてはめようとする。why のもとでは因果関係を探そうとする。この点、how は、文字通りどのようにしてそうなったのかを意識せざるを得ず、なかば必然的に、物事を分節化し詳細かつ多元的に観察することになると思われるからだ。そしてもちろん、そこで出した答えも「よくわからない」ため、さらに別の「いかにしてか」という問いが発する。問うて考えるがそれもまた非知であること。非知のススメとは、非知を契機に、非知へ向けて、「いかにしてか」を考えつづけることである。

（1）https://www.facebook.com/city.mitsuke/photos/a.1158433567512241/3283649641657279/?type=3（二〇二〇年一〇月三日確認）

（2）もちろん、対策がまったくの無意味ということではない。ここで言いたいのは、社会生活を送るうえでいかなる対策を講じたとしても、感染しないという保証は少なくとも現時点でないということである。

（3）非知と偶然には厳密な差異化が必要であるが、ここでは「わからない」という点において同一に扱うにとどまる。たとえば、非知はそもそもわからないという状態から、ある程度の実態はわかるものの万全な制御や対策が存在しない状態までを、偶然はどのような帰結をまねくのか予測できない状態をそれぞれ意味するというふうに分けられよう。しかしここでは踏み込まない。

（4）ウィルスに限らずとも、たとえば未曽有の大規模災害が生じるたびに、こうした問題が出てくる。しかしそれらは一過性で部分的とみなされてしまう（被災地域という名ざしを想起せよ）。それに対して、二〇二〇年に問題化したウィルスは拡散的であり、確実な制御の見通しが立たない限り、例外なく全員が包摂されるため、こうした問題を可視化できているのではないか。

（5）社会契約論の現代的意義については、さしあたり伊藤（二〇一一）を参照。

（6）代表民主政をあらわしている日本国憲法前文の第二文は、社会契約の現代版として読むことができると思われる。

（7）当為と事実の関係性はこれほど単純なものではないが、ここでは踏み込まない。

（8）以下は、マートン（一九六一）第一一章、および佐藤（二〇一一）第七章を参照した。

（9）社会学者の佐藤俊樹は「予言の自己就成」につき「主観的な状況定義が客観的な現実に転じる過程をあざやかに描き出した」と評する（佐藤 二〇一一、二四九頁）。

（10）二つ目と三つ目は佐藤（二〇一一）二五一－二五四頁を参照した。

（11）対象をそのままに取り出すことはできないという意味において、一般に、解釈や分析には対象の「加工」がともなう。同様に、解釈・分析する側の枠組もまた、すでに何らかの「加工」の上にしか成立しない（むろん、両者の「加工」は不可分でもある）。そうであれば、知で摑まえられないものは当然にある。また、そもそも知られていないことは知られていないままのほうが圧倒的に多いのではないか。これらの点に関連して、（岸 二〇一五）を参照。同書は、他者の語りの分析を業とする社会学者の岸正彦が「どうしても分析も解釈もできないことをできるだけ集めて、それを言業にして」（七頁）いる。

（12）朝日新聞デジタル、二〇二〇年三月三日付記事（トイレットペーパー、こんなにあります 材料も原料も）https://www.asahi.com/articles/ASN3366LZN33UQIP02Z.html 二〇二〇年一〇月一二日確認）

（13）ｗｅｂ版・西日本新聞ニュース、二〇二〇年二月二五日付記事（チェーンメールも…新型コロナのデマ拡散「お湯で予防」病院も困惑）（https://www.nishinippon.co.jp/item/n/586997/ 二〇二〇年一〇月七日確認）

（14）Ｊｃａｓｔニュース、二〇二〇年五月一四日付（https://www.j-cast.com/2020/05/14385931.html 二〇二〇年一〇月七日参照）

(15) したがってここでは責任とは何かといった責任概念の実質的内容を扱う深遠なテーマには踏み込まない。

(16) 荒木(二〇一九)を参照。荒木は、責任論において有限責任/無限責任のいずれもが結局無責任を生み出すとし、逆に無責任と匿名性に立脚した論を展開しようとする。

(17) ブルームは共感を「情動的共感」と「認知的共感」とに区別している。情動的共感とは、本文にあるように、他者の苦しみを自分の苦しみとして感じて反応することである。対して認知的共感は、他者の苦しみについて感情を介すことなく、いわば事柄として理解することである。ここでブルームが批判するのは情動的共感のほうであり、認知的共感については一定の評価をしている。本文で扱う共感は、このうちの情動的共感である。

(18) 本文では共感のスポットライト効果をとりあげ、スポットライトが照らさない場所があることを問題にしたが、共感自体に内在する危険性も指摘される。社会学者の伊藤昌亮は、SNSの書き込みに見られる「強い共感の磁場」では一体感や期待感が強まるため、意に沿わない反応が現れると、途端に強い反感が形成されることがあると述べる(伊藤 二〇二〇)。関連してロバート・キャンベルによる次の発言も参照。「共感することはとても大事なことですが、エビデンスがない、つまり根拠という杭が立てられないところで共感が生まれると、それは人を傷つけることになる」(ロバート/若松 二〇二〇、五八頁)。

(19) ではどうすればよいのか、という問題は残る。全範囲への共感など不可能である以上、共感はスポットライト的にならざるを得ず、照らす対象は往々にして郷党性——自分の価値観から無関係ではないという意味において——を帯びる。この意味において共感は偏向と不可分であるからだ。ただ、ブルームが強調するのは、共感=偏向そのものというよりも、共感に基づいた道徳判断や政策決定は正しくないという点にある。またこの偏向性に関連して、哲学者のリチャード・ローティは、みずからの立ち位置は偏向でしかありえないことを自覚したうえで、その範囲を徐々に広げていくかたちの連帯を目指す(ローティ 二〇〇〇を参照)。対して本章では、本文で示したように、共感には非知を不可視化する働きがある、という点のみを確認するにとどまる。

参考文献

荒木優太（二〇一九）『無責任の体系』晶文社。

伊藤宏之（二〇一一）『社会契約がなぜ大事か知っていますか』柏書房。

伊藤昌亮（二〇二〇）「ネット中傷と共感市場主義」『中央公論』二〇二〇年一〇月号。

猪瀬浩平・久保明教（二〇二〇）「往復書簡　忘却することの痕跡」『現代思想』二〇二〇年八月。

奥村隆（二〇一七）『社会はどこにあるか』ミネルヴァ書房。

岸正彦（二〇一五）『断片的なものの社会学』朝日出版社。

北田暁大（二〇〇三）『責任と正義――リベラリズムの居場所』勁草書房。

キャンベル、ロバート／若松英輔（二〇二〇）「対談　〝弱さ〟に向き合う力を」婦人之友社編集部『コロナと向き合う――私たちはどう生きるか』婦人之友社。

佐藤俊樹（二〇一一）『社会学の方法』ミネルヴァ書房。

立岩陽一郎・天揚井人文（二〇一八）『ファクトチェックとは何か』岩波ブックレット。

ブルーム、ポール（二〇一八）『反共感論』高橋洋訳、白揚社。

マートン、ロバート・K（一九六一）『社会理論と社会構造』森東吾ほか訳、みすず書房。

ルーマン、ニクラス（二〇〇三）『近代の観察』馬場康雄訳、法政大学出版局。

ローティ、リチャード（二〇〇〇）『偶然性・アイロニー・連帯』斎藤純一ほか訳、岩波書店。

第Ⅱ部

生み出す

第5章　紛争処理において「待つ」ことの意義

上田竹志

《提題》

以下、三つの事例を考える。

（事例1）　X女とY男は婚姻し、平成二〇年に長男、平成二二年に二男、平成二五年に長女をもうけた。平成二七年になってYが子どもたちを連れて実家に転居し、現在までXとは別居している。

平成二九年、Xは家庭裁判所に申し立て、Xを子どもたちの監護権者とすること、Yに対して子どもたちの引渡しを命ずる旨の審判を得た。

この審判を債務名義として、Xが子どもたちの引渡執行の申立てをしたところ、二男と長女は引渡しに応じたが、長男が激しく抵抗して呼吸困難に陥りそうになったため、執行官は執行不能と判断して手続を終了した。

Xは地方裁判所に対して人身保護請求をしたが、裁判所は長男がYの下で暮らしたいという自由意思に基づいてYの下にとどまっているとして、請求を棄却した。

そこでXは、Yに対して長男の引渡しを命じるとともに、これを履行しないときは一日につき一万円の割合による金銭を支払うよう命ずる間接強制の申立てをした。

（事例2） 平成二〇年、運送業を営むXは、荷物の配送の途中、七六歳のYが運転する自動車にはねられた。Xは右足を負傷して、右足首の稼働領域が狭くなり、歩行に支障を来したほか、右足に強い負荷をかけることが困難になった。

平成二二年に、XはYに対し、一時金として一五〇〇万円の支払いを求める損害賠償請求訴訟を提起した（以下、「前訴」と呼ぶ）。平成二三年、裁判所は、将来、運送業に相当の支障が出ることから生じる逸失利益として五〇〇万円、今後の治療費として四〇〇万円の賠償を命ずる判決を言い渡し、確定した。

ここから、物語は以下の二つの可能性に分岐する。

（a）平成二六年頃から、Xは徐々に頭痛、めまい、手足のしびれなどの症状が出て、就業が困難になった。Xは、この症状が交通事故の後遺症であると考えて、Yに対して、改めて後遺症に対する損害賠償請求として、一時金として金二〇〇〇万円の支払を請求する訴訟を提起した。

（b）Xは、Yの所有する不動産に対して強制競売の申立てを行った。しかし強制執行手続が係属中、Yは偶然に、事故以前と変わらず順調に運送業を行っているXを見かけた。YがXを問い質すと、平成二四年頃からとある整骨院に通い始めたところ、右足首の調子が劇的に改善し、今は事故前と同様の業務ができるようになったとのことであった。しかしXは、それはそうと損害賠償請求権については、判決で確定したのだから払って欲しいと言う。

（事例3） Xらは漁業従事者であり、Y（国）がA海の湾奥に設置した潮受堤防のためにA海の水質が劣化し、漁獲高が減少し、Xらの漁業行使権が侵害されたとして、A海沿岸地域全体の再生をスローガンに、漁業行使権から派生する妨害排除請求権に基づき、Yに対して潮受堤防の撤去や排水門開放を求める訴えを提起した。

平成二二年に、「判決確定から三年を経過したのち、五年間に渡って排水門開放を命ずる」判決が言い渡され、確定した。三年の期限は、潮受堤防の防災機能を担う代替工事に必要な期間であり、五年の開門期間は、「現時点においては、本件事業がA海の環境に及ぼす影響がすべて解明されたとはいえず、将来的に、漁業行使権の妨害を回避する措置として本件各排水門の常時開放よりも適切なものが発見、開発され、上記請求権の成否及び内容を基礎づける事実関係が変動する可能性がある」ためと理由付けられた。

しかしその後も、排水門開放に反対する他の地域住民等の反対もあり、Yは開門の前提となる防災工事等を行わず、それに向けての利害関係人への積極的な働きかけもしなかった。

Xらは、排水門開放を直接に実現する直接強制や代替執行を行うと、地域住民の決裂が決定的になることを懸念して、Yに対して間接強制の申立てをした。この申立ては認められ、Xらに間接強制金が数年間にわたって支払われ続けた。

その後、Yは請求異議の訴えを提起し、以下の異議事由を主張した。

①本件確定判決の口頭弁論終結後にA海の漁獲量が増加傾向に転じたことからXらの漁業被害が縮小した。

②本件確定判決の口頭弁論終結後に本件確定判決が客観的違法性の衡量判断において前提としていた対策工事の実施が不可能になった。

③本件確定判決の口頭弁論終結後に新たに生じた以下の事実関係を総合的に衡量すると、本件潮受堤防の閉切りの客観的違法性の衡量判断が逆転する。

・調整池の現状を前提とした農業が拡大した
・潮受堤防の存在を前提とした漁業が拡大した
・調整池内の土の堆積等によって新たな生態系が生まれた
④Xらの一部は、漁業協同組合の組合員たる地位を喪失した。

1　はじめに

本章は、筆者が最近、研究・教育の中で見聞した複数の事案について、当事者がある事象を「待ってよいか」という観点から、気になったものを取り上げ、分析するものである。これだけ言われても、何のことかわからないだろうから、提題に挙げた事例を一つずつ分析しながら、説明を試みる。

2　事例1

† 前提知識

①裁判所の判断　事例1にはモデルケースがある。最三小決平成三一年四月二六日（判例時報二四二五号一〇頁）がそれである（あえて架空の事例にするのは、当事者の思惑やそれに対する規範的評価が、必ずしも実際の事件の当事者に宛てられたものでないからである。以下同じ）。実際の事件では、原々決定、原決定ともに間接強制を認めたが、最高裁は原決定を破棄、原々決定を取消しの上、以下のように自判した。

子の引渡しを命ずる審判は、家庭裁判所が、子の監護に関する処分として、一方の親の監護下にある子を他方の親の監護下に置くことが子の利益にかなうと判断し、当該子を当該他方の親の監護下に移すよう命ずるものであり、これにより子の引渡しを命ぜられた者は、子の年齢及び発達の程度その他の事情を踏まえ、子の心身に有害な影響を及ぼすことのないように配慮しつつ、合理的に必要と考えられる行為を行って、子の引渡しを実現しなければならないものである。このことは、子が引き渡されることを望まない場合であっても異ならない。したがって、子の引渡しを命ずる審判がされた場合、当該子が債権者に引き渡されることを拒絶する意思を表明していることは、直ちに当該審判を債務名義とする間接強制決定をすることを妨げる理由となるものではない。

しかしながら、……〔上記事例1を参照〕……以上の経過からすれば、現時点において、長男の心身に有害な影響を及ぼすことのないように配慮しつつ長男の引渡しを実現するため合理的に必要と考えられる抗告人の行為は、具体的に想定することが困難というべきである。このような事情の下において、本件審判を債務名義とする間接強制決定により、抗告人に対して金銭の支払を命じて心理的に圧迫することによって長男の引渡しを強制することは、過酷な執行として許されないと解される。そうすると、このような決定を求める本件申立ては、権利の濫用に当たるというほかない。

②審判の正当性　本件では、間接強制の申立てが権利濫用にあたるとされただけだから、子の引渡しを命じた審判の執行力そのものは消えていない。したがって、改めて直接強制を申し立てることなどは妨げられない。強制執行全般を不許にするためには、Yが改めて監護権指定の審判を申し立てるなどの必要があろう。じっさい、本件で間接強制申立てが却下された実質的な理由は、長男がYの元にいたいという強固な意思

を示したからである。では、そもそも長男の監護権者はＹであるべきではないか。最初の審判の際に、家庭裁判所は判断を誤ったのだろうか。

家庭裁判所は、調査官の専門的な調査も踏まえ（家事事件手続法五八条）、発達心理学等の知見も活かしながら判断を行う。当然、長男の意向も聞いた上での判断であろう。また、審判当時の長男の年齢は九歳程度である。仮に、長男がＹの元にいたいとの意向を示したとしても、それが子の真意に基づくものか必ずしも明らかでなく、また子の意向どおりにすることが子の福祉にかなうとも限らない。あくまで、債務名義どおりの引渡しを行うのが大原則であり、このことは前掲の最高裁決定でも確認されている。

③既成事実による事情の変動　ところが、家庭裁判所がそのような考慮の下、子の福祉にとって最適な審判をしたとしても、非監護親による子の支配が事実上継続した場合、子がその環境に馴染み、監護親の元への引渡しを拒絶するに至る場合がある。そうして、非監護親による子の支配が既成事実となって、子が一定の年齢に達し、事後的に非監護親からの監護権指定の申立てがあれば、当初の審判を覆さざるを得ない事態も生じうる。その意味で、審判の判断内容は「その時は正しいが、今後はどうなるかわからない」という時間的脆弱性を孕んでいると評することも許されよう。これは、子の引渡しの実務上、重要問題の一つであり、国際的な子の引渡しに関するハーグ条約でも迅速な子の返還が重視されている（「国際的な子の奪取の民事上の側面に関する条約」1条a）[1]。

† Ｙは「待ってよいか」

ここからが本題である。そうであれば、ＹはＸからの強制執行の申立てをかわしつつ、時間稼ぎをして、監護権を取得するための既成事実が積み上がるのを待てばよいのではないか。たとえば、直接強制の場面などで、子どもたちに拒絶の演技をさせるように仕向けるのはどうだろうか。そうすれば、時間が経つうちに、Yが正当な監護親となれるといえるだろうか。

一般的には、そのようなYの態度は許されず、強く非難されるだろう。本来、そのような事情の変動は強制執行において斟酌されるべきでなく、あくまで当初の債務名義どおりの子の引渡しがされてから、その上で相当の理由があれば、改めて監護権指定を行うべきである（通常の事情変動による再審判は予定されている。〔民法七六六条三項参照〕）。自ら作り出した義務不履行状態を根拠事実に、自己の正当性を主張するというのは、盗っ人猛々しい。Yには本来、Xへの子の引渡しを待たせ、既成事実の積み上がりを待つ資格はないのである（Xには待たされる義務もないのだから、即時の強制執行が可能でありかつ望ましい）。

ただし、子の引渡しを含む家事事件は、その時々の子の福祉を実体的に尊重せざるを得ないという側面もある。非監護親に手続上非難されるべき事情があったとしても、その結果、実体的に子が非監護親の下にいるとの意思を強化してしまえば、それに反して、過去に定めた監護親の下へ強制的に連れ戻すことが、かえって子の福祉に反する事態を生じさせることもある（「国際的な子の奪取の民事上の側面に関する条約の実施に関する法律」一二七条一項一号、五号。なお同一項但書も参照）。

当初の審判を言い渡した家庭裁判所からみれば、本来あるべき子の監護状況が、既成事実によってなし崩しに実現不能になることは、なんとも歯がゆい。しかし、執行機関にしてみれば、その時々の執行が実体的に子の福祉にかなうかを、まったく度外視することも難しい。

前掲の最高裁平成三一年決定は、権利濫用という一般条項を用いて、当初の家事審判に基づく間接強制を不許とした。一般論として、非監護親が既成事実の積み上がり（事情の変動）を事実上待ててしまうのは、迅速かつ実効的な執行手段の不備、および子の福祉という本来はY自身の利益とも異なる優越的な価値のゆえであると、ひとまずまとめることができようか。

3 事例2

† 前提知識

事例2には、具体的な事情はやや異なるものの、やはりモデルとなる実際の事件がある。（a）は最三小判昭和四二年七月一八日（民集二一巻六号一五五九頁）、（b）は最一小判昭和三七年五月二四日（民集一六巻五号一一五七頁）である。

①既判力と再審理　基本的な知識から確認してゆこう。大前提として、民事訴訟の判決は、上訴の機会が尽きれば確定して既判力が発生する。既判力は、裁判所の判断を固定して、その後変更不可能にする効力である。既判力は、当事者の権利関係を安定化し、社会紛争を強行的に解決するために必須の制度的効力といわれる。(2)とはいえ、既判力は絶対のものではなく（どんな制度も絶対ではない）、重大な手続違反等があれば、再審（民訴法三三八条以下）による例外的な覆滅も定められている。

ただし、前掲事例2での問題は、「いったん決めた賠償額が、実際の損害と釣り合っていなかった」という事情である。これは判決手続の違法ではなく、判決内容の不当に当たる。不当判決であっても既判力は発生し、判決の不当を主張して再審を求めることはできないというのが、既判力制度の大原則といわれる（この点は国によって異なるが、わが国の民事訴訟法は、判決の不当を証明する新証拠の発見を、再審事由に含めない）。

②後遺症の発覚　以上を前提にすると、（a）においてXは、後遺症を発症しても、Yに対して追加賠償

を求めることができないことになる。実体法上、不法行為債権は不法行為の瞬間に全額について発生し、訴訟法上、訴訟資料について当事者が存在を認識しているか否かにかかわらず既判力は生じる、というのが法の建前だからである。そして、前訴確定判決の既判力は、「九〇〇万円までは請求権が存在する」ことと、「九〇〇万円を超える部分については請求権が存在しない」ことの双面に対して発生する。

とはいえ、この結論は後遺症を負った被害者にとって、いかにもかわいそうである。

そこで判例は、確定判決後に後発後遺症が明らかになった場合、一部請求理論を用いることで、追加賠償を認めている（前掲昭和四二年判例）。前訴で審理判断したのは損害賠償請求権の一部に過ぎず、後発後遺症に対応する残部債権はまだ審理判断が終わっていない、という便法を用いるのである。

③後遺症の回復　次に、（b）について考えると、判決後も続くであろう後遺症に対する賠償方式としては、一時金方式（一度に全額を支払う）と、定期金方式（月々の支払額等を決めて支払う）のどちらも可能である。[3] 定期金方式であれば、後遺症が軽減した後に著しい事情の変更が生じると、確定判決の変更を求める訴えを提起することもできる（民訴法一一七条）。しかし、一時金方式の判決に、そのような制度は用意されていない。また、（a）で検討した一部請求の理論は、賠償額の増額の場合にしか使えず、減額には対応できない。

では、健康になったはずのYへの九〇〇万円の賠償は強制的に実現されるか。これについて、判例は、前掲昭和三七年判例で請求異議の訴えを認め、強制執行を不許とした。

この事例では、交通事故の加害者が事故を苦に自殺したこと、債権者（交通事故の被害者）が将来の営業活動をできない前提で逸失利益を認めたにもかかわらず、その後堂々と営業を営んでいたこと、加害者の相続人たる両親に突如として承継執行をしようとしたことなどを挙げて、確定判決に基づく権利行使を、「信義則に反し権利濫用の疑いがある」と評価した。一般条項を利用した例外的な実質判断であり、どの程度一般化できるかは難しいが、一度確定した判決であっても、その後の事情変更を理由に、権利実現を阻む余地はあると評価できる。

†X・Yは「待ってよいか」

ここからが本題である。

逸失利益や今後の治療費は、いずれも判決基準時より後に算定期日（仮想的に設定された所得の取得日や、治療機関への支払期日）が来るたぐいの損害である。したがって、判決基準時における損害額の算定は、もともと将来予測という不安定な要素を含んでいる。この種の判決は、既判力が弛緩ないし脆弱化し、再審理がある程度許容されるとも言われている[4]。

さてそれでは、一部請求理論や権利濫用などの法理を用いて賠償額を増額したり強制執行を禁じた判例や、既判力の脆弱化を説く学説などを目にして、当事者はいったい何を思うだろうか。

もしかしたら、「再審理の余地があるなら、大人しく判決に従わないほうがいいんじゃないか？」と考えるのではないだろうか。

①Yは「待ってよいか」

少し詳しく見てゆこう。(b) において、仮にYがXの回復を知る前に、九〇〇〇万円全額を弁済したとする（任意弁済したのでも、強制執行手続が完了したのでもよい）。その後に、Xの回復が発覚すればどうだろうか。Yとしては、「払う必要のない逸失利益や治療費を払ってしまった」と考えるだろう。この場合、YはXに不当利得返還請求を求めることも考えられる。しかし、この不当利得返還請求は、当初の賠償判決と矛盾関係にあると説明され、前訴の既判力によって請求棄却となる。すでに述べたように、判決の内容が不当であるというだけでは、再審事由にならないから、前訴判決の既判力を消すこともできない。上記昭和三七年判例は強制執行の不許をいうだけで、既判力の修正には言及がない。これを超える既判力の例外的消滅は、判決無効の主張などによることになるが（最三小判昭和四四年七月八日民集二三巻八号一四〇七頁等）、相手方を害する意図や手続関与の妨害など、非常に高い要件が課せられており、将来予測が問題となる本件でこのハードルを超えるのは難しいだろう。

したがって、一度弁済をしてしまえば、Yに救済手段はない。強制執行手続の完了前にXの回復が発覚していれば、請求異議の訴えを提起して不当判決の実現を阻止できたこととの落差が、大きすぎるようにも思われる。

ここから導かれるYの行為指針は何か。それは、「Xの回復状況を監視せよ。そして、なるべく弁済を遅らせ、事情変更が生じるのを待て」ということになろう。以下、敷衍を試みる。

まず、Xの救済を考えた早期の全額任意弁済など、もってのほかである。あれこれと理由をつけて、支払いは良心的に考えても最小限、Xが実際に月々の治療や生活に要した額に抑えるべきだ。

そして、Xが強制執行の申立てをしてきたら、時機を見て請求異議の訴えを提起すべきだ。当然、執行停止の申立て（民執三七条）も忘れない。Xが回復する前に請求異議の訴えが終わってしまわぬよう、主張や証拠を小出しにして、訴訟は限界まで引き伸ばすべきだ。幸い、訴訟法上の原則として、判断基準時は口頭弁論終結時なので、最悪、請求異議訴訟の控訴審の口頭弁論終結時までに、Xの回復という事情が生じてくれれば、それを異議事由に出すことはできるだろう……。

以上の、Yの態度は是認できるものだろうか。Xの早期救済を蔑ろにしたり、請求異議訴訟を引き伸ばすなどの手段は、脱法的である。しかしYにしてみれば、判決の将来予測が外れたことが後で発覚しても弁済金を取り返す手段がないから、自分の財産権を守るために、できることをやっただけだ、と反論が返ってきそうである。Yはいわば、法の内側に自己の権利を実効的に保護する正規の手段が用意されていないから、「法の外」でそのような手段を駆使したと言えよう。

②Xは「待ってよいか」 次に（a）を考えてみよう。仮に、YがXに対して九〇〇万円を全額任意弁済し、既判力の双面性から「これでこの事故の処理は終わった」と信じたとする。ここでYは考える。自分はもう高齢だ、事故も起こしたし、もう自動車免許は返上だ。ついでに、不動産等のめぼしい財産も「終活」として、子どもたちに生前贈与してしまおう。余生は、年金収入で慎ましく生きてゆけばよい。

こうして、Yは責任財産のほとんどを流出させてしまい、その後でXの後発後遺症が発覚したとする。しかしこの時点では、残額二〇〇〇万円もの債務名義を得ても、もうYの財布は空に近い。法といえども、無い袖を振らせることはできない。Xの権利実現は困難となる。

Xはどうすればいいだろうか。Yの「終活」を非難できるだろうか。しかしYの終活は、まさに「いったん決まった判決には従う」という態度の典型である。Yは判決に従ったからこそ、九〇〇万円全額を任意弁済し、それ以外の財産は自由に処分したのだ。

ではXは、Yの財産流出を事前に阻止できるだろうか。もともとXは一般債権者であり、その債権の引当てになるのはYの一般財産である。Yの個々の財産処分について、Xが介入することは原則としてできない。責任財産の処分は当事者の意思に委ねるのが大原則で、わずかに詐害行為取消権（民四二四条）、倒産法上の否認権（破産一六〇条以下等）による取戻しが考えられるのみである。が、確定判決に従ったに過ぎないYの詐害意思を認定するのは困難だろう。仮差押え（民保二〇条以下）も思いつくが、ここでの被保全権利、「発症するかもしれない後発後遺症に基づく損害賠償請求権」の存在を疎明（民保一三条二項）するのは困難であろう。

かくして、Xは将来、後発後遺症が発覚する可能性があったとしても、その救済をあらかじめ保全しておく方法はない。後発後遺症が早めに発覚していれば全額賠償を受けたかもしれず、しかも後遺症発覚が遅れたことにつき、Xに落ち度はない。

では、このような状況から導かれるXの行為指針とは何か。たとえば、「当初から、当てずっぽうでもいいから後遺症の発生まで含めて賠償総額を高めに主張し、明示的一部請求訴訟を提起して、後遺症が発生するまで訴訟を長引かせよ」というものが考えられるだろう。以下、敷衍を試みる。

当座の救済については、仮払い仮処分を活用すればよい（そこでは、後遺症部分の主張は不要である）。後遺症はまだ発生していないので、明示的一部請求における債権総額の主張には確たる根拠がないが、当初から考えられる最高額の損害賠償請求権を主張（訴求はしなくてよいので、訴え提起手数料が高額になるわけではない）しておけば、その後の財産流出について詐害行為取消し（特に、Yの詐害意思）が認められる蓋然性が高まり、Yの「終活」を防げるかもしれない。そして、本案訴訟の係属中に後遺症が発生してくれれば、満を持して請求額の拡張を行うのだ。訴訟の引き延ばしは必須でないかもしれないが、明示的一部請求訴訟において請求を全部認容されない限り、事後の残部請求が原則として信義則違反となるという判例法理（最二小判平成一〇年六月一二日民集五二巻四号一一四七頁）に従えば、Xにとって、引き延ばしをしたほうが無難だろう。

以上のXの行為態様は、是認できるものか。訴訟の引き延ばしによって救済を図るという点、直接の審判対象に関わらないとはいえ、訴訟提起当初に当てずっぽうな債権総額の主張を行うのは脱法的行為ではないか。しかし、Xは不当な目的のためにこのような行動に出るのではない。判決時に予測できず、主張立証もできない後遺症賠償のための責任財産保全を行う正規の方法がないから、現行制度を組み合わせて手続を作り上げただけだ、と反論が返ってきそうである。ここでもXは、法の内側に自己の権利を実効的に保護する手段が用意されていないから、「法の外」でそのような手段を駆使したと言える。

以上をまとめると、将来予測を含む判決の既判力が、ある程度脆弱であるとして、再審理を許容する場合も、その周辺制度（過大な履行の返還や責任財産の保全等）が伴わなければ、当事者の正当な利益は実質的に保護されない。そのような未整備な制度の狭間で、[5] 当事者は事件の最終的に正当な解決のための根拠事実（ここでは、後発後遺症や後遺症の治癒の発覚）に基づく、自己の正当な利益の保護のために、既存の制度を脱法的にでも利用することが考えられる。それによって、自らその事実の到来を待ち、相手方を待たせるための手続を実現するのである。（a）では、終活をして責任財産を減らそうというYの財産処分を、Xが根拠のない権利主張などで待たせようとしている。（b）では、過払いになるかもしれないXの請求権の実現を、Yが手続の引き延ばしで待たせようとしている。

相手が、裁判所の脆弱な判断に基づく権利義務の実現を図る場合に、相手方を待たせ、将来的に生じるかもしれない事情の変動を自ら待つ、という資格が制度上保障されていない場合に、当事者は「法の外」に踏み出す事実上の戦略によって、「待つ」資格を獲得しようとすることが想定できる。そのとき、当事者に「待つ」資格を認めるべきか否かを十分に検討しないまま、一概にそのような紛争行動を否定することはできないのではないか、とも考えられる。

4　事例3

†問題の所在

事例3にも、やはりモデルとなる現実の事件がある。諫早湾干拓事業にかかる一連の訴訟がそれであり、排水門開放を命じた判決は福岡高判平成二二年一二月六日（判時二一〇二号五五頁）、その後の請求異議訴訟は、最二小判令和元年九月一三日（判時二四三四号一六頁）に相当する。(6)

さて、本件の請求異議訴訟における異議事由は、平成二二年判決の暫定性に着目した時間相関的な主張である。たしかに平成二二年判決も、永続的な排水門開放を認めず開門期間を五年と定めたのは、将来の不確定性が理由であり、事情変動を予期したからのように読める。排水門を開放することでA海にどのような影響が生じるか、排水門を開放するか否かにかかわりなく、今後A海がどのような状態になるかを、遠い将来にわたって予測することは不可能だから、近い将来についてのみ判決で開門を言い渡し、その後のことはまた後で決める（必要であれば裁判する）という暫定的な紛争解決は、この種の紛争解決手段として妥当とも考えられる。まさしく、平成二二年判決は将来予測を含むがゆえに、権利実現の期間があらかじめ設定され、またその判断に一定の脆弱性を観念することもできる。

では、Yの請求異議は認められるべきか。ここには、本章の主題である「待つ」ことに関するXらやYの社会的な資格、または「待つ」ことをめぐるXY間の社会的コミュニケーションの問題があるように思われる。

やや細かく分析してみよう。

†Xらの「待つ」行為

まず、本件でXらは直接強制や代替執行により、平成二五年一二月時点でただちに排水門開放を実現できたはずだが、あえて間接強制が選択された。これはなぜか。

本件の潮受堤防等は防災機能も持っているため、Xらが周囲への影響を最小限にとどめつつ開門するためには、Yの自主的な防災工事を待たなければならない。しかし、XらがYに対して防災工事請求権を有するわけではなく、平成二二年判決が定めた三年間の防災工事期間も、その期間内にYに防災工事を命じる効力を有するわけではない。Xらの権利実現を社会的に正当なものにするためには、いまだ権利言説化されていない、「法の外」でのYの協力が必要である。

また、Xらの望む本件紛争の最終的解決は排水門開放そのものではなく、話し合いによる地域の再生である。仮にYの協力を得て開門を行っても、塩害等により営農者等の利害関係人を害し、かえって地域全体の再生を阻害するおそれもある。実際のケースでも、Xらは、国や開門反対派住民などの利害関係人が包括的に参加してA海の今後を協議する場を開催するよう、Yに求めたようである（諫早湾干拓事業は、もはや地域全体の多様な利害関係人を巻き込んだ問題となっており、裁判所による個別的紛争解決ではなく、政治的アプローチによる解決が妥当とする見解も強い）(7)。しかし、XらがYに対してフォーラム設置請求権などを有するわけではない。Xらの真のニーズの実現のためにも、やはりYの「法の外」での協力を要する。

まとめれば、開門判決で認められた権利と、Xらの真のニーズは必ずしも厳密に一致しない（とはいえ、権利とニーズの不一致は、ある程度普遍的なものであり、それ自体を根本的に是正するのは困難である）。そして、Xらの真のニーズを実現するためには、Yの義務に属さない、自主的協力が必要である。仮に、これを法的な語彙で表現すれば、Xらの「権利の実質的実現」となるだろうか。

そこでXらは、開門判決を前提として、そのようなYの協力を「待つ」ために、Xらは法的には「待たされる」義務を負わないが、Yが形式的には法的義務を負わない行為を求めるために、間接強制という、時間のかかる強制手段を選択して、Yに時間を与えたといえる。ここにあるのは、Xらの権利の実質的実現のための、時間資源を媒体とした「法の外」におけるコミュニケーションであると評価できよう。「法の外」の話であるから、XらがYに上記行為を求めることのできる（Yが応じなければならない）程度や、YがXを待たせてよい期間など、XらがYを「待つ」具体的なあり方は、さしあたり「法の外」での当為判断であり、その基準は不明確である。

†Yは「待ってよいか」

以上に対して、Yは包括的問題解決に向けた努力を特に行わず、[8] Xらに強制金を支払い続けた（総額は一〇億円を超える）。強制金の支払原資は国庫である。そしてそれに並行して、Yは請求異議訴訟を提起し、提題のとおり、事情の変動に基づく権利濫用を主張した。

仮に、XらがYを「待つ」ことで、事実上、Yに時間という資源を与えたと分析するならば、Yはその時間資源を用いて（そして強制金を費やして）、何をしたのだろうか。ここで、Yもまた自ら「待ち」、相手方であるXらを「待たせた」のではないか。すなわちYは、請求異議訴訟における異議事由にあるように、平成二二年判決が不当となるような時点を待ち、事情の変動を待ったと評し得るように思われる。以上の分析が正しければ、XらとYは、お互いに性質の異なる事象を待ち合うという、やや複雑な構図の中にいる。

では、先に見た子の引渡し、後遺症の事例と対比しつつ、本件でYは事情の変更を待つ資格があったのだろうか。この問いは請求異議訴訟において、「Yが事情変更を主張する資格があるか」という問題に形を変える。そこで、前掲事例3においてYが主張した個々の事情変更を素材に考えてみよう。

①の、Xらの漁業被害の縮小は、もしそれが本当ならば、Yの作為がなくともXらの権利が実現したのだから、Xらにとっても望ましいことである。もっとも、Xらの真のニーズが地域全体の再生にあり、形式的な権利実現が必ずしも問題ではないとするならば、問題は残るかもしれない。しかし、真のニーズを強制執行手続の中で図ることは、Xらの「法の外」での戦略にかかわることであり、それだけを理由に異議認容を阻止することは難しいだろう。

②は、まさにXらが「法の外」で待っていたYの行為が不可能になった、という事情の変動である。本当に防災対策工事等が不可能になったかは、事実認定の問題であるとして、本来「法の外」で待たれた作為の不能が、強制執行手続内における異議事由としても評価できるかは、法の内外の境界線をどこに引くかという実質的判断の問題となり、その評価は難しい。防災工事等は開門の条件となっておらず、Xらは建前上、いつでも開門の直接強制または代替執行を強行できるからである。(9)

③の、農業や漁業の拡大、新たな生態系の発生などは、これまでの検討との対比でいえば、子の引渡しにおける既成事実の積み上げに近い。干拓地に営農者を入植させている以上、農業が定着するのは当然であり(そうでなければ別の問題が生じる)、新たな環境に応じた漁業や生態系が発生するのも事理の必然である。問題は、営農者や新たな漁業者、新たな生態系の保護に利益を持つ者たちが、請求異議訴訟に訴訟参加の上、そのような主張をするならばともかく(10)、開門を命じられたY自身が、義務不履行の間に(11)発生した事情の変動を、異議事由として主張してよいかである。子の引渡しにおける子の福祉のような優越的価値が上記事情変動に属するならば別論、非監護親がそのような主張をすることは本来許されないのと同様、ここでもYは、そのような主張をする資格がないのではないか。

④の事由は、もしもこれを認めなければ、明白に請求権者でないもの（あるいは不在の請求権者）を債権者とする強制執行を認めることになり、適切ではない。実際の事例でも、④については異議認容判決がなされた。ただし、Yは強固な通時的同一性を持つ国家という当事者であり、個々の国民の権利消滅を、長い時間をかけて待つという戦術を採用することが可能である。事件が完全に風化するまで、または事件当事者が全員いなくなるまで、じっと「待つ」――これは、国民の権利実現を無化する、国にとって究極の戦術でもある[12]。

以上のように考えると、Yの主張する事情の変動は一枚岩ではなく、その主張内容ごとに、Yにその事情変動を待つ資格があったか、その事情変動を主張する資格があるか、丁寧な仕分けが必要なようにみえる。

5　おわりに

以上、思いつくままに事例を挙げ、「待つ」ということの紛争解決上の意味について分析を行った。

民事訴訟は本来的に、時間相関的な手続を規律する法であり、「待つ」という行動に対する規律（「待つ」権利や義務の有無や内容、その発生・変更・消滅など）が考えられてもよいように思われる。しかし反面、民事訴訟は原則として過去に生じた事実を根拠に、現在の権利義務や法律関係の存否を判断する手続であり、なるべく迅速に（理念的には瞬時に）当事者が訴訟資料を提出し、裁判所が判断作用を行うことが望ましいと考えられる。そのような文脈の中で、「待つ」という行為態様は、原則としてネガティヴなものとして捉えられる。

したがって、「待つ」ことの法的な価値は、むしろ実体法における期限の利益や、継続的法律関係等の中で論じられ、手続法はそのような時間相関的な実体法関係を実現するために、時間的価値を手続に反映させるのであろう。

本章で挙げた事例は、子の引渡し、後遺症、環境紛争という、いずれも過去の事実の認定のみで終局的に紛争が解決されず、またその判断に何らかの脆弱性を伴うものばかりである。子の引渡しについては、すでに民法の整備および家事事件手続法の制定により、判断変更のあり方が明文で規定されるに至っている。後遺症については、判例理論が一部請求や権利濫用という枠組みで対応しており、学説上は既判力の脆弱化が有力に提唱されるが、その周辺制度の整備までは十分に論じられていない状態と思われる。環境紛争については、そのあるべき紛争解決形式がまだ明らかでなく、実際の事例で用いられる法理も、一般条項である権利濫用にとどまり、事情の変動に応じた具体的な制度があるわけではない。

本章は、いずれ実定法の整備によって克服されるべき問題を分析したにとどまるかもしれないが、そこには、従来の手続法理論や紛争処理理論があまり注視してこなかった基礎理論的問題（時間資源をめぐるコミュニケーションの規律問題）が潜んでいることを指摘できていれば、本章の企図は果たされたといえる[13]。

【付記】本章は、JSPS 科研費（課題番号 17K03467）の研究成果の一部である。

（1）子の引渡しに関する議論状況については、村上正子・安西明子・上原裕之・内田義厚（二〇一五）『手続からみた子の引渡し・面会交流』弘文堂。

（2）三ケ月章（一九五九）『民事訴訟法』有斐閣、一七頁以下。

（3）最一小判令和二年七月九日（裁時一七四七号一四頁）は、後遺障害逸失利益を定期金賠償の対象とすることができ、またその際、民訴法一一七条の適用対象となり得ることを判示した。上記判決の評釈として、越山和広（二〇二〇）「判批」『法学教室』四八二号一四〇頁参照。

（4）山本弘（一九九六）「将来の損害の拡大・縮小または損害額の算定基準の変動と損害賠償請求訴訟」『民事訴訟雑誌』四二号、四四頁に、包括的な研究がある。

（5）なお、ドイツでは、本件のような事例については定期金賠償を原則とし、また確定判決変更の訴え、担保提供による履行確保制度などもある。岡田羊一（二〇一四）「定期金賠償と処分権主義」『法律論叢』八七巻二・三号、一一二頁以下。

（6）紛争の全体像を概観するにあたり、「［特集］諫早湾干拓紛争の諸問題――法学と政治学からの分析」『法学セミナー』七六六号、九頁以下が有益である。その他、西川佳代（二〇二〇）「将来の給付判決をめぐる若干の問題――諫早湾干拓紛争請求異議訴訟を契機として」三木浩一ほか編『加藤新太郎先生古稀祝賀論文集　民事裁判の法理と実践』引文堂、八七頁以下、上田竹志（二〇二〇）「いわゆる『誤った判決』をめぐる一試論――平成二二年一二月六日福岡高裁判決を起点とする一連の裁判について」『法政研究』八六巻四号一頁以下。

（7）前掲「［特集］諫早湾干拓紛争の諸問題――法学と政治学からの分析」、御幸聖樹「紛争をめぐる政治部門と裁判所」五一頁以下など。また、間接強制決定にかかる最二小決平成二七年一月二二日判時二二五二号三三頁、三六頁の各なお書きも参照。

（8）松本充郎（二〇一五）「（行政判例研究）諫早湾干拓地潮受堤防の排水門を、やむを得ない場合を除き判決確定の日から三年を経過する日までに開放し以後五年間開放を継続すべきとされた事例」『自治研究』九一巻三号、一五一頁以下など。

（9）この点、間接強制決定と請求異議訴訟という違いはあるが、事例1における平成三一年最決において、「長男の心身に有害な影響を及ぼすことのないように配慮しつつ長男の引渡しを実現するため合理的に必要と考えられる抗告人の行為は、具体的に想定することが困難というべき」という実質的判断が、権利濫用論の中でなされていることが参考となろう。もっとも、平成三一年最決が、どのような事実認定を根拠にそのような判断に至ったか、必ずしも明らかでない。間接強制の制約につき、梅本聡子（二〇一三）「間接強制の可否についての実務上の諸問題」『金融法務事情』一九七二号、四〇頁以下。

(10) ただし最高裁は、福岡高判平成三〇年三月一九日（裁判所ウェブサイト、評釈として川嶋隆憲『平成30年度重要判例解説』一二三頁）の上告審である最二小決令和元年六月二六日（判例集未登載）で、開門差止請求訴訟に対する開門請求権者の独立当事者参加を認めなかった。本文事例とは別の局面での判断だが、多様な利害関係人が参加する手続の形成を、むしろ回避する傾向にあるようにも見える。その他、請求異議訴訟に対する訴訟参加ではなく、第三者異議の訴えの活用を提言するものとして、中島肇（二〇一五）「諫早湾潮受堤防撤去事件控訴審判決――差止判決の既判力」『論究ジュリスト』一三号、一五六頁以下。

(11) 平成二二年判決の訴訟物や判決事項をどのように解釈しても、Yの義務不履行を法的に評価できるのは、判決確定から三年を経過した後と思われる。前掲注（6）の西川、上田論文および上田竹志（二〇二〇）「判批」『新・判例解説Watch』二六号、一六五頁、一六六頁以下。この点で、本文事例1と単純な比較はできない。ただし、平成二二年判決がYに与えた三年の期限は、履行準備期間と読む余地があり、少なくとも純粋な期限の利益をYに付与したとは解しづらい。

(12) なお、Yは一私人ではなく国であり、国民の自力救済を否定し、その代償として権利保護制度である訴訟制度を設立している主体である。Xら（国民）が司法権の確定判断によって認められた自己の権利の実質的保護を求め、Yの行為を「待った」ことを奇貨として、その権利保護を無化する事情変動を「待つ」ことは、国家として内的論理の一貫性を欠き、権利保護の使命および自力救済禁止の正統化を放棄したと非難されかねない振る舞いになり得ることにも留意すべきであろう。

(13) 本章とは文脈が異なるが、「待つ」ことの哲学的な意義につき、鷲田清一（二〇〇四）『「待つ」ということ』角川選書、から多くの示唆を得た。

第6章 空間は法を作動させる夢を見るか？

——景観論を手がかりに——

兼重賢太郎

《提題》

あなたには、自分なりの思い入れのある、かけがえのない場所や風景があるだろうか。そこまで深い思い入れはなくとも、それなりになじみのある場所や風景の一つや二つぐらいは、あるかもしれない。では、そのような思い入れのある／なじみのある場所や風景が消滅してしまうことについては、どう考えるだろうか[1]。「自分自身のアイデンティティの一部が失われるようだ」「私の大事な思い出の一部がなくなるようだ」「確かにさみしい出来事かもしれないが、時代の移り変わりの中では、いたしかたないことだ」などなど、その捉え方は、人さまざまかもしれない。

さらに、日常的にはなじみはないものの、ある地域などを象徴する風景や場所（たとえば、日本の富士山、パリのエッフェル塔、ニューヨークの自由の女神など）が毀損・消滅する事態になれば、何かしらの感情が湧き上がるかもしれない。

人間は日々、場所・空間の中で生活を営んでおり、場所・空間での直接的・間接的な経験・伝聞等を通じて、一定の意味を場所・空間に対して充塡していく。であるがゆえに、私たちは、思い入れのある場所・空間が失われることに対し、あるいは、象徴的な場所・空間が毀損されることに対し、どちらかといえばノスタルジックな観想を抱きがちであるのかもしれない。

他方、人間の側からではなく、空間側からかかる事態を見た場合はどうだろうか。ただし、この問いには、おそらくただちに、次のような疑問が呈されることだろう。すなわち、人の思考／言語から独立して、直接ものを認識することはできないであろうし、ましてや、空間というものの側から、事態を捉えることなどできるはずがないのではないか、という疑問である。確かに、そのとおりである。しかしここであえて、素朴な実在論的立場に立つとするならば、人間ならざるものとして、人間の一方的な思い入れという対象化とは無関係な（人間の思いには無関心な）ものとして、場所・空間を捉えることも、また可能なのだろうか[2]。

このような問いを想起させるものとして、以下、ロシアの作家アントン・チェーホフ『犬を連れた奥さん』の一節を引用し、本章の提題をいったん、締めくくることとしたい。

「はるか下のその〔海の波の〕ざわめきは、まだここにヤールタもオレアンダも無かった昔にも鳴り、今も鳴り、そしてわれわれの亡い後にも、やはり同じく無関心な鈍いざわめきを続けるのであろう。そしてこの今も昔も変わらぬ響き、われわれ誰彼の生き死には何の関心もないような響きの中に、ひょっとしたらわれわれの永遠の救いのしるし、地上の生活の絶え間ない推移のしるし、完成への不断の歩みのしるしが、ひそみ隠れているのかも知れない」（チェーホフ 一九四〇、二一〇頁。〔 〕は引用者補足）。

1　はじめに

人間は、あなたも私も誰でも等しく、地球という物理的空間のどこかに、身体的位置を占めざるを得ず、したがって空間を利用・使用しながら生きていかざるを得ない存在である。冒頭の提題にも触れたように、私たちの生活経験にとって、空間・場所は切っても切れない関係にある。

では、法は空間とどのように関係しているのだろうか。私たちの日常の生活空間を例に考えてみよう。たとえばあなたが本書を自宅で読んでいるとしよう。自宅をはじめとする建物は、土地とともに「不動産」と法的には観念されている。民法によれば、不動産は「土地及びその定着物」と規定されており（民法第八六条第一項）、さらに不動産は、民法における「物（有体物）」であるから、所有することができ、「所有者は、法令の制限内において、自由にその所有物の使用、収益及び処分をする権利を有する」（民法第二〇六条）。土地や建物などを所有する人は、自らの意思に基づいて、つまり法令以外の誰かに強制されることなく、土地や建物などを使用する権利がある、とされている。だから、あなたは自宅で安心して自由に本書を読むことができる。

さて、早くも本書を読むことに疲れた（飽きた？）あなたが、気分転換に自宅から最寄りの駅まで散歩に出かけたとしよう。低層の一戸建て住宅が多い自宅の周辺から駅の方に向かうにつれ徐々に建物の高さが高くなり、商店や事務所などの建物の用途も変化していることに気づくかもしれない。これも、都市計画法をはじめとしたさまざまな公法的規制により、都市空間がコントロール（制御）されていることの帰結である。

つまり、法は、空間に関する私法的な権利・利益を確定するとともに、公法的規制を通じて空間を制御しているのである。法と空間との関係は、法の適用・制御対象として空間が位置づけられている関係にある。

空間はあくまでも従的な立場にある。ところで、学としての法学においては、法の適用・執行や裁判手続がプロセスの積み重ねであることもあり、伝統的に「時間」に対する関心は高い一方で、「空間」については、従的な適用対象としてはともかく、「空間」そのものに対する関心は必ずしも高くない状況にあるようにも思われる。(3) そこで、本章では、空間に関し、法学のみならず、地理学や人類学、建築学等でも蓄積のある景観に関する議論（景観論）を手がかりに、法の適用・制御対象としての空間に留まらない、法と空間との関係を考察していきたい。

2 景観の法的定義

近時、海外からの旅行者増に象徴されるような観光ブーム、あるいは文化的景観を重視する世界遺産への社会的関心の高まりなどを背景に、「景観」という言葉も人口に膾炙するようになってきた。法制度レベルにおいても、二〇〇四年の景観法の制定、各地の地方自治体における景観まちづくり条例の制定などを通じ、景観保護の重要性が定着してきたといえよう。(4)

そもそも、「景観（英：landscape、独：Landschaft）」という言葉は、辞書的定義によれば「一定範囲の地表空間、すなわち目に映じる景色、または風景をさす」とされ、日常用語的には「風景」や「けしき」などでも代替可能である。他方、学的な用語としての「景観」は、二〇世紀初頭以降、主にドイツからの影響を受けた地理学や植物学等の分野で用いられるようになった。しかし、法律学においては、近年まで、景観の法的保護が正面から論じられることは、ほとんどなかったといわれる（富井 二〇一四、一-二頁）。

都市法学や環境法学などの分野において、景観が盛んに論じられる契機となったのは、二〇〇〇年代前半の国立市の一連の景観訴訟である。これについては、後ほど触れることとするが、ここでは議論の出発点として、まずは「景観」に関する法学的定義を確認しておきたい。

都市法学の代表的な教科書である安本（二〇一七）によれば、「景観」とは、「視点場を特定せず、あるいは無数の視点場からの眺めによって構成される地域の風景・景色」とされ、「自然的・歴史的・文化的要素からなる地域の客観的状態であり、したがって特定の土地に帰属する利益とは観念されにくく、重要な景観（たとえば歴史的景観など）については公的な保全・保護制度の問題とされてきた」（安本 二〇一七、一八一頁）。他方、日常用語的には同じような概念として捉えられる「眺望」については、「特定の地点（視点場）からの（通常は特定の視対象に向けての）眺めを意味」し、「眺望利益は、視点場の存する特定の土地に帰属するため、私権の一部として観念される可能性がある」（安本 二〇一七、一八一頁）[5]。

つまり、住宅等の特定の場所から眺める「眺望」が私的利益・私権の対象となり得る可能性がある一方で、空間的な広がりを持つ「景観」は、地域全体の客観的状態の問題であり、公的な政策・公法的規制の対象であって、この後触れる国立市の景観訴訟までは、個々人の法律上の利益として認められる余地はない、とされてきた。

3　景観利益の諸相

前節で整理したように、景観は客観法的性質を有しており、個々人の法律上の利益が認められる余地はないとされてきた。したがって、景観に関して訴訟の形で争うためのブレークスルーとして、①景観に関する「客観」法的空間秩序の認定を受けた上で、②その秩序を主観的権利・利益に「主観化」するという二段階の思考過程が必要となる。その際に重要な機能を担うのが「景観利益」概念であった（角松 二〇一五、一八頁）。

かかる景観利益概念の形成に大きなインパクトを与えたのが、二〇〇〇年代前半の国立市の大学通りを舞台とした一連の景観訴訟である。舞台となった国立市の大学通りは、JR中央線の国立駅から一橋大学方面（南方向）に一直線に一・二キロメートルほどイチョウ・桜などの並木が続く、幅員四四メートルの街路であり、沿道の建物はこの並木の高さにあわせるように、公法的規制ならびに沿道住民の自主規制により、二〇メートル以下に抑えられてきた[6]。一連の景観訴訟は、この大学通りの南端の元事業所跡地にマンション建設（当初の計画は高さ約五三メートル・一八階建て、後に高さ約四四メートル・一四階建てに計画変更）が計画されたことを受け、建設計画の阻止をねらい、住民らが不動産会社・建設会社に対し民事差止訴訟を、さらに東京都に対し行政訴訟を、提訴したものである[7]（なお、訴訟の最中にマンションは完成し、入居が開始された）。

角松によれば、国立景観訴訟を通じて導出された景観利益は、（一）「地権者としての利害共同体的性格に基礎づけられる景観利益（α型）」と、（二）「居住に基づく人格的利益としての景観利益（β型）」とに大別される（角松 二〇一五、二八―三一頁）[8]。

次節では、角松の整理した「景観利益」の二タイプを手がかりに、景観の「もの」という側面に着目しつつ、空間と法との関係を論じていくことにしたい。

4　ものとしての景観

†地権者コミュニティのユートピア

前節の「利害共同体的性格に基礎づけられた景観利益（α型）」を導出した、国立景観訴訟の民事差止第一審判決文を見てみよう。

都市景観による付加価値は、自然の山並みや海岸線等といったもともとそこに存在する自然的景観を享受したり、あるいは寺社仏閣のようなもっぱらその所有者の負担のもとに維持されている歴史的建造物による地益を他人が享受するのとは異なり、①特定の地域内の地権者らが、地権者相互の十分な理解と結束及び自己犠牲を伴う長期間の継続的な努力によって自ら作り出し、自らこれを享受するところにその特殊性がある。そして、このような②都市景観による付加価値を維持するためには、当該地域内の地権者全員が前記の基準を遵守する必要があり、仮に、地権者らのうち一人でもその基準を逸脱した建築物を建築して自己の利益を追求する土地利用に走ったならば、それまで統一的に構成されてきた当該景観は直ちに破壊され、他の全ての地権者らの前記の付加価値が奪われかねないという関係にあるから、③当該地域内の地権者らは、自らの財産権の自由な行使を自制する負担を負う反面、他の地権者らに対して、同様の負担を求めることができなくてはならない。

以上のような地域地権者の自己規制によってもたらされた都市景観の由来と特殊性に鑑みると、いわゆる抽象的な環境権や景観権といったものが直ちに法律上の権利として認められないとしても、前記のように、特定の地域内において、④当該地域内の地権者らによる土地利用の自己規制の継続により、相当の期間、ある特定の人工的な景観が保持され、社会通念上もその特定の景観が良好なものと認められ、地権者らの所有する土地に付加価値を生み出した場合には、⑤地権者らは、その土地所有権から派生するものとして、形成された良好な景観を自ら維持する義務を負うとともにその維持を相互に求める利益(以下「景観利益」という。)を有するに至ったと解すべきであり、この景観利益は法的保護に値し、これを侵害する行為は、一定の場合には不法行為に該当すると解するべきである。（東京地判二〇〇二年一二月一八日、傍線・丸数字は引用者）

判決文は、傍線①・②の部分からすれば、地域内の「地権者」から構成されるコミュニティの景観形成・維持の長年にわたる努力を積極的に評価し、その努力・実践が景観利益の根拠となっているように見える。さらには、個々の地権者に定位しつつ、明示的には言及していないものの、個々人を越えた地域コミュニティの共通利益的な性格をも視野に入れているといえるかもしれない。しかしそれは、いみじくも社会的事実としての「住民」ではなく、「地権者」という法的地位が強調されていることからもうかがえるように[9]、土地・ものに対する排他的・独占的支配を本来的な権利・利益として前提としたうえで、それらへの制約を「受忍」していることへの、いわば「対価」として構成されている（判決文傍線③・④）。つまり、景観利益は、「地権者」の有する「土地所有権から派生するもの」として位置づけられているのである（判決文傍線⑤）。訴訟上、主観的な利益に還元せざるを得ないという側面があるとはいえ、飛躍を恐れずに考えるならば、景観利益とはいいつつも、「景観」そのものは背景へと退き、財産権の制約・自制問題が前面に展開しているように思われるのである。

しかしなぜ、地権者らは、財産権の自由な行使を自制してきたのか。あるいは、なぜそのような一種の慣習法的ルール（不文律）が長年にわたり維持されてきたのか。ここでにわかにその理由を推察することは拙速のそしりを免れないであろうし、理由も多岐にわたるであろう。しかし思うに、財産権の自制を上回る、地域としての資産価値の維持のメリットという経済的理由に加えて、良好だと認識されてきた当該地域の景観・空間の特性（秩序）のありようそのものが、地権者をしてルールを維持せしめた、という側面もあるのではないだろうか。

人は、法・ルールを通じて景観・空間秩序を形成・維持する一方、景観・空間秩序そのものもまた、法・ルールの形成・維持に影響を与えているものと考えられる。景観や空間は、法の適用・制御対象として存在するのみならず、法を作動させるという機能をも有しているといえよう。[10]

†「良好な景観」というコミュニケーション

次に、3の角松の整理による「居住に基づく人格的利益としての景観利益（β型）」を導出した、国立景観訴訟の民事差止最高裁判決文を見てみよう。

> 都市の景観は、良好な景観として、人々の歴史的又は文化的環境を形作り、豊かな生活環境を構成する場合には、客観的価値を有するものというべきである。（中略）そうすると、①良好な景観に近接する地域内に居住し、その恵沢を日常的に享受している者は、良好な景観が有する客観的な価値の侵害に対して密接な利害関係を有するものというべきであり、②これらの者が有する良好な景観の恵沢を享受する利益（以下、「景観利益」という。）は、法律上保護に値するものと解するのが相当である。もっとも、この景観利益の内容は、（中略）現時点においては、私法上の権利といい得るような明確な実体を有するものとは認められず、景観利益を超えて「景観権」という権利性を有するものを認めることはできない。（最判二〇〇六年三月三〇日、傍線・丸数字は引用者）

この判決文では、「地権者」であるかどうかという法的地位ではなく、「良好な景観に近接する地域内に居住」（傍線①）しているという社会的事実に基づき、景観利益を導出している（傍線②）。先に見た判決文とは異なり、地域における景観の形成・維持のプロセス自体には関心を寄せず、結果として表出してきた「良好な景観」をなかば所与のものとして、その景観がもたらす恵沢の、個人的な享受が重視されているのである。無数の視点場からの眺めによって構成される（地権者であろうとなかろうと景観を眺める行為は原理的に排除できない）という景観の法的定義からすれば、地域の「地権者」に限定せずより広い「居住者」にまで権利対象の範囲を広げたこと自体は、ある意味、オーソドックスな解釈のようにも見える。しかし一方で、「良好な景観」を所与（景観形成過程を棚上げ）とすることで、困難な問題が発生するようにも思われる。つまり、「良好な景観」とは何かを、誰が、いかに決定することになるのか、という問題である。

もちろん、一応、法はその答えを用意はしている。たとえば、景観法の第二条（「基本理念」）第三項には、次のような規定がある。

> 景観法第二条第三項　良好な景観は、地域の固有の特性と密接に関連するものであることにかんがみ、地域住民の意向を踏まえ、それぞれの地域の個性及び特色の伸長に資するよう、その多様な形成が図られなければならない。

つまり、「良好な景観」を決定するのは、地域住民の合意形成（コンセンサス）を通じてである、という答えである。まさに正論であり、それ以外には方法はないように思われる。一般論的に「良好な景観」を形成・保護していくこと自体には、現在では、さしたる異論もなく、コンセンサスも形成しやすいかもしれない。しかし一方で、個別具体に特定の「良好な景観」を措定する段階においては、そのコンセンサスを形成し、決着を図ることは容易ではないだろう。というのも、景観をめぐっては多様な利害関係者が存在するとともに（だからこそ景観紛争が生じる）、人びとの価値観や美的判断等も大きく影響するからである（都市的景観を考えたとしても、レトロな建築物、最新のデザインの建築物、工場群、廃墟など、何を良好な景観だとするのか）。

では、「良好な景観」をすでに完成された静的・自明なものとはみなさないというスタンスを採用した場合にはどうだろうか。「良好な景観」を形成・維持すべしというルール・規範が存在したとしても、そこからただちに、何が「良好な景観」であるかを一義的に定位・決定するのではなく、「良好な景観」をめぐる法的コミュニケーションが継続・接続し続け、不断に更新されることをもって「良好な景観」の形成の産出だとみなすのである。

その際に鍵となるのが、景観が「もの」（物質的な基盤）に依拠しているということである。かかる物質的基盤に依拠した、「ものに定位したコミュニケーション」について、井口（二〇一九）は次のように論じている。

> 物質的な基盤を頼りにすることによって、（中略）観察者が見ているものはまったく異なるかもしれず、意見の一致としてのコンセンサスは存在していないにもかかわらず、コミュニケーションを接続し、議論を継続することが可能となる。すなわち、物を媒介することによって、コンセンサスを前提とせず、意見の多様性や多元性を許容しながら、社会関係の安定化を実現することが可能となる。（井口二〇一九、三七四頁）

景観・空間の有する「もの」としての側面を重視するならば、井口の論じる「ものに定位したコミュニケーション」は、「良好な景観」をめぐる法的コミュニケーションにおいても、同様に作動するように思われるのである。

5 結びにかえて

「はじめに」でも述べたように、景観に関する議論は、法学にとどまらず、地理学、人類学、建築学など、膨大な議論の蓄積がある。そのような中で、本章のささやかな探求が何らかの意義を見出しうるとするならば、景観の「もの」という側面に着目しつつ、景観・空間秩序そのものが法を作動させる可能性があるということ、また、景観をめぐる法的コミュニケーションにおいて景観という「ものに定位したコミュニケーション」の可能性があるということ、を指摘した点にあるかもしれない。

ところで、本章のタイトルから想起される映画『ブレードランナー』もまた、少なくとも筆者にとっては、そのストーリー以上に、リドリー・スコットが映像化(物質化)した都市景観が重要な主題であるように感じられたのであった[11]。本章では、さしあたり、実在の景観を題材としては取り上げたが、実在しないにもかかわらず/しないからこそ「もの」としての「リアリティ」を持ちうるという事態をも、考察の射程に入れていくべきなのかもしれない。

(1) 冒頭から筆者の個人的な経験を開陳することはあまり適切ではないかもしれないが、筆者が一九八〇年代の後半から一九九〇年代のはじめにかけて、さらに、二〇〇〇年代の後半から二〇一〇年代のはじめにかけての足かけ一三年近く過ごした大学のキャンパスが、二〇一八年度前期を最後に別の場所へと移転し、旧キャンパスは、二〇二〇年現在、取り壊しの最中のようである。本書の少なからぬ共著者の方々とも議論・交流した空間が消滅するという事態が、本章の着想・記述に何らかの影響を与えていることは否定できない。

（2）思考と認識主体の人間とは無関係な世界、人間不在の「もの」そのものについて考察する試みとして、たとえば、カンタン・メイヤスーの「思弁的実在論」が挙げられる（メイヤスー 二〇一六）。

（3）空間と法との関係を考察するものとして、北米・英国等では、とりわけ一九九〇年代以降の人文社会学系分野での「空間論的転回（spatial turn）」を踏まえ、地理学者と法社会学者らが連携し、「法地理学（legal geography）」プロジェクトが展開され、一定の成果を蓄積しつつある。たとえば、Braverman,I., N. Blomley, D. Delaney and A. Kedar eds.（2014）、Philippopoulos-Mihalopoulos, A.（2015）。もちろん、日本の法学において、空間への関心が皆無であったわけではなく、たとえば、角松生史をはじめとした都市法学の諸議論（角松 二〇〇七、安本 二〇一七など）、小林直樹の「法の空間論」（小林 二〇〇三）などを挙げることができる。

（4）世界的に景観保護が政策的な課題として積極的に取り上げられるようになったのは、一九九〇年前後からだといわれる。たとえば、イタリアの景観法は一九八五年、フランスの景観法は一九九三年、ドイツの景観関連規定は一九九八年、欧州景観条約は二〇〇〇年に制定・批准されている。東アジアにおいても、二〇〇四年の日本の景観法の制定を皮切りに、韓国の景観法が二〇〇七年、中国の歴史文化名城・名鎮・名村保護条例が二〇〇八年に制定されている（西村 二〇一二、一二二－一二三頁）。

（5）ただし、近時、「眺望景観」概念も主張されるようになり、「景観」と「眺望」とを二分法的に区別することが必ずしも妥当しない場合もある（安本 二〇一七、一八七－一八九頁）。とはいえ、眺望の保護については司法的・私法的救済を認めるケースが増加しつつあるのに対し、景観侵害の差止訴訟に対する司法による救済は消極的である（富井 二〇一四、四頁）。

（6）国立駅から一橋大学周辺の地区は、旧東京商科大学（現・一橋大学）の移転を伴った「国立大学町」として計画的に開発された（木方 二〇一〇、長内 二〇一三）。なお、大学通りでは、本件だけでなく、一九七〇年代からマンション建設等をめぐる議論が住民や行政等の間で繰り広げられてきた経緯があり、それらが長年居住している住民たちの意識に大きな影響を与えてきたともいわれる（山岸 二〇一六、六一－八五頁）。

（7）なお、本件に関連して、不動産会社から国立市に対する国家賠償請求訴訟、国立市長・元市長に対する住民訴訟が提訴されている。

（8）富井によれば、景観の権利・利益の法的保護性を認める学説として、①土地所有権派生説、②環境権説、③人格権説、④地域的ルール説、⑤慣習上の法的利益説、⑥生活環境利益説、⑦地役権説などが挙げられ、諸説は相互に補う関係にあるとする（富井 二〇一四、七八頁）。

（9）なお、本件に関連した行政訴訟では、「景観は、景観を構成する空間を現に利用している者全員が遵守して初めてその維持が可能になるのであって、景観には、景観を構成する空間利用者の共同意識に強く依存せざるを得ないという性質がある」（東京地判二〇〇一年一二月四日）とし、「地権者」よりも広い「空間利用者」という概念が設定されている。

（10）筆者の能力の限界から、これ以上の展開は今後に期したいが、ものを、人間が一方的に操作・制御する対象としてではなく、人間とものとがネットワークによって相互に結びつけられた世界を考えるブリュノ・ラトゥールの「アクターネットワーク理論」などが、示唆的かもしれない（ラトゥール 二〇一九）。

（11）『ブレードランナー』の舞台は、二〇一九年のロサンゼルスである。一九八二年の映画公開から約四〇年近くの月日が経ち、出演していた俳優ルトガー・ハウアーも二〇一九年に鬼籍に入ってしまったが、筆者の記憶の中では、いまだ色褪せない映画である。

参考文献

浅野敏久・中島弘二（二〇一三）「自然の地理学——自然と社会の二元論を越えて」浅野敏久・中島弘二編『自然の社会地理』海青社。

五十嵐敬喜・上原公子編著（二〇一二）『国立景観訴訟——自治が裁かれる』公人の友社。

井口暁（二〇一九）『ポスト3・11のリスク社会学――原発事故と放射線リスクはどのように語られたのか』ナカニシヤ出版。

長内敏之（二〇一三）『「くにたち大学町」の誕生――後藤新平・佐野善作・堤康次郎との関わりから』けやき出版。

小田亮（二〇一八）「コモンとしての景観／単独性としての風景――景観人類学のために」『人文学報』五一四―二号。

加藤政洋・大城直樹編著（二〇〇六）『都市空間の地理学』ミネルヴァ書房。

角松生史（二〇一五）「コモンズとしての景観の特質と景観法・景観利益」『論究ジュリスト』第一五号。

角松生史（二〇〇七）「まちづくり・環境訴訟における空間の位置づけ」『法律時報』第七九巻九号。

角松生史（二〇一三）「「景観利益」概念の位相」『新世代法政策学研究』第二〇号。

河合洋尚編（二〇一六）『景観人類学――身体・政治・マテリアリティ』時潮社。

木方十根（二〇一〇）『「大学町」出現――近代都市計画の錬金術』河出書房新社。

小林直樹（二〇〇三）『法の人間学的考察』岩波書店。

杉島敬志編（二〇一九）『コミュニケーション的存在論の人類学』臨川書店。

セール、ミシェル（一九八三）『生成』及川馥訳、法政大学出版局。

チェーホフ、アントン（一九四〇・改版二〇〇四）『犬を連れた奥さん』神西清訳、岩波文庫。

土岐寛（二〇一五）『日本人の景観認識と景観政策』日本評論社。

床呂郁哉・河合香吏（二〇一九）「新たな「もの」の人類学のための序章――脱人間中心主義の可能性と課題」床呂郁哉・河合香吏編『ものの人類学2』同成社。

富井利安（二〇一四）『景観利益の保護法理と裁判』法律文化社。

西村幸夫（二〇〇八）『風景論ノート――景観法・町並み・再生』鹿島出版会。

西村幸夫（二〇一二）「都市計画における風景の思想――百景的都市計画試論」西村幸夫・伊藤毅・中井祐編『風景の思想』学芸出版社。

納富信留・溝口孝司編（一九九九）『空間へのパースペクティヴ』九州大学出版会。

長谷川貴陽史（二〇〇五）『都市コミュニティと法――建築協定・地区計画による公共空間の形成』東京大学出版会。

長谷川貴陽史（二〇〇五）「景観権の形成と裁判――国立・大学通りマンション事件訴訟を素材として」『法社会学』第六三号。

古谷嘉章（二〇一七）「物質性を人類学する」古谷嘉章・関雄二・佐々木重洋編『「物質性」の人類学――世界は物質の流れの中にある』同成社。

ベルク、オギュスタン（二〇〇二）『風土学序説――文化をふたたび自然に、自然をふたたび文化に』中山元訳、筑摩書房。

マッシー、ドリーン（二〇一四）『空間のために』森正人・伊澤高志訳、月曜社。

メイヤスー、カンタン（二〇一六）『有限性の後で――偶然性の必然性についての試論』千葉雅也・大橋完太郎・星野太訳、人文書院。

森正人（二〇〇九）「言葉と物――英語圏人文地理学における文化論的転回以後の展開」『人文地理』第六一巻第一号。

安本典夫（二〇一七）『都市法概説【第三版】』法律文化社。

山岸達矢（二〇一六）『住環境保全の公共政策――都市景観とまちづくり条例の観点から』法政大学出版局。

吉村良一（二〇〇七）「景観の私法上の保護における地域的ルールの意義」『立命館法学』第三一六号。

ラトゥール、ブリュノ（二〇一九）『社会的なものを組み直す――アクターネットワーク理論入門』伊藤嘉高訳、法政大学出版局。

Braverman,I., N. Blomley, D. Delaney and A. Kedar eds.（2014）*The Expanding Spaces of Law: A Timely Legal Geography*, Stanford University Press.

Philippopoulos-Mihalopoulos, A.（2015）*Spatial Justice:Body, Lawscape, Atomosphere*, Routledge.

［コラム2］

被爆者にとっての〈復興〉を手探りで考える

――布野修司の都市計画批判を手がかりに

〈被爆者にとって、「復興」とは果たして何なのだろう?〉ある被爆者の証言は、私にそのような問いについて考えることを促し続けている。広島の被爆者の切明千枝子さんは、広島が「あの廃墟からここまで街を建設したことはすごいことでしょう。しかし、「素晴らしく復興した」なんていわれますとね、大事な問題が大きなもので、覆われてしまっているような気がするんですよ。「本当は何も解決していないのではないか」という気持ちになるのです」と述べた。さらに切明さんは、「ビルがいっぱい建ってぎっしりと埋まっています。あのいくつものビルが墓標に見えました。あのビルの下に何人のお骨が眠っているのだろうと思っていました。平和公園は、巨大な墳墓です。白骨と瓦礫の上に土をもって、作った公園です。今となっては、そのお骨を掘り起こしてご供養する術もないんです。本当に悲しいことです。これで「復興した」ということを、あの人たち（死者たち）は喜んでくれているのか。そればかりを考えてしまいます」と語った。いかにすれば切明さんのこの問いに応えることができるのだろうか。[1]

広島の「復興」を語る際、一般にまず参照されるのは広島市自身が発行した「復興」史である。その代表的な成果は広島都市生活研究会編（一九八五）『都市の復興――広島被爆40年史』や広島市編（一九八一‐八六）『広島新史』全一三巻である。ここでは「復興」を描く基軸が行政の行う都市計画に置かれている。[2]しかし、筆者が行ってきた被爆者への聞き取り調査から見えてくる戦後の彼女／彼らの姿は、都市計画の視点から描かれた「復興」の叙述とうまく重なり合わない。都市計画とは一体何なのだろうか。

都市計画へのこのような筆者の疑問に対し、布野修司（一九九八）『都市と劇場――都市計画という幻想』（彰国社）が一つのヒントを与えてくれた。建築家であり都市研究者でもある布野は、いくつかの視点から都市計画を批判している。第一に述べているのは、都市計画に関連する法律が二〇〇にも及び、法体系自体がどのような都市計画を目指しているのか分からないことである[3]（七四‐七五頁）。しかし、では目指す都市計画像が明確になれば問題は解決するのだろうか。決してそうとは言えない。第二の批判として、彼は、都市計画の理想像が植民地都市にあると指摘する。都市計画には「強力な植民地権力があって、初めて、理念の実現が可能」（七八頁）となる。つまりは都市計画の実行には「強力な権力の存在を必要」（七八頁）とする。そして、日本の植民地における都市計画の実践が戦後においても連続したという点を指摘する。それは丹下健三の戦後の広島での復興都市計画も同線上にあるとしている。第三に、布野はH・ルフェーブルの『都市革命』から「都市計画は都市的実践（生活のリアリティ）を覆い隠す」（九四頁）点を引用し、都市計画を批判する。これらの諸点を踏まえ、布野は、都市計画という視点が「幻想を自ら覆い隠して気がつかない」（九五頁）状態にあることを指摘し、都市計画を根源的に批判する視点をもつことの重要性を説いている。

　布野の指摘が正しいとするならば、都市計画はそもそも人間の生活を適切に取り込むことができないということになる。だとすれば、広島の戦後の都市計画が、被爆者の生活とその実感を汲み取った都市空間を形成することができず、切明さんのような違和感が表明されるのも当然のこととなろう。もちろん、都市計画論に拠った「復興」史叙述もまた、生活者としての被爆者にとって自らの歴史となることもあるまい。

　そうだとするならば、生活者としての被爆者の声を聴こうと願う歴史研究者は、都市計画から離れた、「復興」とは別の〈復興〉を描くことが課題となるだろう。もちろん筆者も、その立場にある。**（長崎大学核兵器廃絶研究センター客員研究員　桐谷多恵子《きりやたえこ》）**

（1）これへの回答の模索として、桐谷多恵子（二〇二〇）「誰の視点から復興を描くのか――被爆者が語る〈私たちの復興〉から広島の「復興」を捉え返す試み」『日本災害復興学会論文集』第一五号、を参照。

（2）都市計画的「復興」を批判的に検討した研究としては、米山リサ（二〇〇五［原著一九九九］）『広島　記憶のポリティクス』小沢弘明・小澤祥子・小田島勝浩訳、岩波書店、および、西井麻里奈（二〇二〇）『広島　復興の戦後史――廃墟からの「声」と都市』人文書院、がある。

（3）日本の都市計画議論は法律の問題として議論されてきた。五十嵐敬喜・小川明雄（一九九三）『都市計画――利権の構図を超えて』岩波新書、参照。

第7章　民事訴訟による暴力の停止と対論の再生

仁木恒夫

《提題》

社会は、様々な細分化をすすめながらも、つながりつつ拡がりを持ち、複雑になっている。江口厚仁は、そうしたなかでも秩序が成立し変動しうる機制を、ルーマン理論に基づいてあきらかにする(1)。それによると、現代社会では、これを統合する「理性」のような統一的な根拠を見出すことはできず、法、政治、経済、宗教などのシステムが機能分化し、それぞれが自律している。自律したシステムの一つである法システムの構成要素は、「合法／不法」の二項コードの処理を行う法的コミュニケーションであり、法的コミュニケーションが事実的に遂行されている限り「法が妥当している」状況にある。

法システムは、その内部で、法システム自体と外部である環境とを構成し同定する。法システムの内部には、予測可能性を実現する法解釈と根拠づけにより一体性を実現する法理論とがふくまれている。法の根拠づけは、外部から超越論的になされるのではなく、法内部で行われるのである。そして、これらが法システム内部に自己の作動を根拠づけるコミュニケーションの環を形成している。他方で、外部にある環境についても、法システムの合法／不法コードによる内的操作を通じて、構成している。こうした特徴を持つ法システムは、自己言及的・オートポイエティック・システムとよばれる。

さらに江口は、より積極的に法システムの変動の仕組みを読み込むために、法システム内部に自己観察Ⅰと自己観察Ⅱという区別を導入する。(2) 自己観察Ⅰは、合法／不法コードを必ずしも唯一の参照点ではない選択肢の一つとして展開される規範的コミュニケーションである。それに対して、自己観察Ⅱは、合法／不法コードを唯一の準拠点として展開される規範的コミュニケーションである。自己観察Ⅰは、意味の切りつめを行う自己観察Ⅱを経由して可視化されるが、法システムの「無意識」のように自己観察Ⅱを規定するものでもある。自己観察Ⅰと自己観察Ⅱは、もちろん完全に一致するものではなく、そこにズレがあり、それが法システムを変動させる動因となっているとする。また、自己観察Ⅱも、合法／不法コードは必ずしも一義的な区別とはいいがたいとし、そこにも揺らぎの可能性を見出している。

本章では、こうした議論を意識しつつ、法の変動期の紛争当事者の訴訟活動の一端を明らかにする。法の変動期では、自律性・自己組織性の特徴を有するとされる法システムにおいても、法的コミュニケーションの輪郭は不明確になるであろう。さらに紛争当事者は、諸システムの複合状況を生きているのであるから、その「法的コミュニケーション」は「外部にある環境」と不可分にあらわれ、この法外の要因の影響も受けるのではないだろうか。このような関心から、具体的な事案を手がかりに検討する。

1　民事訴訟の手続的機能

法システムの変動期における法的コミュニケーションのあり方を具体的に検討するため、本章ではある民事訴訟事件をとりあげる。そこでまず、本章が民事訴訟をどのようにとらえているのかを明らかにしておきたい。

民事訴訟制度は制度利用者の紛争処理過程においてどのような機能をはたすのだろうか。社会が複雑化し科学技術の発展が、従来にはなかったような紛争を引き起こし、そうした多様な紛争が民事訴訟にもちこまれている。また、伝来的な事件でも紛争処理手段として民事訴訟を選択する紛争当事者の目的はさまざまであろう。そうしたなかで、個別紛争処理において民事訴訟制度がはたす固有の役割を、紛争当事者が手続に参加することに求める見解がある。

井上治典は、民事訴訟制度の機能を終局的判断による紛争解決を中心にその射程を拡大していく結果志向の立場を批判し、民事訴訟手続の特質は紛争に法的筋道をつけるために法的枠組のなかでの整序された相互作用が保障されていることであるとする(3)。この過程志向の議論は、手続の役割と紛争当事者の訴訟活動の価値を重視して、次のように民事訴訟制度の機能を構想する。本来、民事紛争は当事者たちによって自律的に処理されることが望ましい。しかし、訴訟前に、自律的な交渉がもともと成立しなかったり、あるいは交渉がゆきづまってしまったりして、当事者間で紛争を処理することが困難になっている状況が発生する(4)。そうした場面で、あらためて当事者間で法的に整序された対論を実施することにより、それまで機能不全に陥っていた当事者自治を再生させるのである。

当事者自治を再生させることを民事訴訟制度の機能であるとする議論は、これが手続過程での対論によって実現されると考える。したがって、当事者双方が実質的に対等な自律的訴訟活動を行えるように、手続過程を整備することが重要になるのである。そして、裁判所の下で、当事者双方の法的対論の機会を保障することが民事訴訟制度の目的であるとする。このように手続の役割と紛争当事者の訴訟活動を重視することで、当事者自治を再生させる民事訴訟手続の終了形態としては、もちろん終局判決による手続終了も想定されているが、当事者の自主的解決である訴えの取下げや訴訟上の和解も視野に入ってくる。

過程志向の民事訴訟機能論は、当事者双方の法的対論の活性化を重視し、和解も判決も当事者たちによって形成されていくものとみる。また、そこでは当事者によって多様な規範が持ち込まれることが容認される。しかし、民事訴訟が法的筋道をつける対論の場であるとするならば、当事者間の相互作用において法規範は重要な役割を担うことになるだろう。そして、そこで行われるのは当事者間の対論なのであるから、法も言葉としてあらわれる。そこで、次節では、過程志向の民事訴訟に適合すると思われる、法言説のとらえ方についてみてみたい。

2　民事訴訟における法言説と関係形成

†法の対論喚起力

紛争過程において、そこにかかわる人々に法は言葉としてもちだされる。そして、法の言葉は受け手に意味を伝える。受け手の側では、法の言葉に意味を読み込む。こうした法言説の解釈を重視する法理論は少なくはない。ここではマーサ・ミノウ（Martha Minow）の見解をもとに考えてみたい(5)。

まず、ミノウによれば、法言説は法律家だけが解釈するのではなく、非法律家も解釈するのだということが指摘されている(6)。通常は素人である当事者たちが法言説の意味をつくりだすのである。社会生活において、人が法に言及するのは事を荒立てる行為とみられるかもしれない。しかし、実情は、そうなる以前から存在する対立を法言説は表面化するよう翻訳しているのである。そして、紛争当事者は、相手方と会話をもつために「通知」としてこの法言説を使う。法言説をもちいて相手方を話し合いの場に引き込もうとする紛争当事者は、同様に自分も相手方の主張に敬意を払うことに同意していることになる。

法言説をもちいて民事訴訟手続で相手方との会話をはじめようとする場合はどうだろうか。当事者間には同様に会話が開始されるが、そこには中立的機関である裁判所が介在することになる。最終的に当事者の法的主張に対して裁判所は権利の存否判断で応答をすることになった場合、そこで示された判断はまた場所を変えて当事者に次の主張の機会を与える。裁判所は、当該訴訟の時点において、当事者双方の関係性に新たな境界線を明示する判断を行う。そして、当事者は、社会生活において関係性を交渉するためにその判断を活用するのである。

このように、法言説は、それまで話し合いが成立しなかった相手方とのあいだで、双方に平等の配慮(attention)をつくりだす。とりわけ優位に立つ者に耳を傾けさせ、等しく扱われていない者への配慮を構築するのである。そして、こうしてとらえられる法言説の行使は、すでに述べたように法律家のみが行うのではなく、素人である非法律家も行いうる。さらには、その行為者には自律性も必ずしも要求されるわけではない。法言説の行使は、当事者間の関係をつくる境界線の変動への共同での参加を切りひらくことなのである。

†対論による暴力暴露と関係形成

法の言葉は人々に会話の機会をつくりだし、その意味形成とともに当事者間の境界線の変動をうながす。また民事訴訟では、その会話に勝敗をつけるが、裁判所によって示された法言説もその後の社会生活での交渉の機会をつくりだす。しかし、法言説の解釈に着目する見解に対しては、ロバート・コゥヴァ（Robert Cover）から批判がなされている[(7)]。裁判所による法言説の解釈は、単なる言語の解釈というだけでなく、暴力の合理性を付与するという特徴がある。法解釈は、制度的暴力を発動し、それにより意味づけを現実化する。したがって、そこに当事者間の境界線に関する共通の意味を実現することはできない。そう指摘するのである。

ミノウは、この批判を踏まえて、次のように論じる[(8)]。たしかに、法言説による正当化は司法の暴力に意味を与え、それが私的活動領域で偏見を強化したり、意味を破壊したりするかもしれない。しかし、言語と暴力とは同一のものではない。暴力の遂行を正当化する法言説は、その正当性を問いなおす試みによって暴力への抑止や批判の拠点ともなりうる。また、法言説が介入しないことで、家庭内暴力のような私的活動領域で発動されている暴力が不可視なままとどまっていることもある。こうした私的な暴力を顕在化させるのにも、法言説は有効性を発揮するだろう。すなわち、法言説は、公式の場で、公的暴力と私的暴力との双方を暴露し、これらに挑戦していく視点をも与える。そして法言説の解釈は、暴力を伴って法が許容したり無視したりしてきた関係性の再検討をうながすのである。

ところで、ミノウの見解では、法言説は相手方との関係の境界線を再構成するための会話の機会をつくりだすとされていた。民事訴訟において、当事者が権利主張を行うことにより、相手方は法廷への参加を強制される。そうした強制がふくまれているとすると、法言説によって切り開かれた会話には歪みが生じるであろう。たしかに民事訴訟では制度的な強制が作用するのではあるが、当事者は、裁判所に抵抗も示し[9]、その影響力を巧みにすりぬけ、これを使いこんでくることを見逃してはならない。それに、裁判所の強制力からも、当事者は、その後の紛争展開への新たな洞察が誘発されるなど、出来事の異なる側面への気づきをもたらすことがある。

また、構造的に民事訴訟の場は過度に対立的であるため、法言説の解釈を通じて双方が関係形成を進める会話は阻害されるのではないかと危惧される。しかし、法言説は、民事訴訟手続のみで機能をはたしうるわけではなく、裁判所の内外での和解や調停、交渉においても規範的な会話を構造化するのに有効であるのだから、こうした様々な紛争処理手段を民事訴訟と組み合わせて使ってもよいであろう。マーク・ギャランター（Marc Galanter）によれば[10]、アメリカの司法制度では、程度や方法において裁判官の和解への多様な関与が広くみられている。その背景には、法制度が複雑化しコストが増加したことにより民事訴訟のプロセスがより先行き不透明なものになったため、そこから産出される受容しがたい結果を避けようとする参加者の関心があることが指摘されている。そうした参加者の関心によって推進されるのであっても、判決手続から裁判所内外の和解や交渉に切り替えたり、これらを並行して活用したりすることで、もっぱら当事者が対立的な会話へと駆動するのを防げるのではないだろうか。

3　強制執行停止事件の事例分析

†事例の背景

ここでは、前節で獲得してきた理論枠組により、ある事例を検討する。事例は商工ファンド関連の民事訴訟事件で、紛争が二〇〇〇年に顕在化し二〇〇二年に収束した間の出来事である。一方の当事者である商工ファンドは、一九九九年から、日栄とともに「商工ローン」として巧妙で悪質な貸付と取立が大きな社会問題になった高金利貸金業者であった。その前年の一九九八年には、日栄・商工ファンド対策全国弁護団が結成され、被害者救済のための運動も展開されてきた。以下の事案でも主要な争点となる「みなし弁済」に関して、この時期にはまだ下級審の判断は分かれていた。しかし、その後、二〇〇三年に最判平成一五年七月一八日民集五七巻七号八九五頁、二〇〇四年に最判平成一六年二月二〇日民集五八巻二号四七五頁、二〇〇六年に最判平成一八年一月一三日民集六〇巻一号一頁など、みなし弁済の適用を実質的に制限する最高裁の判断が続き、二〇〇六年に法改正がなされている。(11)

† 強制執行停止事件の概要

ここで取り上げるのは、商工ファンドの連帯保証人に対する貸金の取り立て事件である。(12) 債権者は商工ファンド、主債務者は家具の販売・制作・修理を手がける森川家具屋であり、代表取締役X1とその弟のX2が連帯保証人として、一九九五年に貸金契約を取り結び、債務弁済契約公正証書（以下、公正証書）を作成している。商工ファンドは、それまで取り立てていた主債務者の森川家具店が二〇〇〇年に破産すると、今度は連帯保証人であるX2に利息の支払いを求めてきた。X2はすぐに弁護士に依頼すると、同年八月初旬からは主にこの弁護士が対応して、商工ファンドとの交渉がはじまった。

二〇〇〇年八月初旬に商工ファンドからX2側弁護士に対して、森川家具屋の貸金債権を連帯保証人X2に請求する旨の内容証明が送付され、さらにX2側弁護士からの求めに応じて、ファックスで取引経過記録が示された。同年九月半ばに、X2側弁護士から商工ファンドに、取引経過の利息を引き直すと約八六〇万円の過払いが生じており、森川家具屋が破産申立をしたので破産管財人が過払金を取り扱うことをファックスで伝えた。すると今後は、同年一〇月の初旬に、商工ファンドは、主債務者の森川家具屋が支払った分は貸金業規制法四三条の「みなし弁済」になるとして[13]、約定元本全額の五〇〇万円の支払いを内容証明で求めてきた。X^2側弁護士も内容証明により、商工ファンドが請求している公正証書の契約内容を超える金利の請求については契約違反である旨を伝えている。

それから三か月ほどあいだがあいて、二〇〇一年二月初旬に、商工ファンドからX^2側弁護士にファックスで、利息は借用証書で別途作成しており、公正証書を併用した貸付では約定利率を利息制限法の利率まで減縮する合意があったとは認められないという言い分が述べられてきた。さらに四か月半ほどあいた同年六月半ばに、X^2側弁護士から商工ファンドにファックスで、実際の利息は公正証書とは別に借用証書で定めているというが、東京高判平成一三年一月二五日判時一七五六号八五頁では「みなし弁済」は「一通の書面にすべての法定記載事項の記載がなければ一七条書面には該当しない」としていることを指摘し、反論する。それに続いてすぐに、ファックスで、主債務者への債権が弁済で消滅しているときは、保証人の附従性から保証人に対する公正証書で強制執行はできないことを念押しする。

そのあとまた、商工ファンドがX^2側弁護士に、二〇〇〇年一〇月初旬の内容証明とほぼ同じ内容で約定元本全額の五〇〇万円の支払いを内容証明で求めてきた。それに対して、X^2側弁護士も内容証明で、一七条書面の要件を充たした文書があれば提出を要求すること、森川家具屋は制限超過利息の支払義務がないことを積極的に意識はしていなかったこと、交付したと主張する一八条書面の交付を求めることなどを伝え、商工ファンドはX^2に対して法的措置をとることはできないと主張する。それとあわせて、自己破産申立をしている主債務者森川家具屋の破産管財人が商工ファンドの届出債権金額について異議申立てをしているので、そちらの手続で対応すべきであるとする。

二〇〇一年一〇月初旬に、商工ファンドの公正証書を債務名義とした申立てにより、裁判所からX^2の勤務する大手高級ホテルを第三債務者とする給与債権約四〇〇万円の差押命令が発令された。そこですぐに、X^2側弁護士は、これを止めるため商工ファンドを相手として裁判所に請求異議の訴えを提起した。請求原因事実として、被告商工ファンドが主張する貸金債権は、貸付を利息制限法に引き直すと約八六〇万円の過払金が発生しており、原告X^2の保証債務は不存在であると主張した。そして、X^2側弁護士は被告と、主債務者である森川家具屋の弁済が貸金業規制法四三条一項の「みなし弁済」に該当するかどうかをめぐって交渉を重ねてきたが、原告X^2弁護士の要求に応じないまま給与差押の強制執行を実施した。公正証書に基づく差押が不当・違法になることにつき議論を重ねてきているのに一方的に打ち切り、突然X^2の給料差押に及ぶのは貸金業規制法二一条一項の取立規制に違反し、権利濫用にあたるとする。また、X^2側は、請求異議の訴えとあわせて強制執行停止決定の申立てを行っている。強制執行停止決定は数日で出されているが、その前に、X^2は弁護士に、裁判所による停止の通知がないと差押手続を進行せざるをえないと会社から伝えられたことを相談している。

同年一〇月半ばに原告X^2側は準備書面(1)を提出し、次のように主張している。債務名義である公正証書は、最初の三〇〇万円の借入の際に作成されたが、商工ファンドは八回にわたり八七〇万円を貸与していて、森川家具屋破産時(二〇〇一年一月末)の債権者集会で元本残金五〇〇万円と届けている。公正証書は三〇〇万円の借入れの連帯保証であり、根保証契約ではない。そして、数種の債務の弁済の充当方法としては、法定弁済充当によりなされ、公正証書での借入が一番目であるため、本件借入をふくむ三七〇万円は弁済済みである。同年一一月上旬に、被告商工ファンド側はこれを争う旨の答弁書を提出し、本件では貸金業規制法四三条の「みなし弁済」の適用が認められることを簡単に主張している。その翌日、第一回口頭弁論期日が実施されたが、当事者双方欠席で、提出された書面の内容が主張された。

一二月初旬に被告商工ファンド側が弁護士を立てて準備書面（1）を提出し、次のように主張する。X^2の弁済の主張を否認し、商工ファンドは根保証承諾書の規定により弁済充当の指定権限をもっており、これまで森川家具屋が弁済した分は公正証書の債権には充当していない。なお、一二月の下旬に、森川家具屋の破産管財人から商工ファンドに対して六六〇万円の過払金の不当利得返還請求訴訟が提起される。その情報は、破産管財人から原告X^2側弁護士にファックスで伝えられる。

二〇〇二年一月中旬に、原告X^2側は準備書面（2）を提出し、次のように主張する。一九九五年の三〇〇万円の貸出では、一二万円を天引きしているが、東京高判平成一二年七月二四日判時一七四七号一〇四頁によれば利息天引がなされる場合にはみなし弁済は適用されない。また、一七条書面はその書面だけで契約内容が一義的に明確となることが求められているが、借用証書と根保証誓約書とでは相矛盾する利率の定め方をしており、一七条の趣旨に反する。商工ファンドは、森川家具屋からの返済金を返済期の到来した債務から順次弁済にあてるべきであり、一九九五年借入の三〇〇万円は弁済によって消滅している。最後に、根保証承諾書に規定されている商工ファンドの弁済充当の指定権限は公序良俗に反する。

同日、被告商工ファンド側も準備書面（2）を提出し、次のように主張する。天引利息でも利息の支払に充当されることを認識していれば任意性を認め四三条のみなし弁済が適用されるべきである。一七条書面は、複数にわたる場合でも明確にされていれば、総合することで書面の交付があったものと認められる。被告は原告に一八条書面を送付している。以上から、被告商工ファンドと森川家具屋との取引には四三条一項の適用があり、引き直し計算で完済しているという主張には理由がない。あわせて被告は、五件の判例集未搭載の判決書を証拠として提出している。

原告および被告の主張は、同日の第二回口頭弁論期日に顕出されたが、裁判官からは、原告が三〇万円程度を支払って被告が給与差押を取下げるという和解案の提案がなされた。翌日、X^2側弁護士はX^2に、裁判官から和解勧試があったことを伝え、三〇万円の支払いでの和解に同意できるかどうかを確認する。数日後、X^2側弁護士から森川家具屋の破産管財人に文書で事件の進捗状況を報告している。

二〇〇二年二月初旬、原告X^2側弁護士から被告商工ファンド側弁護士へ、ファックスで、数日後の和解期日に三〇万円の支払で商工ファンド側が給与差押を取下げるという条件での和解の可能性について連絡する。翌日、被告商工ファンド側弁護士からX^2側弁護士へ、ファックスで、被告商工ファンドが和解金額に難色を示していること、別件で破産管財人から訴訟提起されていることから、結論が出ず予定されている和解期日に間に合わないため、あらためて裁判所に和解期日の指定を申し立てることを伝える。

同年二月下旬、再調整された和解期日に和解が成立し調書が作成される。その主な内容は、原告は被告に和解金として三〇万円の支払義務があることを認めて和解席上で支払うこと、被告は原告を債務者とする債権差押命令申立事件を取下げることであった。事件はこの和解により収束した。

† 対論の再生と関係形成

本章の立場として、民事訴訟は当事者自治を再生させる機能をはたすものであることをみてきた。まず、このような民事訴訟のとらえ方は、ここで取り上げた強制執行停止事件において妥当するであろうか。二〇〇〇年八月の当事者双方のあいだでの交渉の始まりから二〇〇一年六月のX^2側弁護士から送られた二通のファックスまでは、対立的ではあるが相互に言い分を具体化し説得していく交渉が進んでいた。しかし、それに続く商工ファンドからの内容証明は、二〇〇〇年一〇月にすでに送付されていた内容証明とほぼ同じ内容を繰り返すものであった。しかも、その伝達も内容証明という強制的性格の強い方法によっている。このあと、当事者双方の直接のやりとりはなく、商工ファンドの次の行動は給与債権差押であった。つまり、商工ファンドは、X^2との交渉を一方的に突っぱねて、差押という制度的暴力を行使してきたのであり、この段階では交渉はゆきづまっているとみてよいだろう。それに対して、X^2側では、この強制執行の根拠となっている公正証書に記載の債権の不存在を主張して請求異議の訴えを提起している。そして、この請求異議訴訟により、当事者双方が詳細に主張を述べあう対論が回復するのである。

ところで、公正証書を債務名義とした強制執行の発動は、当事者間の関係を公式の手続にのせたものである。しかし、この法言説の正当性をまとった公的暴力が、当事者間の関係において必ずしも適切であるとは限らない。実際、この時期の商工ファンドは、この事件以外でも、「主債務者が、約定返済を行わなくなるや、連帯保証人の給与の差押えを行う」[14]のに公正証書を活用しており、大きな問題になっている[15]。したがって、X^2側が、請求異議訴訟で公正証書に記載されている権利の内容を争うことで、強制執行という公的暴力と絡まりあう商工ファンドの私的暴力を顕在化させたとみることができるのである。ここで、請求異議訴訟により、一度はゆきづまったX^2側と商工ファンド側との交渉が再開した。主債務者が支払ってきた金銭は貸金業規制法四三条一項のみなし弁済に該当するかどうかについて、訴訟以前の交渉よりも詳細に展開されるなかで、発動された暴力の妥当性が精査されているのである。

たしかに、こうして請求異議訴訟は、法言説の解釈をめぐって当事者間の対論を再生した。そして、それは、主債務者である森川家具屋が商工ファンドに支払ってきた金銭がかなりある一方で、その代表取締役X^1の弟であるX^2がさらに保証債務として支払わなければならないのかという形で「商工ファンド、森川家具屋（の代表取締役X^{1}）、その弟X^{2}の関係」の境界線を探る活動である。しかし、その対論は、双方とも自分の側に有利な情報を豊富に動員することで、対立がより先鋭化していく。二〇〇一年一二月に被告商工ファンドが準備書面（1）を提出したあと、森川家具屋の破産管財人から商工ファンドに対して六六〇万円の過払金の不当利得返還請求訴訟が起こされているが、原告X^{2}側からその不当利得返還請求訴訟の訴状が本件訴訟の証拠として提出されている。また、被告商工ファンド側は、みなし弁済について同社に有利な判断がなされた別件の判例集未搭載事件の判決書を複数、証拠として提出している。それに対抗するかのように、原告X^{2}側も、さらに判例集に掲載された複数の裁判例を自己に有利な論拠として頻繁に言及している。

当事者各々は自分の正当性を補強するためにこうした資料を動員するのであるが、そうして当事者双方がおかれている状況が自覚的に立体化されていくと、どのような行動選択をすればよいのか見透しは立ちにくくなっていっている。和解期日前の被告側弁護士から原告側弁護士へのファックスでは、別件で破産管財人から不当利得返還請求訴訟を提起されたので本件訴訟を続けることに消極的になっているが、和解金額が少ないため態度決定に至っていないことが伝えられている。また、それを踏まえて、原告側弁護士からX^{2}へのファックスでは、和解の意向を確認しつつ、商工ファンドとの交渉が成立しなければ裁判所の判決でどちらが勝訴するのかは予測できず、さらに時間がかかる可能性があることを連絡している。こうして、いずれの当事者も、完全に裁判所による権利判断に向かうのではなく、状況をみながら和解の可能性を探る姿勢になっている。ここでは、裁判所を介して相手方を説得するために法的コミュニケーションのなかで配置された資料が、当事者たちを法的コミュニケーションから離脱させ和解での関係形成へ向かわせるように作用しているのである。そして、それは、この事件が法の変動期にあり、援用される多くの裁判例の立場が分かれていることと関連しているであろう。

4　おわりに

民事訴訟制度は、ゆきづまった当事者間の私的自治を再生させる機能をはたしうる。それは時に暴力の妥当性の問いなおしをともなったものである。この民事訴訟による紛争処理の現場では、もちろん法言説を使った法的コミュニケーションが行われているが、法システムからは環境とみなされる関係者の活動がそこに絡み合い、あふれている。とくに、法の変動期には不確定性が増し、当事者双方を交渉へと促す動因の一つとなっていた。和解へと移行している紛争の展開は、法の純度は薄まっているが、法は対論への道を切り開く道具であるとすると、これも「法的コミュニケーション」といえるのではないだろうか。

（1）ここで参照するのは江口厚仁（一九九〇）「法システムの自己組織性」『九大法学』第六〇号、一–一〇四頁、江口厚仁（一九九三）「法・自己言及・オートポイエシス」『法政研究』第五九巻三・四号、三八九–四三二頁、江口厚仁（一九九四）「法化社会における合意の社会的機能」佐藤泰邦他編『システムと共同性――新しい倫理の問題圏』昭和堂、一六八–一八七頁、江口厚仁（一九九六）「システムの境界と変動」『法社会学コロキウム』日本評論社、一八九–二〇七頁、江口厚仁（二〇〇四）「自己組織化する法」和田仁孝他編『法と社会へのアプローチ』日本評論社、二三一–二五二頁である。

（2）江口「システムの境界と変動」前掲、一九六–二〇〇頁、二〇五–二〇六頁注11では、法システムの作動を三つの局面に分類して、そのうちの一つとしてこの区別を説明しているが、ルーマンの理解によれば、おそらく自己観察Iは法システムの環境に配置されるのではないだろうか、としている。

（3）井上治典（一九九三）『民事手続論』有斐閣、の諸論稿は共通の関心から論じられている。また、井上正三（一九八一）「訴訟内における当事者の役割分担」『民訴雑誌』二七号、一八五－一九四頁、井上正三（一九八四）「現代における裁判の機能――紛争処理機構の多様化の中で――本シンポジウム・テーマの背景と意図」『法政研究』第五一巻一号、一二八－一三七頁、和田仁孝（一九九四）「裁判モデルの現代的変容」棚瀬編『現代法社会学入門』法律文化社、一二九－一五七頁。

（4）経験的な研究として伊藤眞（一九七六）「民事裁判は何故利用されるか――労働裁判を中心として」『民商法雑誌』七五巻二号、一九九－二四〇頁参照。

（5）本章で参照するミノウの論文は、保守と左翼の双方の陣営から批判を受ける「権利」を、解釈学的アプローチの立場から、子どもの権利を素材にした具体的な検討を行い、擁護しようとするものである。ミノウは、そこで子どもの権利のような新しい権利を扱いながら、本章で取り上げるような一般的な権利についても有効なものであるとする。なお、ミノウの議論については、大江洋（一九九九）「権利と関係性」『立教法学』五三号、大江洋（二〇〇四）『関係的権利論――子どもの権利から権利の再構成へ』勁草書房、が詳細に検討しており、参考になる。とりわけ後者は、ミノウの関係的権利論から、さらに権利を他概念やコストとも関連させて検討し、より包括的な権利論を展開している。

（6）Martha Minow（1987）"Interpreting Rights: An Essay for Robert Cover," *Yale Law Journal*, Vol.96, pp.1863-1893.

（7）Robert Cover（1992）"Violence and the Word," Martha Minow, Michael Ryan and Austin Sarat eds., *Narrative, Violence, and the Law: The Essays of Robert Cover*, The University of Michigan Press, pp.203-238.

（8）Martha Minow, *op. cit.*, pp. 1893-1911.

（9）素人が制度内部で見せる抵抗についてはBarbara Yngvesson（1993）*Virtuous Citizens, Disruptive Subjects: Order and Complaint in a New England Court*, Routledge などの解釈法社会学の研究で経験的に明らかにされている。

（10）Marc Galanter（1985）"'...A Settlement Judge, not a Trial Judge:' Judicial Mediation in the United States" *Journal of Law & Society*, Vol.12, pp. 1-18.

（11）商工ローン問題への弁護団の取り組みについては日栄・商工ファンド対策全国弁護団編（二〇一〇）『最高裁が日本を変えた――日栄・商工ファンド対策全国弁護団活動報告書』日栄・商工ファンド対策全国弁護団、この時期の最高裁判例の分析については小野秀誠（二〇〇六）「貸金業にまつわる最近の最高裁判例の法理」『ジュリスト』一三一九号、二六－三五頁、またこの時期の実務の観点から整理したものとして井上元（二〇〇八）『クレサラ整理実務必携２００８』民事法研究会、参照。

（12）以下の事例分析で取り上げる事案は、原告X[1]側の代理人弁護士から関連する記録を見せていただいた。資料閲覧のご許可をくださった弁護士と当事者の方に謝意を表したい。なお、相手方の商工ファンドは、この時期に同種の事案を大量に抱えていたことと、法システム変動期の法的コミュニケーションの実情を明らかにするという本章の目的から、実名のままにしているが、X[1]側については、当事者や関係者が特定されないように分析に支障がない範囲で匿名化をはかっている。

（13）当時の貸金業規制法四三条一項の規定により、同条の要件を充足していれば利息制限法の制限利率を超過する弁済を有効なものとみなすとされていた。その要件に、債務者が利息または損害金として指定して任意に支払ったこと、同法一七条規定により法定の契約書面を交付している者に対する支払であること、同法一八条規定により法定の受取証書を交付した場合における支払であることが挙げられていた。この規定は二〇〇九年の法改正により撤廃されている。

（14）今瞭美（二〇一〇）「貸金業者に乱用される公正証書の問題」『最高裁が日本を変えた――日栄・商工ファンド対策全国弁護団活動報告書』前掲、一五七頁。

（15）牧野聡（二〇一〇）「弁護団活動の概要」『最高裁が日本を変えた――日栄・商工ファンド対策全国弁護団活動報告書』前掲、三一頁参照。

第8章 「営業の自由」に対する行政規制における情報の機能

——健康食品規制のアポリア——

塩見佳也

《提題》

（事例1） 愛犬ががんになり治療法がなく困っているAに、「がん細胞が自滅する」というB社の紅豆杉配合製品甲を食べさせていた。甲に医薬品成分は含有されていなかった。ところが、B社社長は未承認医薬品の広告販売を行った嫌疑で医薬品医療機器等法（以下、薬機法）違反の容疑で逮捕された。

（事例2） 食品業者Cは、ミカンジュースの素材に用いているミカンについて「消化機能を促進する機能」があるという文献をネットで検索しコンサルタントDに相談をした。Dは「消費者庁に機能性表示食品として届ければ、特に成分分析や個別の審査もなく、すぐに機能性を標榜することができる。また、このような表示は食品表示法上適法であるため、医薬品とまぎらわしいという理由で薬機法違反で摘発されるリスクはありません」という。そこで、Cは届出を行い、新商品製造販売の設備投資を行ったが、消費者庁は、届出について「定性又は定量に関する分析方法の情報に不足等」があることを理由に差し戻した。Cが化学に詳しい友人に聞いてみると「あなたがいうミカンの消化機能の促進なんて、リンゴやバナナにも入っている食物繊維のことですよ（笑）」といわれた。Dは、製品化を継続するよう、意気消沈するCを鼓舞し、「届出制度では返戻や不受理は違法です。最悪の場合でも行政に対して裁判をすれば、いまの書類で問題はありませんよ。少なくとも私の方で、そういう趣旨を消費者庁に伝えれば、問題なく通るはずですから頑張りましょう」という。

設問1　健康食品制度にはどのような規制があるのか。

設問2　DがCに語ったような裁判は、どのような仕組みでなされるのか。

1　「健康食品」
――この曖昧なるもの――

† 提題の解説と問題の所在

飲食物は食品か医薬品かに二分される（食品衛生法四条一項）。いわゆる健康食品については、複数の規制法令が併存している（**図1**）。それによれば健康食品は法令上次の四類型にわかれる。①単なる一般食品として販売される物、②個別の製品ごとに事業者が、行政庁（国などの意思を最終決定し外部に表示する権限を持つ機関）である消費者庁に申請し、行政庁が審査基準等（省令や告示などのガイドラインなど、行政基準に基づく）個別の審査ののち、行政処分である許可（**図2**）により「特定医療用食品」（トクホ）として製造販売される物（健康増進法二六条・二九条）、③食品表示法（以下、食表法）四条の委任を受けた「行政基準（行政立法）」（法律の詳細を定め処分の基準や手続を定義するための細則であり、行政権により策定される

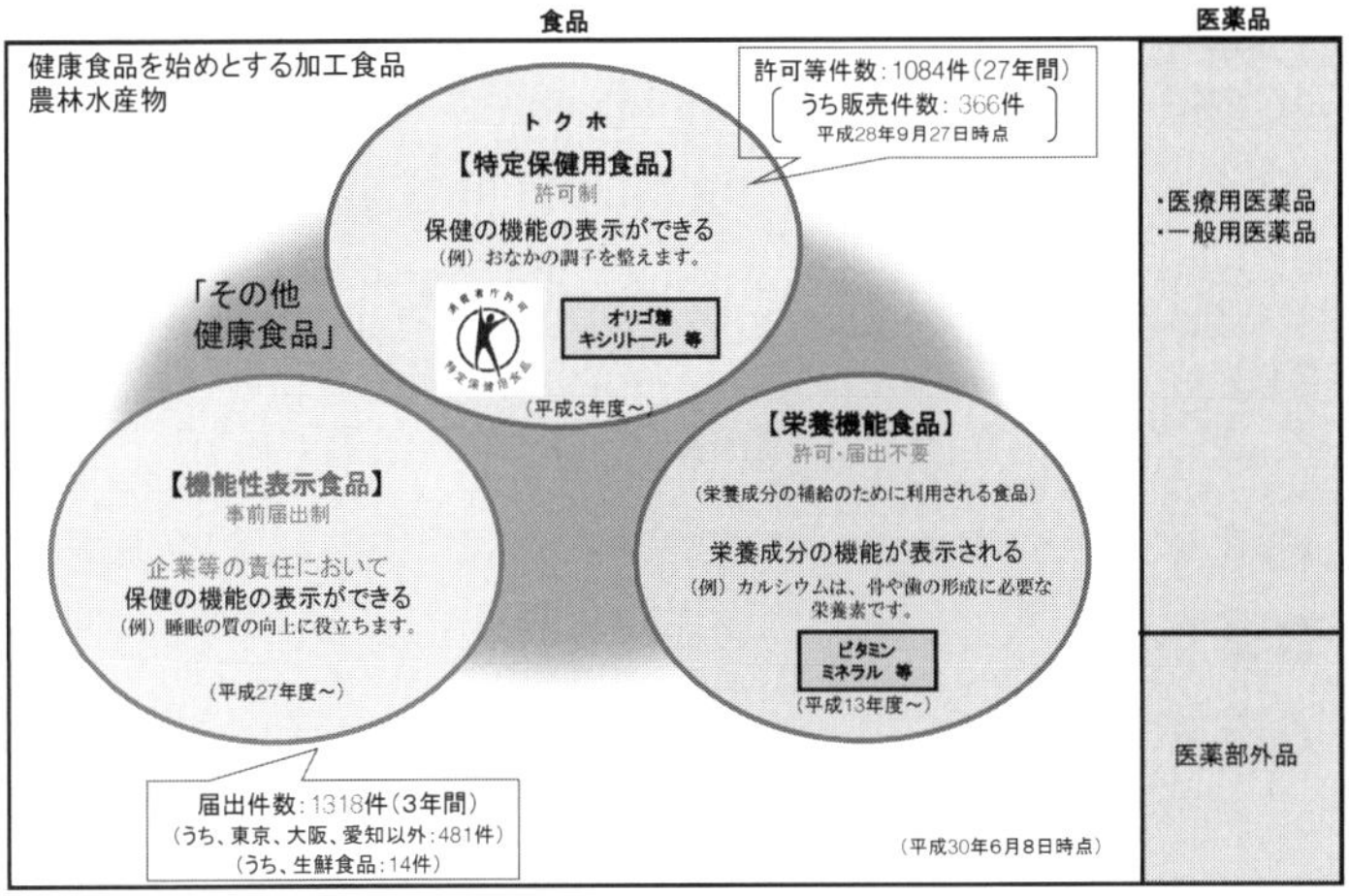

（出所）　消費者庁「機能性表示食品制度の施行後の検証結果と今後の方向性について」（平成30年6月14日）

図1　健康食品の類型

規範。以下「行政基準」という）である内閣府令「栄養補助食品」（食品表示基準二条一項一一号）、並びに④病者を対象としない（疾病治療の補完などを表示させない）「機能性表示食品」（同条一項一〇号）の四類型である。

　医薬品成分含有製品による被害についてニュースで取り上げられているが、提題設問1のように、医薬品生分が含まれていない食品であっても未承認医薬品と認定され処罰の対象となる場合がある。薬機法六六条（旧薬事法）にいう「医薬品」とは、判例の基準によれば、客観的な薬理作用の有無にかかわらず、物の成分、形状、名称、表示された使用目的・効能効果・用法用量、販売方法、その際の演述・宣伝などを総合し、その物が、通常人の理解において人または動物の疾病の診断、治療または予防に使用されることが目的とされていると認められるものをいう（最判昭和五七年九月二八日刑集三六巻八号七八七頁）。そのため、最近の健康食品ブームによって、提題設問1のケースが生じることは稀でなく

❶行政行為（行政処分）とは？

（a）定義：行政庁※1が、法令に基づき、個別の事例において、私人（個人・法人）に対して直接的に法的効果を発生させる認定判断行為

（b）性質：法令により「一般的・抽象的にさだめられたところに基づき、このような意味での行政行為が行われ、更に行政行為の効果を担保するための強制行為※2が行われるという三段階構造が、全行政分野を通じ、行政過程の最も基本的な構造である」藤田宙靖『行政法総論』（青林書院、2013年）24頁

❷分類

- 行政手続法による分類
  - 申請に対する処分※3（行手法3章）
  - 行政手続法による分類不利益処分※4（行手法4章）
- 私人の権利義務への作用による分類
  - **許可** いったん行為を禁止し、要件・資格を満たした者に個別的に禁止を解除する
    例）運転免許、営業許可、業務独占資格…
  - **認可** 行政行為により私人間の契約や団体の設立を完成させる
    例）農地や漁業権の売買、鉄道などの運賃の改定…
  - **特許** （設権）行政行為により私人が元来有しない特定の権利関係を私人に設定する
    例）鉄道・バス事業、漁業権の設定、公有水面の埋立…
  - **下命・禁止・免除** 私人に特定の行為をなすこと・しないことを命ずる、免除する

※1：行政主体（国・地方公共団体）の意思を決定し外部に表示する機関（大臣・知事など）

※2：法律により行政刑罰や行政の強制執行（自力執行）手続が定められる

※3：拒否処分は不利益処分にはあたらない（行手2条4項）が、行政は具体的な審査基準設定義務（同5条）、及び、拒否処分の理由提示義務（同8条）を負う

※4：特定の者に直接権利を制限したり、義務を課したりする場合、行政は処分基準の設定・公開義務（同12条）、理由提示（同14条）義務、聴聞や弁明の聴取などの事前手続の保障義務（同13条）をおう原則がある　例）施設使用禁止、認可した法人の解散、理事の解任

図2　行政行為のなかの「許可」

なってきている。トクホや機能性表示食品などの類型が法律で定められることにより、行政手続を完了した事業者は、法的リスクその他の取引費用の増加を回避することができる。

提題設問2のCは、書類不適合の場合であり、形式要件に適合しないため届出義務がはたされない（行政手続法三七条）。このケースのほかにも、「一年近くも同じ素材、同じ機能性について届出をしているが、その素材・機能性については受理が難しいと最近になって言われた。それならば、早い段階でそう言ってほしかった」。「最初の届出から受理にいたるまで一年以上の時間がかかった。〝届出〟といいながら、そんなに時間がかかるのはおかしい」など行政への不満がある[1]。

消費者庁は、届出内容を科学的知見か

ら合理性があるかどうか比較的精密に審査していると思われる。ところが次節**2**の「許可制／届出制の区別とその相対性」で説明するように、届出をめぐる行政手続において「受理」の観念は行政手続法上許されない（一六七頁参照）。また、食品は医薬品と異なり劇的な作用がない反面、天然物であるため非常に複雑な性質を持っており科学的評価は実はそう簡単ではない。たとえばブドウの皮からできる加工品の含有主成分（レスベラトロール）の機能性評価は、それ以外のポリフェノール類等の含有微量成分の複雑な相互作用を受け、単体ではなく抽出物による科学的評価でなければ、安全性・有効性についての精確な知見は得られない。すなわち食品の複雑性ゆえに、何が科学的に合理的かをめぐり、事業者と行政との間で見解の相違が生じる可能性を否定できない（これを設問2′とする）。設問2′の場合に、行政はどのように処理が可能であり、また、事業者にはどのような救済方法があるのだろうか。この問題は、**2**の「許可制／届出制の区別とその相対性」で検討するが、その前に二つの前提をクリアしたい。まず、機能性表示食品制度の規制の仕組み（**1**「「機能性表示食品」制度とその問題点」）と、経済活動への規制の憲法上の位置づけ（**2**「経済的自由権と法規制」）である。

† 「機能性表示食品」制度とその問題点

① 「機能性表示食品」制度の仕組み――食品表示法

機能性表示食品の根拠法である食品表示法（二〇一五年施行）の目的は「消費者の安全性及び自主的かつ合理的な選択の機会が確保され」（同一条、法三条）ることである。同法は食品衛生法の表示規制をひきうけ、競争法・経済法である景品表示法の特別法の位置を占めるが、景品表示法は現在独占禁止法の特別法から消費者法へと性格転換され、公取委の所管法から消費者庁の所管法とされ、立法目的が公正な競争の確保から一般消費者の自主的かつ合意的な選択の確保

法律　食品表示（食品表示法4条1項）について、食品表示基準（内閣府令）が定義する、消費者が「食品を安全に摂取し自主的かつ合理的に選択するために必要と認められる事項」にしたがって、事業者は、機能性を表示可能（同法5条）。

行政基準（行政立法）　事業者は、「科学的根拠を有する機能性関与成分および当該成分又は当該成分を含有する食品が有する機能性」（食品表示基準3条2項）について、ガイドライン「機能性表示食品の届出に関するガイドライン」（平成27年3月30日消食表第141号）（行政基準のうち、市民を直接拘束しない行政規則：以下、ガイドラインと略記）に基づき、消費者庁に届け出た内容の表示がみとめられる。

法律が定める事業者に対するサンクション　行政庁（消費者庁長官）

不適切な表示の場合
- 遵守の指示（同法6条1項）・是正（同条5項）の行政処分
- 公表（同法7条）
- 立入検査（同法8条）

※食品表示法令上、届出の補正を義務づけたり、その旨の通知義務を行政に課したりする規定はみられないが、科学的根拠に整合しない届出は、手続上の義務が果たされたとはいえない（行政手続法37条）。しかし、何か科学的な根拠であるか、をめぐり行政と事業者の見解に相違がみられる場合（提題設問2′）、問題になる（後述2）。

図3　食品表示法のもとでの機能性表示食品の仕組み

へと変更されている。[2] 食品表示法の仕組みは図3で示した。届出基準となる「ガイドライン」には、次の三項目が定められている（二〇一九年時点）。

（a）食経験の報告（ガイドラインⅣ（Ⅱ）第1の1）ができない場合、既存文献情報の調査（ガイドラインⅣ（Ⅱ）第1の2）を行い、それによる安全性が確認できないとき、安全性試験を行う（ガイドラインⅣ（Ⅱ）第2）。その場合、既存文献検索による情報で確証が得られないとき、または、摂取量が通常より増加するときなど、図4の❶または❷の方法による届出を行う。

（b）ガイドラインには、製品と文献のサンプルとの同等性試験（ガイドラインⅣ（Ⅱ）第3）、医薬品との相互作用（ガイドラインⅣ（Ⅱ）第4）が定められているが、努力義務にとどまり、最終製品の実験義務はない。

（c）サプリメントや加工食品では、臨床試験を実施し肯定的結果があることを要し、加工食品や生鮮食品

❶最終製品の形態での臨床試験（特定保健用食品の試験方法に準ずる）を行い、その前提となる研究計画を事前登録し、試験結果につき国際的科学者共同体において承認された指針に基づいた査読論文で報告すること。
❷最終製品又は機能性関与成分に関する研究レビューを作成し、その際、査読論文などの広く入手可能な文献を用いたシステマティックレビューを実施し、肯定的・否定的内容をとわず、すべて検討したうえで総合的観点から見て肯定的といえるかという観点から評価すること。

図４　届出の方法

においても臨床試験又は観察研究で肯定的結果であることを要する。

②**問題点**　厳格な手続（単なる文献検索ではない）である安全性試験には費用がかかるため、多くの事業者は、上記**図４❷**「研究レビュー」による届出を選択する。しかし、上記のように、植物および動物素材の食品は天然物であるため単一成分ではなく、多くの成分を複合的に含有しており、これらの複数の成分が相互作用（医薬品がそれに加わると、一層複雑な相乗作用や薬の減弱作用をもたらし被害が発生することが知られる）をおよぼす[3]。この点について❷のみでは、最終形態の製品の情報は実はよくわからない。❷により届け出られた情報の多くは、単一成分の機能性の情報が多く、消費者庁のデータベースに集積された情報は、製品と文献で実験に用いた食品との同一性証明のない文献情報の集合に過ぎない。食品の機能性に関して科学的に確証を得た情報たりうるには、上記❶の最終形態そのものでの機能性評価となるはずだが、それでは個別許可制と差がなくなるため、事業者の便宜のため、❷を付加したわけである。

なお、ガイドラインは相互作用について任意の項目として基準を定めるとともに、消費者庁は、デーベースの作成公開にあわせ自主的市販後調査し情報公開している[4]。

2 「営業の自由」に対する制限と許可制・届出制

†経済的自由権と法規制

①公共の福祉と違憲立法審査　申請に対する処分（許可制）や届出は、職業選択の自由、すなわち「営業の自由」（憲法二二条一項）や財産権（憲法二九条一項、二項）（これらを経済的自由権という）に制限を加える。①政府が職業選択を規制するほか、②営業許可のような職業遂行の自由、③営業時間や施設の規制、契約の際の表示・書面交付義務（特定商取引法三条－五条）のごとく職業遂行の際の時・場所・方法に関する規制も含まれる。他方、契約の自由は、契約を事業者だけが行うのではないため、「営業の自由」（二二条一項）の保護範囲におさめられず私的領域の自律的形成にかかわる自己決定権（一三条）に根拠を持つ。[5] 契約の自由も、あらゆる制約が存在しないという意味での自由ではなく、公序良俗の行為の無効（民法九〇条）や詐欺強迫など瑕疵ある意思表示を行った者の取消権（民法九六条）に加え、商品につき多くを知る事業者が事情を知らない消費者を相手（これを情報の非対称性という）に、断定的判断の提供や事実の不告知など、困惑をもたらす行為により締結された契約（消費者契約法四条各項など）に対する取消権などが、私的自治の強化の観点から認められる。このように当事者の自律的決定は法制度に媒介されており、自由や自己決定の「〈秩序〉は自然に任せていては維持できないとして、国家の権力的な強制による〈秩序〉の恢復の必要性を強調しつつ、国家の任務をあくまでそうした〈秩序〉の強制だけに限定することにより、私的自治」を確保するための制限も、契約の自由と矛盾しないとの見方もある。[6]

このように、経済的自由権は、単に国家の束縛を受けない自由（「国家からの自由」）、すなわち、規制に対する不作為や妨害排除を請求する人権（消極的自由権）としてだけはとらえられない。合憲的な制限が認められるには、法律が規制の根拠を定立すること（法律の留保原則）だけでは足りず、規制内容に合理性があることが裁判所により是認される必要がある。なお、公法学でいう法律の留保原則とは、①単に規制が法律の形式によることのみならず、②法律に基づく制約、すなわち、法律の委任を受けた行政基準（機能性表示ガイドライン）および法律に根拠を持つ行政処分（表示の是正の下命）も、基本権制限が法律に根拠を有する場合に含まれると考えるのが一般的である。[7]

　ところで、法令の規制資源は、独占的な超過利潤を不公正に獲得したいという企業の野心を刺激しうる。すなわち、一部の政治家や行政官と結託した企業、あるいは、利権政治家の意向を忖度する行政官、あるいはそれらにおもねる研究者により、特定の事業者（団体）の基準を規制基準にして独占的利権を得る、という利に屈した取引（レントシーキング）に、規制資源はつけこまれやすい。その害悪は、法令により作出された公認表示を信用した消費者が、製品の安全性・有効性の判断を誤ることで窮まるが、レントシーキングにより定立された不公正な行政基準に基づく申請又は届出義務の内容やルールがつくられた場合、レントシーキングに参与しなかった一般事業者の営業の自由もまた侵害される。これらの場合、当該規制は、「公共の福祉」（憲法二二条一項）の基準を満たさず、憲法上正当な基礎を持ちえないため、不許可処分への取消訴訟や義務づけ訴訟などの抗告訴訟（行政事件訴訟三条）、または、販売する地位があることを確認する実質的当事者訴訟（行訴四条）を起こして、①営業の自由への制約に対する規制手段の必要最小限性[8]、②合理性（立法目的との適合性）、③規制によって得られる利益と規制によって侵害される利益とのバランスの有無に関する比較衡量（狭義の比例原則）による規制法令のチェックを、公開の裁判所で、当事者が証拠を提出しながら行うことで[9]、規制が必要であることを示す具体的事情（立法事実）の有無を、経験則に基づき裁判所が審査する。かくしてレントシーキングは行政訴訟における違憲審査を通じて破壊されうる。

司法の判断基準（審査基準）について、かつては、許可制などは警察目的ないし消極目的規制と、授益的行政処分（電気ガスなど公企業特許など）や社会福祉目的規制などの積極目的規制とを区別し、前者については厳格な合理性による審査がなされ、後者については規制の合憲性を前提に明白な違法のみに審査が限定されるとされていた。しかし現在、経済的自由権の領域においてもこのように単純に規制類型によりカテゴリカルに審査基準が導出される見方は否定されており、「規制目的の区別を本件にとってのレレバントな考慮要素とは全く考えず、積極目的の立法に対して厳格な審査を行って違憲判決を下した」判例のように、「事の性質」によってさまざまに変化し、統制密度を高めたり低めたりする」判断がなされる。[10]

②規制に対する要請と経済学からみた経済的自由権規制の位置づけ　生命・健康の維持に関する規制については単に規制が憲法上許容されるだけではなく、政府が規制権限を適切に行使しないという不作為の場合に、国家賠償法一条一項に基づく国家賠償責任が認定されうる局面もある。たとえば、判例は科学的に不十分な行政基準により被害を防げなかった場合、基準策定権限不行使の違法による国家賠償責任を認め、[11]行政基準策定権限は、法律の趣旨・目的・行政に与えられた権限の性質に則し「できる限り速やかに、技術の進歩や最新の医学的知見等に適合したものに改正すべく、適時にかつ適切に行使されるべきもの」とした。

公害や食品事故のような「外部不経済」を防止するための事前抑制・内容規制に加え販売行為様態（時・場所・方法）の規制の規制は、前述の比例原則に反しない限りにおいて、立法者による法規制（内容形成）の余地が開かれている（むしろ、端的に、要請されているとの見解もある）[12]。法システムが制度を形成することにより、独占や情報の非対称性などによる市場のゆがみを是正するための秩序を枠付け、粗悪品を流通させる事業者の行動により、質の良い製品を誠実に販売する事業者の利益が阻害される（ミクロ経済学では、これを、粗悪な中古車をレモンと呼ぶ俗語にならい「レモン市場の問題」という）という「逆選択」を是正することは、経済自由権を確保するための与件となる。経済学では情報の非対称性を解消する方策として、第三者評価など表示により品質保証をする「シグナリング」により自主的な選択を通じて消費者が情報を収集・活用できる「自己選択メカニズム」を機能させるべきことが論じられる[13]。規制緩和の立法趣旨により創出された機能性表示食品届出制度もこのような情報の非対称性に対する施策としての意義がある。なおフーコーの「統治性」との関連で、市場競争と法秩序の関係をめぐる興味深い論点にかかわるが[14]、別稿にゆだねたい。

† 許可制／届出制の区別とその相対性

①申請（に対する処分）と届出をめぐる法システム上の区別　一般的には、申請に対する処分（許可制）と届出制とでは、前者のほうが経済的自由権に対するより強い規制となる。申請と届出は、個人や法人（私人）に行政庁に対して一定の情報を入力させ「行政庁の情報収集費用を節減」する点で共通している[15]。申請の場合、私人が入力した情報をもとに行政庁が内容を審査のうえ補正／許可／拒否など私人に出力をする義務があり（行政手続法七条）、審査のために通常要すべき標準的期間（標準処理期間）を定めることが努力義務とされ、定めた場合には公開義務がある（同法六条）。これらの手続制約は届出にはない。

　ところで行政手続法制定前には、事務所の窓口に提出（到達）後、書類をなかなか審査しなかったり「受理」しなかったり、つきかえ（返戻）したりして、申請者が諦めるのを待つ、あるいは「指導」に沿うように圧力をかけるという、不透明・不公正な手法が問題視された。この運用への批判が高まり、同法制定後、申請後「受理」前の行政指導を否定した（同法七条）。そして、申請を返戻することは、やむをえず実質的な

①申請手続の制御

7条：事務所に到達したときは遅滞なく（＝正当な理由がない限り直ちに）申請の審査を開始しなければならず、不備がないこと・必要な書類が添付されていること・期間内であることなど、形式上の要件（行政庁の意思や判断の介在する余地のない法令上の要件）を確認し、これに適合しない申請をした者に対しては、速やかに相当期間を定めて申請の補正を求めるか、又は、申請を拒否しなければならない。

8条：拒否処分の場合、理由を提示すること

②行政指導に関する一般原則（32条1項）

権限の範囲であること、相手方の任意の協力によること

③指導に従わないことを理由とする不利益取扱いの禁止（同条2項）

④行政指導の方式に関する規律（35条）

許認可権限に関する場合に、その権限の根拠になる法令とその要件事実などをしめすこと

⑤複数の者に対する行政指導を行う際の規律（36条）

指導指針となる行政基準の策定並びに公表義務（原則）

図５　行政手続法による手続保障

合理的理由に基づく場合や、届出人と行政庁との間で法令が定める形式上の要件をめぐる解釈の対立が生じる場合（後述一六九頁）もあるが、法令の根拠なしに私人の申請権を侵すことは許されない[16]。なお、行政手続法三三条は申請到達後に、申請取り下げまたは内容の変更を求める行政指導を排除しておらず、同法七条も申請関連の行政指導の存否について特に禁止をしていない[17]。申請の不受理・返戻を受けたとき、申請者は、申請の拒否処分と同様、行政手続法上の違法を理由に行政手続法に従った処理をすべき旨の訴訟、申請に対して行政が処分をすることを裁判所に請求する「申請型義務づけ訴訟」（行訴三条六項二号）をおこすこともできる[18]。また、行政庁は、申請者に、理由提示義務を負い（行政手続法八条）、判例は、単に処分の根拠条文をしめすだけではなく、不服申し立てに便宜を与える趣旨にかなうよう、いかなる事実関係にいかなる法規を適用したかを申請者がわかる程度の詳しさを求め、それに満たない申請拒否処分理由に対し取消請求が認められている（最判昭和六〇年一月二二日民集三九巻一号一頁）。

これに対して、届出は、記載事項の不備と添付書類など

食品衛生法16条に基づき、販売目的で輸入する者は、都道府県知事に対し「輸入届出書」（食品衛生法施行規則15条）に準拠した届出義務が課されている。
法令上、輸入届出対象品の適法かどうかの認定判断権限がある厚生労働大臣は、食品輸入届出済書や食品衛生法違反通知書により「認定判断を告知し、応答すべきことを定めていると解」した。そして、届出済証の交付の有無は、税関で「検査の完了又は条件具備を税関に証明し、その確認」をうける（関税法70条2項）うえで、輸入届出の手続を完了したことを示す効果を持ち、その交付がなければ、輸入申告書を返却されるという法的効力をもつので、取消訴訟の対象となるとした。
このように、法令上の言葉では「届出」とされている場合であっても法令の全体の仕組みを判断して、「行政処分」にあたるかどうかを判断することになる。

（出所）　最判平成16年4月26日民集58巻4号978頁以下のポイント。

図6　食品輸入届出をした者に対する検疫長の通知の処分性

の形式上の要件に適合していれば届出先機関の事務所への到達により届出義務がはたされるが形式要件を欠く場合は到達しても無届となる。行政手続法三七条は手続的側面に着目した規定だが、内容が所定の行政基準に適わない届出内容をそのまま認める義務はない[19]。届出にかかわる行政指導も、行政指導の一般原則（行手法三二条）のほか、行政指導の方式に関する規定（同三五条）に反しない限り、許容される。

②申請／届出の区別の相対性　一般論としては上述の二分法がなされるが「法令上に届出という言葉がつかわれていても、その法的意義は必ずしも一様ではない[20]」。実際、**図6**の判例も、行政行為ではない事実行為に処分性をみとめ、法令の仕組みの解釈によって、私人にどのような法律上の効果を及ぼすかどうかという観点で審査を行っている。

†手続保障をめぐるアポリア

行政手続法は、届出受理の観念を否定し届出の不受理処分・却下処分を行う権限を想定していない。そのため、形式上の要件に適合しない届出が到達した場合の明文規定がない。食品表示法にも、この規定がない。ところで、行政事件訴訟法では、処分性の有無が、抗告訴訟をおこすことができるかどうか、すなわち権力チェックを求めて争う

- ①出訴期間が過ぎていないこと **行訴法14条1項**
- ②不服申立前置がないこと
- ③**処分性**があること（行政処分であること） **行訴法3条2項**
  「行政庁の法令に基づく行為の全てを意味するのではなく、公権力の主体たる国又は公共団体の行為のうち、その行為によって、直接国民の権利義務を形成しまたはその範囲を確定することが法律上認められているもの」（最判S39・10・29）
  ※法律の規定では行政処分ではない食品衛生法違反の通知などについても、裁判所は「処分性」を認定している（最判H16・4・26）
- ④**原告適格**があること →法律上の利益・法律上保護された利益の侵害がある
  - (a) 法律上の利益があること **行訴法9条1項**
  - (b) 「法律上の利益」の裁判所の解釈規定 **行訴法9条2項**
    - ❶処分の根拠規定、処分の要件に原告の個別的利益の保護規定があるか?
    - ❷法令の趣旨目的に原告の個別的利益の保護規定があるか?
    - ❸目的を共通とする関連法規はどうか?
    - ❹処分が違法になされた場合に、害されることとなる利益の内容及び性質、侵害の様態及び程度を勘案し、処分で考慮されるべき利益の内容及び性質を考慮
- ⑤狭義の**訴えの利益**があること :取消判決の時点で具体的権利・利益を回復できること
  行訴法9条1項かっこ書き

図７　取消訴訟の訴訟要件（行政事件訴訟法）

法廷に立てるかどうかを決める基準となる（これを原告適格という）。すると、設問2′のように、機能性をめぐるテクニカルな知見について行政と異なる知見に基づいて届出を行った健康食品事業者は、申請の拒否処分の場合と異なり、原告適格を満たさず、取消訴訟や義務づけ訴訟をおこせない（図7）。

ではこの場合、事業者の異議申し立ての手続はどうなるのか。設問2′では、行政事件訴訟法に基づき、販売する地位があることの確認を目的とする実質的当事者訴訟（行訴四条後段）をおこす展開可能性がある（図8）。しかし、多くは中小零細事業者である機能性表示食品届出事業者にとって、費用をかけて訴訟要件を精査し適式の訴訟選択をして行政訴訟をおこすことは、そう簡単なことではない。

そこで、立法論的対応としては、食品表示法を改正して、審査請求などの不服申立手続を設定し、かつ、ガイドラインを審査基準（行政手

「公法上の法律関係に関する確認の訴えその他公法上の法律関係に関する訴訟」
（行訴法4条後段：いわゆる実質的当事者訴訟）

確認の利益があること　**行訴法4条後段**※

- ①**方法選択の適切性**：取消訴訟・義務づけ訴訟など他の訴訟形式によることができないこと（図7①～⑤を満たさない場合など）
- ②**即時確定の利益**：現時点で確認を求める必要があること（紛争の成熟性）
  ⇒紛争が仮想的でなく、具体的法的地位に危険や不安があり確認判決必要か
- ③**対象選択の適切性**：有効適切な紛争解決に資する対象が選択されていること

※　国民の権利利益の実効的救済をはかるために確認訴訟の活用論が行訴法改正の目玉とされた。処分性がみとめられないケースなど、抗告訴訟がつかえない場合の受け皿となるため、多くの違憲訴訟をすすめる訴訟形式として活用されている。条文に要件の定めがないため、判決の既判力を限定するために、確認対象を限定する観点から民事訴訟法における「確認の利益」をめぐる解釈論が参照される(上記3要件)。しかし、行政過程の特色を反映した訴訟要件論としては、法令にもとづく行政手続の性質、行政活動の違法性の確認の必要、行政に対する市民の地位などを考慮し、民事訴訟より柔軟に解すべきとされる。

設問2′(161頁）の考え方　届出要件をめぐる科学的見解や解釈につき事業者と行政との見解が対立して、届出が認められなかったケースでは処分性はみとめられないが、事業者の営業の自由（憲法22条）の制限になるため、実質的当事者訴訟の要件を満たす。

（出所）塩野宏（二〇一九）『行政法Ⅱ（第六版）』有斐閣、274頁を基に作成。

図8　実質的当事者訴訟の訴訟要件（行政事件訴訟法4条後段、41条）

続法五条一項）として耐えうる程度に鍛えて公示し、行政過程のなかでの手続保障を拡充する必要がある（この点については３「情報の非対称性を解消するための制度形成」で述べる）。

しかしより深刻な問題は、審査基準を、食品について最も多くの情報を持っている事業者ではなく、行政が集権的に設定し統制できるのか、必ずしも明らかでないことである。あるいは、制度はその問いを不可視化することにおいてのみ存立しうるのだとすれば？　この点について、次節では規制における情報の問題についてより基礎理論的観点から考察したい。

3　不確実性の制御における行政による情報・知識の創出と「情報行政法」

†不確実性――近代行政法の限界？

近代法は「理性」が理性的法則を設計・設定し、規制を実行するうえでも、法律におりこまれた行政裁量の余地を法律で統制し（法律の留保）、さらに裁量についての基準（審査基準・処分基準など）を行政基準として事前に定め、非合理的決断を統制するシステムを理想とする。理性による自己統治とは、自律した理性的主体による自己決定、すなわち「意思自治」原理の私的領域（私法）における発現形態が「私的自治＝契約自由の原則」であり、国家におけるそれが「法律に基づく行政の原理」である。[21] ところが、規律対象の複雑性・不確実性条件の下で、「理性的」準則による事前指示は多くの場合成立しないか、近似的・蓋然的条件をもとに定立された基準ではうまく処理できない（想定外）という限界が露呈してくる。個人の知識は限定的・局所的であり、①情報処理時間・コスト・バイアス等による「視野の限界」、②暗号のように有限の整数のなかに解が存在するとしても実際にそれを解くには膨大な計算時間を要するため最適解を得られないという「合理性の限界」、③世界の複雑さに比べて人間の処理能力が微少であることに起因する「働きかけの限界」に条件付けられる。[22] 経済学者ハイエクが説くように、複雑現象において具体的な要素が様々に結合し変化する動態のなかで、過去・現在・未来の地平を通じて、恒常的に再現されるパタンあるいは秩序をとらえ、[23] 自己維持的・自己増殖的秩序のなかで各人の複雑な行動が相互調整されるのを予測することが重要になる。[24] すなわち、コミュニケーションに伴って流通し、伝達され、常に現在その時々においてのみ呼び起こすことができる「動的で、絶えず自己を変化させ続ける共通知識を繰り返し参照する」ことになる。[25] その際の「共通の知識」は如何にして調達できるのだろうか。法システムは、「不確実性の条件下における行政上の意思決定を可及的に合理化するための手続的構造手続法的コントロール」を組み込み、「いったん講じた措置の有効性が後の知見か過剰であったり、過小であったり、危険性の具体的な削減・回避措置を講じなかったが事後の知見からやはり措置を講じる必要がありそうだと判明した場合には、適切な時点で事後的に修正される」こと、あるいは、「判断要素・判断過程の制御や、手続的義務に重点を置いて、法的評価」を行うフィードバックプロセスの中での知識の創発を期待することができる。(26)

✝ 情報行政法——市場活動の中での情報の発見・蓄積・利用のために行政法ができること

① 申請／届出による情報蓄積

ハイエクが指摘する中央集権的管理が失策に終わる理由としてあげる情報の局所性を排除できない現代社会において、「社会的な変動の中で絶えず新に産出され続けられなければならない動的な知識(27)」を生み出す認知的機能を、法システムに位置づけるための理論構成については、情報処理システムとして行政法をみる視点が参考になる。すなわち、「行政は、環境から情報を受け入れ、それを処理し、決定の形で出力する情報処理システムとして理解」でき、私人が申請や届出により行政に情報を提供する際に、行政が「どのような情報を行政が有意味なものとして受け入れるかは、法律が定める許可要件や政令省令等で定められる書式等によって規定され」、これらの「行政基準」は、個別具体的な情報の「処理・加工準則」であるところの「『一般的情報』あるいは「知識」」としての機能を持ち、それは、「データ・情報とそれに対する意味付与活動との区別ととらえることもできる」(28)。申請・届出による情報入力は、私人の「支配権に近い個別具体的な情報に関する限り、私人が行政決定に影響を及ぼすことを予定するため、同時に、それら情報の生産コストを私人に負担させる」点において、公私協働の相互作用を生み出す性質を持っており、許可制の仕組みの正当性は、「行政決定にとってそれら情報がレレバントであるという「法」の側からの評価を前提としたうえで、（ⅰ）自らの支配権に近い情報については、私人が認知上の優位性をもっているという想定、及び（ⅱ）そのような情報の処理・加工コストが私人による方が相対的に低廉であることによって正当化」されうる[29]。

②機能性表示食品データベースには不確実性を制御しうる情報が蓄積されているか　このような視座を情報行政法という。情報行政法の観点から、現行の機能性表示食品制度をみると、たしかに、データベースに届出情報を集積する点で、規制と情報について画期的な面をみてとることができる。しかし、現在のデータベースの情報は不確実性を制御するうえで有意味な情報を蓄積して生み出す結果にはなっていない（1「「機能性表示食品」制度とその問題点」②）。なぜなら、制度により集積された情報からは、天然物である素材の成分どうしの相互作用や、抽出エキスとして摂取されどのような代謝・吸収・体内動態をへてどう作用するのかについてはもちろん、医薬品との相互作用を創発するのかに関する医科学的な情報は得られないからだ。こうしてみると、機能性表示食品は不確実性・非対称性を解消され消費者の合理的選択（食品表示法三条）が確保されることになるよりも、むしろ、表示をシグナルとした新たな不確実性が生み出されている可能性がある。なぜなら、情報が増えれば増えるほど「総合して知識にまとめあげるのでなければ、人は雑音になやまされて正しい決定を行うことができない」からである[30]。

消費者庁による「届出」制度の運用はただちに違法ではない（2「許可制／届出制の区別とその相対制」および「手続保障をめぐるアポリア」）。幸い今日まで、機能性表示食品による死亡や重大な疾病事故が報告されていないのは、法の限界を慎重に探りながら制度を厳格に運用する消費者庁の功績であろう。だがこの運用でさえ、明白な科学的根拠の誤りをチェックしているにすぎず、科学的知見に基づく内容規制を行い不確実性を制御し、情報の非対称性を解消するためのものではない。それでは、消費者法としての食品表示法の趣旨目的に適合する、情報の非対称性を縮減する方向で規制のリフォームはできるだろうか。

† 情報の非対称性を解消するための制度形成——不確実性を逓減するためのアーキテクチャ設定責任？

合理的選択を確保するシステムにおいて、入力される情報は、事業者や消費者などの経済主体はもちろん、さらに、ステークホルダー（たとえば、患者から健康食品を摂取したいという相談を受けた医師や薬剤師など）にとっても、合理的な選択とリスク評価に必要になる。とくに治療と補完的・併用的に用いられる場合、医師から見れば、科学的性質がよくわからない食品を患者が摂取することで、本来の治療目的の達成が阻害されるおそれがあるため使用をやめるよう指示するが、現実には、薬による治療手段が尽きてしまった患者は、医師や病院の目を逃れて高額な食品を購入する実態がみられ、消費者のリスク許容度はさらに高まる。この事例からもわかるように、セルフメディケーション目的の利用と治療の補完的利用とのあいだでは実際の消費形態としてあまり違いがみられない。後者の局面において、消費者の生命・健康・財産を守るための制度が、十分に整備されていない。相次ぐ健康食品に対するトラブルに対して、健康増進・機能性への期待・治療の補完など、多様化する健康食品の使用類型に応じた実効性のある法規制についての立法論的対応が必要な時期に来ていると思われる。また、食薬二分論をめぐる判断についても、これまでの判例のように事業者にとってわかりやすいものではない。そこで、セルフメディケーションに関連する使用類型ごとに事態に応じた実態を調査し、問題の解決に可能な規制のための知見や技術を行政基準（裁量基準・処分基準・審査基準）の各層に構造化し、カテゴリカルに薬機法六六条の違法性を阻却するための法律の根拠を体系化することにより、取引の公正さを確保しかつ消費者の選択の合理性を保障する制度構築が課題となる。それを、行動経済学が説く「リバータリアン・パターナリズム」と性質決定するかどうかは、本章では十分論じ得ないが、興味深い大きな論点であり[31]、この点、科学的・理性的人間像を想定するリベラリズムに対して、理性なるものは畢竟、情念の奴隷であるというヒュームの洞見は、大いに説得的である。

しかし法が、腐敗の手段ではなく、法として妥当し規範的方向性を生成しつづけるために、近代法の遺産の相続放棄はできない。何よりも、容易にレントシーキングの修羅場と化しやすい法令策定手続過程に透明性を確保しうる、「特殊利益からの距離が重要である[32]」。法治主義は多様なコミュニケーションを法的に秩序づける上で「法治主義は市民と行政との間に透明な空間を要請する（距離保障[33]）」。また、民主主義の観点からも「個別的利害を剥き出しの形で噴出させるのではなく言説空間に即した言葉に翻訳」される仕組みが必要であり[34]、そのためには「委員会で活動している代表の範囲を超えた一層多くの情報を把握できるコミュニケーション・ネットワークの創設[35]」すなわち、利に届しない中立的な観察者の視点からコミュニケーションの作動を観察し、「責任を予め明らかにしておくための、情報と関係者の協働[36]」が生み出されうる制度が必要となる。そして、距離要請には単に国家と社会の適切な距離の確保や過剰介入の禁止要請に加え、「あまり距離を離して国家が責任を放棄してはならないという意味での基本権保護義務、過小禁止」、すなわち「公的課題についての国家の保証責任、最終責任[37]」が留保されるという要請が含まれる。そのため、行政基準の策定を特定の事業者や業界団体に丸投げすることは距離保障原則から正当化され得ない。

次に、内容面での基準については、含有成分単独での文献レビューのみによる届出を排し、病者利用の際の場合の相互作用に関する検査を任意要件から必須要件に変更するなど、届出情報の科学的信頼性を高める立法的対応を行う必要がある。その際の法制度の正統性は、消費者並びに医療関係者が製品について認識可能になり、情報の非対称性を解消し、合理的選択を確保することに資することによって確保される。この観点からは、制度に依存することで、①最終形態の食品に消費者が選択した所期の効果が科学的に存在すること、②通常の治療で処方されている治療薬と食品との相互作用に関する科学的知見が現在の科学の水準から見て妥当なレベルを保って行政に蓄積され、かつ、それらが規制の資源として活用されるに足る信頼性・客観性を保持していることが通常の科学者共同体によって追試可能（反証可能）であること、③上記①および②の情報を、かかりつけの医師が容易に参照して安全性・有効性の確証を得られること、が少なくとも必要になる。

（1）日流ウェブ（日本流通産業新聞・日本ネット経済新聞）「揺らぐ機能性表示（上）届出企業の不満「爆発寸前」」（http://www.bci.co.jp/nichiryu/article/2905）より。

（2）根岸哲・舟田正之（二〇一五）『独占禁止法概説（第5版）』有斐閣、一八頁。

（3）城南大学薬学部編纂「食品 - 医薬品相互作用データベース」（http://www.josai.ac.jp/education/pharmacy/fdin_db/）や、日本医師会会員に限定無料公開されている症例つきの「健康食品のすべて―ナチュラルメディシン・データベース―」（http://www.med.or.jp/japanese/members/chiiki/n_medicine/）などがある。

（4）消費者庁HP「機能性表示食品の買上げ調査」により公開されているデータによれば、消費者庁が自主的にサンプルを購入して機能性関与成分の含有量を調査して表示値の妥当性を評価し問題を認識した場合行政指導措置として追加資料等の提出を依頼しているが事業者の氏名の公表は行っていない。サンプル調査のうち、問題を指摘された割合は四一・六％（平成二七年度）一五・九％（二八年度）一・七％（二九年度）と推移している。

（5）石川健治（二〇〇八）「契約の自由」石川健治・大石眞編『憲法の争点』有斐閣、一四七頁。

（6）石川「契約の自由」前掲、一四五頁は、契約内容の自由を、拘束がないという意味での自由と区別し、一定の役割期待に基づき「私人に委ねる〈秩序〉として位置づける」、経済法におけるオーストリア学派の「オルドーリベラリズム」を、契約の自由の一ヴァージョンに分類している。

（7）渡辺康行・宍戸常寿・松本和彦・工藤達朗（二〇一六）『憲法Ⅰ　基本権』日本評論社、七〇頁（宍戸執筆）。

（8）憲法学における一般的な違憲審査基準では、ＬＲＡの基準といい、人権を制限する規制について、より制限的でないほかの手段（Less Restrictive Alternativeの頭文字をとってＬＲＡといわれる）がないことの証明を、規制者の負担とする原則がこれにあたる。

（9）石川健治（二〇〇七）「法制度の本質と比例原則の適用」棟居快行・工藤達朗・小山剛編著『プロセス演習　憲法（第5版）』信山社、二九五頁、石川健治（二〇〇八）「営業の自由」石川・大石『憲法の争点』前掲、一五一頁を参照。比例原則による規制手段の合憲性に関する比較衡量の一般的な説明としては、渡辺・宍戸・松本・工藤、前掲書、七四‐八〇頁を参照。

（10）石川「法制度の本質と比例原則の適用」前掲、二九一‐二九五頁。なお石川教授は、「必要性」の語彙がドイツのコンテクストとのあいだで多義性が生じ、目的の必要性という通常の意味と手段の必要最小限性との双方を含意しており、後者の意味に収斂するべきだとの見通しを示している。また目的についても、手段の実体的な正しさという意味と、立法目的を実現する上で実際に適合的であるという「適合性」という多義性があり後者の意味での用法がほぼ確立しているとする（同書、二九四頁参照）。

（11）筑豊じん肺訴訟：最二小判平成一六年四月二七日民集五八巻四号一〇三二頁、泉南アスベスト訴訟：最一小判平成二六年一〇月九日民集六八巻八号七九九頁。

（12）大林啓吾（二〇一五）『憲法とリスク――行政国家における憲法秩序』弘文堂、三二二頁は、行動経済学の知見の観点から、消費者が適切に理解できる情報の加工・提供により自己決定をしやすくする「デフォルトルール」を設定する国家の権限行使の正当性を論じている。

（13）ジョゼフ・Ｅ・スティグリッツ／カール・Ｅ・ウォルシュ（二〇一三）『ミクロ経済学（第4版）』藪下史郎ほか訳、東洋経済新報社、四七六‐四八六頁を参照。憲法学が扱う「規制」概念の多様性の観点からこの問題に着目したものとして、長谷部恭男（二〇〇九）『憲法の境界』東京大学出版会、一〇四頁、サンスティンを引用しつつ

「公共財としての性質」をもつ情報の提供につき「リバータリアン・パターナリズム」の観点から、政府の役割を認めるものとして大林啓吾（二〇一五）『憲法とリスク――行政国家における憲法秩序』弘文堂、三〇八頁を参照。

(14) この点に関連して、樋口陽一（二〇一七）『抑止力としての憲法』岩波書店、八七‐八八頁は、フーコーが指摘した「統治性」により「競争秩序の強制」が仕組まれた「自己決定」へと道を開くとする石川建治の指摘を手がかりに、ネオリベラリズムによる競争の制度化による強制は、封建的特権への対抗という文脈を喪失した今、「『強制してでも確保』すべきとされる自由が、こんどは、自分で自分の脚を気づかずして喰らい尽くす伝説の角馬ガトプレバの強さでしかなくなる」と指摘している。

(15) 宇賀克也（二〇一九）『行政法Ⅰ（第六版）』有斐閣、一四三‐一四五頁。なお、行政における情報の意義については、後述**3**「情報行政法」で検討する。

(16) 高木光・常岡孝好・須田守編著（二〇一八）『条解　行政手続法（第二版）』弘文堂、四一五‐四一六頁、室井力・芝池義一・浜川清・本多滝夫編著（二〇一八）『コンメンタール行政法Ⅰ　行政手続法行政不服審査法（第3版）』日本評論社、二九三‐二九七頁参照。

(17) 小早川光郎・青柳馨編著（二〇一七）『論点体系　判例行政法1』第一法規、三五一頁。

(18) 高木・常岡・須田編著、前掲書、一八六頁。

(19) 小早川・青柳編著、前掲書、三五四頁。

(20) 塩野宏（二〇一八）『行政法Ⅰ（第六版）』有斐閣、三三九頁。

(21) 大浜啓吉（二〇一二）『行政法総論（第三版）』岩波書店、一〇二‐一〇五頁は、国民主権・個人の尊厳の価値を重視する観点で、「法律による行政の原理」と、「法の支配」から引き出された「法律に基づく行政の原理」を区別し、後者の観点から、行政権を法執行機関として位置づける。

(22) 塩沢由典（一九九八）『市場の秩序学』筑摩書房、三二四頁。

(23) 嶋津格（一九九三）『自生的秩序』木鐸社、一〇二‐一〇五頁、一一四頁。「この過程において、たとえ均衡またはそれに近接する状態が形成されるとしても、その社会の中で、全体としての均衡を成立させるためのここの具体的事実に関する知識をすべてもっている個人はどこにも存在しない」という意味で、そのような想定を前提とする「一般均衡論」は成り立たない（嶋津 一九九三、七二‐七五頁）。

(24) フリードリッヒ・ハイエク（二〇〇八）『法と立法と自由Ⅲ　自由人の政治的秩序』〈ハイエク全集Ⅰ‐10〉渡部茂訳、春秋社、二二〇頁。

(25) トーマス・ヴェスティング（二〇一五）『法理論の再興』毛利透ほか訳、成文堂、一八五頁。なお、「共通の知識」は、ルーマン派の公法学者カール・ハインツ・ラデーアの理論構成において、重要な役割を果たす鍵概念の一つである。

(26) 下山憲治（二〇〇七）『リスク行政の法的構造――不確実性の条件下における行政決定の法的制御に関する研究』敬文堂、一九六‐一九九頁。

(27) ヴェスティング、前掲書、一八九頁。

(28) 角松生史（二〇〇三）「「公私協働」の位相と行政法理論への示唆――都市再生関連諸法をめぐって」日本公法学会編『公法研究』第六五巻、有斐閣、二〇四頁。

(29) 同前。

(30) 塩沢、前掲書、三〇八頁。

(31) 憲法学の観点からこの論点に触れるものとして、大林、前掲書、九八‐一〇四頁、山本龍彦（二〇一七）「個人化される環境」松尾陽編著『アーキテクチャと法』弘文堂、七九‐九〇頁を参照。なお政治哲学者有賀誠は、「個人の理性ではなく、アーキテクチャーの理性に期待する点で、ハイエクとリバータリアン・パターナリズムの間には確かに親和性が存在」することを指摘している。有賀誠（二〇一八）「政治思想と政府」菊池理夫・有賀誠・田上孝一編著『政府の理性』晃洋書房、四五頁。

(32) シュミット＝アスマン（二〇〇六）『行政法理論の基礎と課題――秩序づけ理念としての行政法総論』太田匡彦ほか訳、東京大学出版会、四四頁。

(33) 大橋洋一（二〇一九）『行政法①（第4版）』有斐閣、二三頁。

（34）角松生史（二〇〇八）「手続過程の公開と参加」磯部力・小早川光朗・芝池義一編著『行政法の新構想Ⅱ　行政作用・行政手続・行政情報法』有斐閣、二九六頁、角松生史（二〇〇三）「「公私協働」の位相と行政法理への示唆」前掲、二〇三－二〇五頁。

（35）シュミット＝アスマン、前掲書、二六六頁。

（36）シュミット＝アスマン、前掲書、一四〇頁。

（37）塩野宏「公的主体と私的主体――協働の原理」（二〇一一）『行政法概念の諸相』有斐閣、九六－九七頁。なお、「国家の行政的・立法的介入に際しての正当化根拠として、基本権保護義務は重要な視点を提示しているが、それは、保護義務というよりは保護要請とでも理解するほうが、わが国法制には適合的と思われる」（同書、九八頁）。

［コラム３］

消費者の被害救済と自律支援を両立するには

消費者トラブルは、法整備が未熟な分野に多く発生する。この解決を支援するために、行政の消費生活相談機関では、消費者に対して、電話や面談で助言を行い、必要に応じて話し合いによる解決に介入し、消費者を後見的に支援している。ここで活用される法は、民法、消費者基本法、消費者安全法、特定商取引法、消費者契約法、不当景品類及び不当表示防止法、電気通信事業法、製造物責任法、家庭用品品質表示法、割賦販売法、住宅の品質確保の促進に関する法律、貸金業法、旅行業法、宅地建物取引業法など、生活全般にわたる。消費者紛争の解決に介入する斡旋では、相手事業者に対し、クーリング・オフや不実告知、不利益事実の不告知、不当表示などの法的問題を指摘するケースは多い。また、裁判例を参考に交渉する場合もある。相談によって問題が顕在化された取引について法改正がされてきた歴史もある。このように消費生活相談は、法化社会の一端を担っている。

最近の相談では、ＳＮＳ等に、お試し価格数百円の健康食品や化粧品の電子広告が入り込み、それだけを購入するつもりで注文したが、実際は定期購入であったという事例が非常に多い。日本では、通信販売には、消費者の負担なく無条件で解約できるクーリング・オフ制度はない。商品到着後八日以内であれば、購入者が返送料を負担して返品できるが、返品特約が購入申し込みの最終段階にわかりやすく表示されていれば、その特約が優先される。格安価格ばかりが目立ち、定期購入の総額や返品特約に気づきにくいケースも散見されるが、購入者の自己都合による返品はできない等と表示されていれば、返品は簡単ではない。これは、法の隙間につけ込んだ販売方法ともいえ、複数の適格消費者団体によって不当表示の差し止め請求訴訟が行われ、適正な取引の実現に向けた動きが展開されている。

また、定期購入をやめるために販売店へ電話しても、電話が通じない場合には、相談員が消費者の代わりに何時間もかけて販売店に電話し、相談者の希望を伝えることもある。相談員は多くの相談事例を元に交渉ポイントを共有し、半ばマニュアル的に介入しているように思える。数万円のトラブルでは、弁護士に委任できず、法的解決に限界があるため、無料で支援する消費生活相談機関が介入する意義は大きい。相談してきた消費者の期待に沿う対応ともいえるであろう。しかしながら、こうした対応は、消費者が自らの問題を理解し、その解決過程を通じて問題解決能力を高め、自律した消費行動を行うための支援には至りにくいようにも思える。

同様に、儲ける方法を教えるという情報商材を数十万円、時には百万円以上で購入したトラブルも多い。相談員はカウンセリングやコンフリクト・コーチングに近いような対応を行うことで、相談者と協働して問題を整理し、交渉戦略を練る。そして、相談者の苦情申出文書作成を支援し、販売店や決済代行業者、信販会社らに交渉を行う。これらの過程で相談者の問題理解が深まり、エンパワメントにつながると思われる。けれども、解決した消費者が、また別の情報商材を契約してしまうケースも少なくない。解決のための合意形成は、相談者と事業者との直接の対話によるものではなく、相談員が電話で行う交渉によることが多いため、相談者が自分の問題解決を相談員に任せ、依存する傾向が生じるのかもしれない。ここに、消費者の被害救済と自律支援を一つの機関で担うことの難しさを感じる。消費生活相談機関は、行政であるがゆえに、消費者行政が持つ法執行との繋がりが深いことも、被害救済的側面が強化される一因となるのであろう。

消費者の被害救済と自律支援の両方を実現するための一つの方法として、消費生活相談機関が、弁護士会や民間ADR機関、社会福祉機関等と連携することが考えられる。例えば、消費生活センターが弁護士会震災ADRと連携した事例がある。これは、高齢者夫婦が契約した屋根工事完了後にも雨漏りがするという相談だった。センターでは、住宅工事に関する専門的相談機関で情報収集した上で震災ADRを紹介した。ADR手続の過程でも相談者からセンターに相談があり、相談員はADR手続過程の評価はせず、相談者の話に傾聴した。ADR手続によって工事の不具合箇所が明確になり、再工事されたが、それにも不具合があった。相談者は、すでにADR手続が終了していたため、手続実施者である弁護士への相談を躊躇し、センターに相談すると、担当弁護士に再相談する気持ちになった。その弁護士の図らいで再び工事され雨漏りはなくなったが、相談者の不安は癒えず、その後もセンターへの相談を続け、工事の瑕疵担保責任を合意文書にすることによって問題が解決した。瑕疵担保責任は予め文書で明記されなくとも、法的要件が揃っていれば事業者に責任を求められるし、瑕疵が生じた際に相手事業者が存続しているとは限らない。それでも、相談者には今この時の安心感を得られることが問題解決の重要なポイントだったのだろう。

法的側面を他の機関が担い、消費生活相談機関が相談者への継続的な助言をすることは、被害救済手続を進める相談者をエンパワーし、相談者が平穏な暮らしを獲得できるような自律支援が可能となる。社会福祉機関との連携では、法的側面を消費生活相談機関が担い、心理的支援などの非法的側面を社会福祉機関が担うことも考えられる。消費者の被害救済と自律支援の両立への課題は多々あるが、複数の専門的機関の果たす役割の相乗効果によって、それが実現できるような統合的視野を持った取り組みが期待される。（NACS消費生活研究所研究員　宮園《みやぞの》由紀代《ゆきよ》）

第Ⅲ部
息づく

第9章　このワキ毛、剃る剃らないは私が決める
——女性の身体をめぐるジェンダーと自己決定権——

吉岡剛彦

《提題》

これから一〇週間、女性は、ワキ毛や陰毛、すね毛など、首から下の体毛を生やしつづけなさい。逆に男性は、これと同じ部位の体毛を剃《そ》りつづけなさい(1)。その間の体験をレポートにまとめたら、期末試験を受けなくても最低限、単位(「可」の成績)は保証する。——大学の講義で、仮にこんな課題が出されたら、あなたは挑戦するだろうか。

これはアメリカのアリゾナ州立大学で実際に行われている課題だ(Fahs 2012, p.489)。レポートは、毎週の経過報告の後、最後に総括的なレポートを提出する。脱毛しないという〝非女性的な〟規範、あるいは、脱毛するという〝非男性的な〟規範にそれぞれ従うことで、どのような感情が湧いたか。それが、性にかかわる感情や自己の身体に対する感覚、さらには自分の行動や内面に、なにがしかの影響を与えたか、もし与えたとすればどのような影響か。また、体毛を剃っていない/剃っている自分のことを見た周囲の者たちは、

いかなる反応を示したか、その反応を受けて自分自身はどんな気持ちになったか。そして、性別に基づく身体の規範が、社会によって構築されている実態について、どのような省察を得ることができたか。こうした論点について報告のレポートをまとめると、授業の成績にボーナス点が付く。意外なことに（?）、同大学では、受講者の多くが、この実験に参加するという。

本章で考えたいのは、女性のほとんどが日常的に行っている体毛除去(2)――とりわけ〝ワキ毛〟の処理――とジェンダー、身体管理、自己決定との絡み合いである。多くの人たちが「女ならば剃っていて当たり前」と決めつけて疑いもしない、もっとひどい場合には「もともと女性に毛は生えないんでしょ」と信じ込んでいる男性さえいる（!）現状から脱して、まずは〝To shave or not to shave〟（剃るべきか、剃らざるべきか）（Mao 2015, p.225）というハムレット的な問いを取りもどすことを、この章の目標に定めよう。

1　いつから／どのくらい剃られているのか

† はじめに――たかがワキ毛、されどワキ毛

ワキ毛の処理など、法（学）からもっとも縁遠い、それどころか、そもそも学術研究の対象にするのも愚かしい取るに足らない《トリヴィアル》テーマ(3)だと思われるかもしれない。だが、ここにジェンダー、身体管理、自己決定という視角を加えることで、思いのほか法や社会との関連も見えてくる。この関連性を説得的に示せれば、本章はひとまず成功といえるだろう。

† どれほど処理されているのか？

では、世の中の女性たち（男性たち）のうち、どれくらいの割合が、ワキ毛の処理（あるいは、より広く体毛除去）を行っているのか。

二〇一七年に社会心理学の研究者が、男女双方を対象に実施したウェブ調査結果がある。調査結果によれば、男性よりも女性のほうが、いずれの部位においても体毛除去の経験が多い。また、性別を問わず、二〇代を筆頭に、年齢層が若いほど経験割合が大きいという（鈴木 二〇一八、五七頁）[4]。これは、おそらく読者にとっても印象や実感に近い結果だろう。

同調査では体毛除去の経験割合を調べるため「今まで手入れしたことがない」「手入れしたことがある（一年以上前）」「同（一年以内）」の三択で尋ねている。ワキ毛について見ると、「一年以内に手入れした」割合は、女性の一〇代が八三・三％、二〇代が八五・二％、三〇代が八一・六％、四〇代が七一・六％、五〇代が五八・三％、六〇代が二八・八％だった（これに対して男性は、一〇代が二三・六％、二〇代が二六・一％、三〇代が一八・六％、四〇代が一二・四％、五〇代が六・一％、六〇代が三・二％）[5]。

同じく二〇一七年に、民間のマーケティング会社が、全国の女性一一〇〇人弱を対象に行ったウェブ調査の結果を見ておこう[6]。こちらの調査では、体毛除去の方法や頻度も、具体的に尋ねている。体毛除去について「まったく経験が無い」のは全体の七％弱であった。それ以外の「経験の有る」女性のうち、「全部自己処理している」のが五〇％弱、「全部ないしは一部を専門のエステ・サロン・クリニックで脱毛した（している）」のが約四五％とされる。その際、自己処理に使用されている道具は、ほぼ全部位で共通している。ワキ毛を例に取れば、カミソリ（五二・〇％）と毛抜き・ピンセット（二八・五％）が大半で、以下、電気シェーバー（九・三％）、電動毛抜き（三・六％）、脱毛ワックス（一・二％）とつづく。ワキ毛の処理頻度として「週一回以上」（毎日、二日に一回、週に二－三回、週に一回の合計）は、全世代平均で四七・九％だった（世代別では、二〇代以下が五九・四％、三〇代が五〇・一％、四〇代が四六・四％、五〇代が三九・六％）。エステ等でワキ毛を脱毛したため自己処理していない女性も全体で二三・二％とされる。これらと対照的に、ワキ毛を「まったく処理していない」割合の平均は、二・六％だった（二〇代以下が三・三％、三〇代が一・二％、四〇代が一・九％、五〇代が五・四％）[7]。

†いつから処理されているのか？

日本においてワキ毛処理が始まったのは、「洋服文化」が流入し、さらに「ノースリーブの服」が流行りはじめた「昭和二〇年代も終り頃以降」（一九五〇年代以後）とされる。一九五三年（昭和二八年）に発刊された雑誌の座談会には、印象論ながら「若い女は大抵剃っているね」という発言が見られる。ただし、同じ発言者が、それにつづけて「全体的に見て……剃っているのが三〔三割〕ぐらいだな」（〔　〕は引用者補足。以下同じ）とも述べている。加えて「昭和三一、二年頃」（一九五六、五七年前後）には「ワキ毛ブーム」が話題にされ、昭和三一年末の雑誌では「脱毛されない自然のままのワキ毛が野性的で魅力がある」とされ、「新しい女性の武器」として「流行しそうな気配がある」と記されているという（ポーラ文化研究所　一九八八、二頁）。開始当初（一九五〇年代）は、おもに若い女性に限って行われ、現在のように、全世代にわたり、ほぼすべての女性が処理する状態ではなかったようである。ところが、一九八八年の調査（東京都内のスイミング・クラブに通う女性二〇〇人）では、ワキ毛を処理している割合は九三％であった（ポーラ文化研究所一九八八、五頁）というから、この頃には女性のあいだに広く浸透していたと考えられる。

†海外の状況は

以上は、本邦のワキ毛事情だが、海外（特に西洋文化圏）のありようも日本と変わらない。アメリカに限って見ると、一九九一年発表の論文では、調査対象となった北米の働く女性のうち八一%が、ワキ毛と脚の毛の両方または一方を剃っていたとされる（Toerien et al. 2005, p.400）[8]。九〇年代には、白人女性の多くが毎日、あるいは少なくとも週に一回は体毛を剃っていた（Toerien et al. 2003, p.339）。そして、二〇〇〇年代の調査では、実にアメリカ人女性の九九%がみずから脱毛しているという（ハージグ 二〇一九、二一頁）。

今日のアメリカ人女性は通常、ワキ毛と脚の毛の双方を剃るが、このような首から下の体毛除去が発達したのは二〇世紀（一九二〇年代）に入ってからであり、大きく拡がったのは第二次大戦後とされる。ワキ毛処理が始まる最初の促進剤は、一九一五年五月刊行の雑誌広告であり、袖なしの新しいファッションの登場によって、これまで人目に触れなかった体毛が問題になることを〝警告〟したことに始まるという。それからおよそ半世紀後、一九六四年の段階では、すでに一五‐四四歳のアメリカ人女性のうち九八%までが体毛除去を行っていたとする研究もある（Jolly 2004, p.62, p.65）。かくして「この大変革は二〇世紀なかばには完了した」のだが、しかし「アメリカの優勢で支配的な文化において、すべすべの肌が正常で普通のものだとされてから、まだ一世紀にもならないのだ」（ハージグ 二〇一九、二四頁）という点には留意しておきたい（日本ではせいぜい七〇年ほどの歴史しか持たない）。

2　女性は無毛《つるつる》というジェンダー

†時間も手間もお金もかかるのに

二〇〇八年のアメリカの調査によれば、いわゆるムダ毛を自己処理する女性は、その人生を通じて「平均一万ドル以上」の費用と、「丸々一ヶ月」の時間を注ぎこむ計算になる。さらに「月に一、二度ワックス脱毛する場合は、生涯で二万三〇〇〇ドル以上を費やす」ことになるという（ハージグ 二〇一九、二一頁）。時間とお金だけではない。ある日本人女性は、五〇歳のとき数万円をかけてサロンで両脇の永久脱毛をした。すると「脱毛したら、嘘のように首や肩のこりがなくなった」という。この女性は、カミソリ負けする体質で、「ずっと毛抜きで一本ずつ抜いて」いたため、それによって「無理な姿勢」を強いられ、肩こりの原因になっていたらしい（丸山 二〇一七、一三〇－一三一頁）。こうした事情を考えるとき否応なく浮かび上がるのは、「では、何度も繰り返す必要があって費用もかかる――厄介で痛みを伴い、外見を損なうことも珍しくなく、下手をしたら命も落としかねない――この習慣が普及していることを、どう理解したらいいのだろうか？」（ハージグ 二〇一九、二四頁）[9]という問いである。

〝女性＝つるつるの肌〟という規範

さまざまなコストの支払いを強いられる体毛処理が、おもに女性において〝当然することになっている〟状況に対して、批判的なまなざしを向けてきたのが、フェミニズムの理論だった。フェミニズムとは「性差別や女性への抑圧に抵抗し、女性の地位向上に努めるあらゆる運動や実践を含んだ言葉」であり、「女性だからという理由」によって「不本意な状況を引き受けざるを得なくする政治・社会・経済のあり方を変えようとするのがフェミニズム」である（三浦 二〇一七、九頁）[10]。

その際にフェミニズムの論者たちが批判してきたのは、ワキ毛などの体毛除去が、女性にとって規範化している事実である。その背景には、女性は無毛であるべき／無毛であるはずだという無毛規範（the norm for feminine hairlessness）がある。毛の生えていないつるつるの肌が、適正な女性身体の条件にされているというのだ（Toerien et al. 2003, p.333）。女性は無毛であるのが普通《ノーマル》という規範がすっかり浸透した結果、「どうやら世間は女に毛が生えないと思っている、あるいはそう思いたいらしい」（金 二〇〇八、五一頁）とさえ指摘される。女性はもとから無毛だという「幻想」や「神話」（Toerien et al. 2003, p.339）を信じ込んでいる「世間」とは、すなわち男性社会のことである。

†ジュリア・ロバーツ事件

この無毛規範《つるつるルール》だが、体毛除去を命ずる法律などがあるわけでは、もちろん無い。だが、脱毛や剃毛は、一種のエチケットのように、女性が社会生活を送る上でのルール（規範）になっている。女性の体毛除去がルール化していることは、逆に処理をせず、ワキ毛などを生やしたままで人前に出た場合（たとえば大学や会社へ行ったり、電車に乗ったりした場合）における、周囲からの反応を想像してみるとよいだろう。

無毛規範に違反した場合に人びとがどのように反応するのか（当人はどんな制裁を受けるのか）を如実にうかがい知らせる有名な一例が、一九九九年の「ジュリア・ロバーツ事件」である（ここでは、それが各国で大いに物議を醸《かも》したことから、あえて「事件」と呼ぶ[11]）。ジュリア・ロバーツは、アメリカの映画「プリティ・ウーマン」（一九九〇年）や「エリン・ブロコビッチ」（二〇〇〇年）などに主演した世界的に名を馳《は》せる大女優だ。彼女は一九九九年、主演映画（「ノッティングヒルの恋人」）の初上映会《プレミア》に、ほとんど袖の無いキャップ・スリーブの赤いドレスで登場した。だが、歓声に応えて手を上げたその腋下《えきか》には、処理されていないワキ毛がはっきりと見て取れた。それが、取材陣の写真にも撮られて全世界に配信されたことにより、肝心の作品はそっちのけで、もっぱら彼女のワキ毛が話題をさらった。

彼女のワキ毛の露出は、さまざまに論評された。性別による制約（ジェンダー）を問題視する立場から、特に一九七〇年代、一部のフェミニストたちが、ワキ毛や脚の毛の処理を止めたことがある（Jolly 2004, p.7, p.65、ハージグ 二〇一九、第六章）[12]。これを念頭に、ロバーツの行動も「フェミニズム的な意思表明みたいなもの」と解釈した新聞もあった（ハージグ 二〇一九、一五八頁）。他方で、多くのメディアが批判的に報じた。ある雑誌編集者などは「ジュリアはいったい何を考えているんだ。男たちが、女性の体毛を見たいと思うのは、ただ一つ、頭の上だけだ。わきの下なんてとんでもない。女性がワキ毛を生やすようになったら、もはや「猿の惑星」の一歩手前だ」と酷評したという（Toerien et al. 2003, p.334）。

モネスティエの『図説　毛全書』は、人毛をめぐる歴史や風俗についてあらゆる角度から調べ上げた浩瀚《こうかん》なる珍書だが、同書によれば「一般に、女性に毛があるという事実が肯定的に見られたことはかつて一度もない。それは邪魔で醜くて汚いとみなされる」（モネスティエ 二〇〇五、三一八頁）[13]。実際にも（西洋文化圏において）毛深い女性たちは、往々にして「怠惰」「不潔」「ふしだら（性欲過多だ）」「男のようだ」といった悪評にさらされた（Toerien et al. 2003, p.336, p.341）。女性の体毛には「恥、汚さ、嫌悪感」という刻印が捺《お》されてきたのである（Mao 2015, p.225）。

†ジェンダーとしての無毛規範

むろんだが、女性は、一定の年齢になると、自然に体毛処理をはじめるように生まれついているわけではけっしてない。処理することが女性一般の体質に合っているからでもまったくない（それどころか逆に、剃毛や脱毛のせいで、肌が荒れたり黒ずんだりするトラブルに悩まされる女性も少なくない）。また、古今東西のあらゆる社会（共同体）において、女性の体毛除去が決まり事とされてきたわけでもない。それにもかかわらず、体毛除去は、社会から〝女らしい〟と認められるための作業として当然視されているため、その作業を怠ると〝女らしさ〟を欠いていると見られてしまうのである（Toerien et al. 2005, p.399, p.405）。これは、ジェンダーにほかならない。ジェンダー（gender）とは、女だから／男だからこうするべきだ（あるいは、するべきでない）というように、性別を理由として、人の生き方や振る舞いに何らかの型枠《かたわく》をはめようとする意識や慣習、制度をいう。女性は、毛の生えていないつるつるの肌であるべきだ（そのために剃ったり抜いたりして〝むだ毛〟を除去すべきだ）というのは、まさにジェンダーそのものである（Tondeur 2008, p.80）。

ジェンダー規範は、あたかも、もともとそうだと決まっているかのように、また、それ以外のありかたなど考えられないかのように見えることもある。しかし実のところは、各時代・各社会の支配的な価値観によって作られた約束事に過ぎない。つまり、ジェンダーとは、社会的構築物である。これがジェンダーを考えるときの要諦《ようてい》となる。構築物とは作られたものであり、そうであるからには、作り変えられるということが含意されている。ところが、そうした作り変えや、その前提として、そもそもそれが作られたものだと気づくことさえ、なかなかたやすいことではない。ジェンダーの〝気づきにくさ〟について、女性学の江原由美子は、これをピエール・ブルデューの「ハビトゥス」（習慣、慣習行動）という概念を用いて、次のように説明している（江原 二〇〇二、一〇八頁、一一三頁[14]）。

私たちにとって、「女らしさ／男らしさ」の多くは、「女はこういうものだ、男はこういうものだ」というような言語化された知識なのではなく、ほとんど意識に上ることがないほど慣習化され身体化された（身体知覚や動作経験や感情などと結びついた）ハビトゥスとなっているのではないか、そうした行動を行うことが、「自然」に感じられるほど身についた慣習行動になっているのではないか。……あることをしたいと思ったり、あるいはそうしない時には不快に感じたりする。そうした感情はあたかも「意識の外」にあるかのように、身体的なものに基づく感情であるかのように感じられるのではないか。

無毛規範《つるつるルール》もまた、じわじわと（狡猾かつ隠微に）社会に広く行きわたった結果、今や圧倒的多数の女性にとって体毛除去は日常動作《ルーティン》になっている。そのため、女性が無毛であることは、まるで「自然な」ことであるかのように感じられるほどである。その規範性（そのルールに従うのがあまりに自明になっている）のゆえに、社会的構築物（作られたものに過ぎないから、作り変えられる）という性格が、もはや覆い隠されてしまっているのだ（Toerien et al. 2003, pp.342-343）。そのため、ワキ毛などを処理するのは、周囲の目が気になるからというよりも、むしろ自分自身が「そうしない時には不快に感じたりする」からだ、と思っている女性もけっこう多いだろう。冒頭部（提題）で紹介した講義の実験（一〇週間にわたり女子学生は体毛処理をせず、逆に男子学生は処理する）に参加した女子学生の多くも、シャワーを浴びた後にもかかわらず、ワキ毛などの生えた自分の身体を見て、不潔感を払拭できなかったという（Fahs 2012, pp.493-494）。

先述のように、アメリカでは、一九一五年の袖なし《ノースリーブ》ファッションの雑誌広告が、女性のあいだに体毛除去が普及する一つの契機になったと見られる。だが、当時（一九一〇－二〇年代）のアメリカといえば、女性選挙権が認められ（一九二〇年）、バストやウエストを強調する窮屈な女性服も無くなって、女性の自由を象徴するショート・ヘアが流行した転換期でもある。このように、男女間の性差（性別に基づく社会格差）に対する異議申立てがはじまったちょうどその時期に、女性がわきや脚の毛を処理するという慣習もまた生まれたことになる。このタイミングの一致は、実に皮肉といえる。政治など他分野における性差が縮小へ向かいはじめたその最中に、女性の体毛除去の拡がりが、まさに男女間の性差を象徴的に強調する機能を果たすようになったわけだ（Toerien et al. 2003, pp.339-400）。つまり「女性がより自由になったのと、おりしも同じ時期に……女性は女らしくあるべきだという圧迫はむしろ強まった」のである（Jolly 2004, p.65）。

3　毛がない女性身体の理由《わけ》

†どうして無毛が求められるのか

それでは、無毛を〝女らしさ〟の一条件とするジェンダーは、女性身体にとって、いかなる意味や影響を持っているのだろうか。言い換えれば、女性はなぜ無毛《つるつる》であるべきで、そのために、ワキ毛などの体毛除去に励むべきだとされるのか。以下に、幼児化、身体加工、見た目主義《ルッキズム》という、たがいに関連しあうキイワードをもとに（また、見出しには歌詞のフレーズを借りて！）概観しておこう。

†きみたち女の子？(15)

まず、無毛規範（体毛除去の習慣化）は、男女間の性差を強化するとともに、女性を子ども扱い（幼児化）するものだと指摘される。頭髪は生えているけれども、そのほかには、ワキ毛も陰毛も、脚の毛も生えていない典型例は、すなわち子どもである。頭部以外の部位の体毛は、女性の場合、平均して一一歳ごろに生えはじめるから、それよりもまだ幼い段階の子どもである。実際には成長した大人であるにもかかわらず、その身体からワキ毛などがはぎ取られること（体毛除去）によって、女性は、いつまでも子どものような（childlike）未熟者として扱われる。大人以下の不十分な存在に貶《おとし》められ、象徴的に無力化させられるのである（以上について、Jolly 2004, p.62, p.65, Toerien et al. 2003, pp.337-338, ハージグ 二〇一九、一二九頁、一五六頁、一九〇頁を参照）。文化人類学の磯野真穂によれば、とりわけ日本の女性は、かわいく見られたいという「かわいいの呪《のろ》い」に縛られている。この場合、「かわいい」という言葉は「子どもっぽさと高い親和性」があるが、ただし条件付きだという。それは「自分に危害を加えないという安心感」「従順な素直さ」という条件だ。その上で磯野は、「「かわいいの呪い」の本質は、この言葉に女性が大人になることを妨げる力が潜むこと」だと指摘している（磯野 二〇一九、六二－六三頁）。無毛規範もまた、女性をして、無力で「従順な」まだ幼い女の子のような状態に留め置こうとする点で、「かわいいの呪い」と相通ずるものがありそうだ。「男女を問わず、脱毛して幼さを装えば、恭順のジェスチュアを示すことができる」（フリードマン 一九九四、三二一頁）ともされるからである。

† ありのままの姿見せる、[16]のはＮＧ？

わざわざ言うまでもないが、無毛の状態は、通常、放っておいてもそうなるというものではないから、当然、剃ったり抜いたりという一定の作業を必要とする。この作業は、みずからの身体に変化をもたらすことから、一種の身体加工とも解される（Toerien et al. 2005, p.400）。したがって、無毛規範は、女性に無毛であるように命ずることを通して、女性に身体加工の作業を強いるものである。裏返して言えば、ワキ毛などを生やしたままの女性身体が世間から受け入れられないとすれば、それは、身体加工を施していない「自然のままの」女性身体には問題があるという感覚を生み出すことになる（ハージグ 二〇一九、二九頁）。「無毛規範は、身体を変化させるあらゆる行動を基礎づけている前提を強力に裏書きしている。すなわち、女性身体はあるがままの姿では受け入れられないという前提である」（Toerien et al. 2003, p.334）。

女性が迫られる身体加工は、体毛除去だけには限られない。ダイエットや化粧、美容整形、あるいは、現代の「纏足」とも評されるハイヒール[17]なども、身体加工の一種である。女性を身体加工へ追い立てる大きな要因がメディアである。「実際、〔制汗剤の〕CMに登場する女性のワキは、まるで化粧でもしたかのようにツルツルの陶器肌だ」（金 二〇〇八、五一頁）。女性が身体加工へせき立てられる状況について、社会学の浅野千恵は、ダイエットを論ずる中で、次のように考察している（浅野 一九九六、二一一頁）[18]。

……マスメディアがつくりだす人工的な女性身体のイメージが挙げられる。現代においては、皮膚のすみずみまで磨きあげ、ほどよい丸みとしなやかな筋肉をそなえた管理された身体であることと女であることとの結びつきがますますエスカレートしている。マスメディアが流布する「よりよい女性身体像」は、自らの身体を「ふじゅうぶんな劣った身体」、ないしは「改善すべき身体」だと女性たちに思いこませて、「ありのままの自分の身体」を受けいれたり、肯定したりすることを非常に困難にさせている。

女性身体はそのまま（身体加工を経ないまま）では受容されないという世間（男性社会）のジェンダー規範と結託するかたちで、エステティックやフィットネスから、小顔グッズといった美容製品、そして、シェーバーや脱毛器などの「毛ビジネス」（神山 一九九九、一五八頁）に至るまで、ジェンダー商品市場が興隆する。するとその宣伝・広告が、女性をして、自分のあるがままの身体への不安や不満をいっそう助長し、身体加工へ向かう意欲や焦燥をさらに刺激するという循環構造がある。

† 綺麗なお花から売れていくのよ[19]？

以上のように、女性ばかりに無毛の肌が求められ、そのために体毛除去という身体加工が強いられ、結果的に女性に対する子ども扱い（幼児化＝無力化）を招いている。その背景には、女性をもっぱら見た目で評価しようとする容姿至上主義＝容姿差別主義（lookism）がある（権 二〇一一、一〇七頁）。これは「女性については、彼女が何をするかよりも、彼女がどう見えるかのほうが重視される」ということ、つまり「女性の価値は、たとえば彼女の能力や仕事上の実績といった観点からではなく、今日理想的だとされる外見に彼女がどれくらい合致しているかという観点から査定される」ということである（Toerien et al. 2003, p.338, p.341）。もっとあからさまに表現するなら、次のようになる（水島 二〇〇一、二一一頁）[20]。

> 仕事ができるけれども外見が良くないという場合……女性の場合、外見に触れられないことはほとんどありません。「あの人は仕事はできるけれど器量がねえ……」などとマイナス評価になることも少なくありません。……逆に、外見は良いけれど仕事ができないという場合、その人が女性であれば「かわいいから許せる」とか「まあ、女性だからね」と許されてしまうことが多いものです。

†男文化のカラクリ

以上に確認した状況、すなわち、女性について、その実力よりも、小さな女の子のような外見が重要視され、それに応ずるように、女性がせっせと体毛処理（やダイエット、ハイヒールでの歩行）などの身体加工にいそしむ状況は、いったい〝誰得〟（誰が得をする）なのだろうか。幼児化、身体加工、見た目主義《ルッキズム》の背後には、やはり「男文化のカラクリ」（田嶋 二〇〇九、一七四頁）を見て取っておかなければならない。女性は中身よりも〝かわいい〟容姿のほうが大事だと言われるとき、そこで期待されているのは、無力で従順な

女性像であった。すなわち、

……頼ってくれる女、たえず男に優越感を抱かせてくれる女、男が護ってやりたくなる女。護ってやるかわりに、フロ、メシ、シンブンと命令すれば犬が棒を拾いにいくようにたちどころに準備してくれる女。男が思いのままに扱える女、要するに支配できる女、そういう女が男にとっての「女」であ〔る〕。

（田嶋 二〇〇九、一六四頁）

内閣府の『男女共同参画白書 令和二年版』によれば、各分野の二〇一八‐一九年時点における女性の割合は、国会議員（衆議院）で約一〇％、国家公務員の管理職（課長級以上）で五％強、民間企業では課長級一一・四％、部長級六・九％……など、依然として惨憺《さんたん》たる状態がつづいている。公共・民間部門ともに、組織の方針を決める意思決定の場面は、ほとんど男性が牛耳っており、今なお日本社会では男性のほうが優勢・有利である。このように男性優位の社会や組織では、そもそも女性の活躍の場はごくごく狭く限られ、あったとしても男性の指示どおりに働く補助的な役割にとどめられがちだ。それは、みずからの能力を発揮し、ばりばりと成果を上げる女性像ではない。むしろ、男性の占めている既存の地位を脅かさず、男性の命令にも逆らわずに唯々諾々と付き従い、かわいく愛想を振りまいて、男性を楽しませたり慰めたりする女性像である。こうした従属的な女性を求める男性優位社会の〝願望〟が、無毛規範《つるつるルール》というジェンダーに色濃く表現されている。

4 女《わたし》のワキ毛、女《わたし》が決める

——内部からの変革の試み——

† 自分で決めて剃っているのか

女性たちの中で、これまで明確に誰かから体毛処理を強制された経験のある人は、ほとんどないだろう。中高生くらいの時分にみずから処理をはじめ、その後も定期的につづけている（もしくは、お金をかけてエステ脱毛などを利用した）という人が多いはずだ。袖や丈の長い衣服を着ることが多い冬場（人前で脇や脚をさらすことが少ない時期）などは、しばらく処理しない場合もあるかもしれない。このような実状を踏まえると、女性たちは、体毛処理をするか否かを自分で決めているかのようにも思われる。

だが、残念ながら、剃るか剃らないか（抜くか抜かないか）を女性が自分で決定しているとは、とうてい言えない。女性に対して、その力量よりも外面を、しかも、無毛であることに象徴される幼女のような見た目（従属性）を要請する男性優位社会が厳存する以上、女性にとって、体毛除去などの身体加工をしないことは、正当な選択肢たりえないからだ（Toerien et al. 2003, p.343）。女らしさをめぐる支配的見解（ジェンダー）に取り囲まれ、剃ることを余儀なくされている状況下にあっては、女性がみずからの身体を自己自身によって統制《コントロール》しているとは、なかなか言いがたいのである（Mao 2015, p.226）。

しかも厄介なことに、身体の「自己管理」を求められていることが実態をますます見えにくくさせている。「剃ったりワックス脱毛したり、レーザーに頼ったり抜いたり……われわれはみずからで決める権利を与えられ、自分自身で出した結果に責任を負うこととなった」ため、まるで「体毛管理は、個人の自由を行使する」一事例であるかのようにも見える。だが、それはまやかしに過ぎない。実際のところは「個人の選択こそが、政治的な支配を推進するものになっている」のであり、「個人的な変革〔身体加工〕のための継続的な努力は実は、今日の権力を隅々まで行き渡らせる毛細血管の役割を果たしている」のである（ハージグ二〇一九、二五二‐二五三頁）。女性は、みずからの意志で、自分自身のために、熱心に体毛の手入れをしているつもりかもしれない。しかし、そのすでに習慣化《ハビトゥス》した日常的で個人的な営みこそが取りも直さず、社会的に構築された「スリムですべすべな（細身で無毛の）女性身体こそが魅力的だ」とする男好みの女性像（Mao 2015, p.226）をよりいっそう強固にしてしまう。つまり、女性に対して無力さと従順さを押しつける男性優位社会の存続に、我知らず手を貸しているのである。

† 産む産まないは女《わたし》が決める——身体に対する女性の自己決定

女性がみずからの身体を自己管理することをめぐっては、これを目標に掲げ、フェミニストが主体となって闘ってきた女性運動の歴史がある。その際に焦点になったのは、妊娠・出産・中絶にかかわる女性の自己決定権（リプロダクティブ・フリーダム）であった。そもそも子どもを産むか産まないか、もし産むとすれば、いつ産むか、何人産むかについては、出産主体である女性自身が決めること。ここには、中絶を選ぶ自由も含まれる。こうした妊娠・出産・中絶をめぐる決定について、他人からあれこれ干渉されないこと。そのため特に、堕胎罪として具体化された国家による女性身体への介入を撤廃させること。こうした生殖にかかわる権利をめざしたフェミニズムの運動において唱えられたのが、〈私の身体は私のもの〉、〈産む産まないは女《わたし》が決める〉というスローガンであった（参照、甲斐 二〇〇二、七七頁、大橋 二〇〇九、一五八頁、山根 二〇〇四、i頁、二頁）。

背景には、これまで女性の身体（子宮）が、一貫して国家政策や家父長制の標的《ターゲット》にされてきた歴史的経緯がある。[21] 明治以降の日本では、昭和の敗戦（一九四五年）まで、女性には選挙権も認められていなかった。その状況下で、一八九八年（明治三一年）の明治民法で法制化された「家」制度は、家内におけるいっさいの事柄（夫婦の離婚、子の結婚や転居、財産契約など）について、父・夫である家長の強力な支配権を認めるものであった。この家長の地位（家督）は、原則として長男が相続するとされたため、妻は〝跡取り〟となる男の子を産まなければならないという強いプレッシャーに苛《さいな》まれた。また、一九〇七年（明治四〇年）制定の刑法には、人工妊娠中絶を禁止・処罰する堕胎罪が定められ、現在もなお置かれている。その後、日中戦争からアジア太平洋戦争へ向かう昭和初期には、国力増強と兵員確保のためあらゆる資源が総動員され、一九四〇年（昭和一五年）に国民優生法が制定された。この時期には「産めよ殖《ふ》やせよ国のため」という掛け声のもと、女性には多産が奨励され、妊娠中絶は基本的に認められなかった。

ところが戦後になると、敗戦で国自体が焦土化していた中で、出生数の急増と、アジア各地の戦地や植民地からの多数の引き揚げにより、人口過剰が問題になる。すると、今度は一転して産児制限を意図して優生保護法が制定される（一九四八年）。堕胎罪は引きつづき存置されたが、優生保護法に人工妊娠中絶が許容される条件が定められた。そこに「妊娠の継続又は分娩が身体的又は経済的理由により母体の健康を著しく害するおそれのあるもの」という条項（第一四条第一項第四号）が設けられ、特に後者の「経済的理由」を拡大解釈するかたちで、広く中絶が認められるようになった。[22] だが、一九七〇 - 八〇年代、保守系政治家らによって、同法から「経済的理由」の条項（経済条項）を削除しようとする動きが、何度か起こされる。経済条項の削除は、女性にとって中絶の選択が著しく困難化することを意味した。このため、女性グループは〝優生保護法改悪阻止〟を訴えて運動を展開した。このとき旗印とされたのが、先に挙げた〈産む産まないは女《わたし》が決める〉というスローガンだった。他方で優生保護法は、この間、その法律名が示すように、優生思想[23]に基づき、一定の病気や障害を持つ人びとに対して不妊手術（断種）や中絶手術（堕胎）を強制し、子どもをもうけようとする権利や機会そのものを奪い去る根拠法にもなった。一九九六年、こうした優生思想（障害者差別）の性格を払拭するため優生保護法は改廃されて、現行の母体保護法に引き継がれ、経済条項は今も残されている。

そしてこの数十年来、一九八九年の女性の合計特殊出生率「一・五七ショック」などを機に、少子化が国家的課題とされている。その中で、二〇〇七年当時の男性の厚生労働大臣による「女性は子どもを産む機械」発言に象徴されるように、女性の身体（子宮）が国家政策の手段として利用されてしまう危険性もけっして小さくない。加えて、家父長制の陋習《ろうしゅう》も根強く残っている。

……少子高齢社会に対応するとは、女性にもっと出産させることを意味する。思い出してほしい。わたしたちの祖母や母、姉たちは、ずっとこういう国家体制に反対して、抵抗して、そうしてようやく、本当に少しずつ自分たちの権利を手にしてきたのではなかったのか。その権利は、結婚をするとかしないとかの自由、セックスをするとかしないとかの自由、妊娠・出産をするとかしないとかの自由にかかわる。つまり、性的自己決定権である。

今も昔も、女性たちは性的自己決定権を侵害されている。三年経っても妊娠しないといって婚家を追い出された女性、望まない結婚で強かんされた女性、出産を強要されたり、無理やり中絶させられた女性、育児介護でただ働きさせられ、挙句の果てに家を追い出された女性。こうした女性は今でもわたしたちの身の回りに数多く存在している。（笹沼 二〇〇四、一二一–一二三頁）

言うまでもなく妊娠・出産する主体は女性である。にもかかわらず、その時々の国家や社会（そこで主導権を持っている男たち）の都合によって、ある時は産めと命じられ、またある時は堕ろすように仕向けられ……という具合で、女性がみずからの身体について自己決定することは妨害されがちであった。まさに「女の身体は人口政策のターゲットになるという意味で、「戦場」だとも言える」（大橋 二〇一五、一七六頁）。人権（自由）とは、その時々の権力者（為政者や多数派）による不当な支配や侵害に抵抗するための根拠・手段になるものだ。その一つである妊娠・出産・中絶にかかわる女性の自己決定権も、女性身体を意のままに管理・統治しようとする男性権力に「否《ノー》！」を突きつけるものであった。

†剃ら（さ）れていると認めることから――むすびにかえて

ひるがえって、ワキ毛の処理である。前掲の調査によれば、週に数回、一回あたり数分程度、安全カミソリを使い、脇から腕、脚にかけて剃っている女性が多いようだ。それもほとんどは入浴時に身体を洗うついでだったりするのだろうから、一回ずつの負担感はさほど重たくなく、あまり問題視されない（ただし、毛抜き派の場合は、もう少し時間と手間と痛みが伴うかもしれない）。しかし、既述のように、女《あなた》たちが自己決定によって体毛除去をしている、と考えることはできない。むしろ、女性たちは、無毛規範というジェンダーによって（そして、それを一つの糧として生き延びる男性優位社会によって）、剃ら（さ）れている、と見るべきだ。『脱毛の歴史』の著者ハージグの表現を借りれば、むしられている（plucked）のである。この認識が、考察の出発点になる。

それでは、無毛規範というジェンダーによって制限され収奪された自己決定を、ひいては、男性優位社会の標的《ターゲット》にされてきた女性身体そのものを、いかにして取りもどすべきか。最後に少しく私見を述べて本稿を閉じたい。

まず思いつく第一の策は、剃らない、という選択だろう。これは実際にも、一部の女性たちが実践しはじめている方法だ。近時では、マドンナやレディ・ガガなど、アメリカの名だたる女優やモデル、アーティストたちが、ジェンダーへの明確な対抗意識をもって、メディアの前でワキ毛や脚の毛を露出させたり、それを染色《カラーリング》したりして登場する例も増えてきた。これは「〝無毛こそが理想的〟という考え方が独占する状況下で、女性たちに、別の選択肢を提供しようとする」試みとも解釈される（Macdonald 2006, p.79）。およそ二〇年前のジュリア・ロバーツの行動は、その意味で先駆的だったとも考えられる。

だが、なるほど影響力のある有名人の問題提起は非常に有意義だけれども、これが一般の女性たちの多くにとって実行可能な方策なのかについては、大きな疑問符もつく。無毛規範が強力に浸透している現状下では、剃らないままのワキを人前にさらすことは、男性からのみならず、同じ女性からも〝非常識な女〟というレッテルを貼られてしまう恐れが高い。せっかくの果敢な挑戦が、無理解で、侮蔑的で、興味本位な嘲笑の的になりかねない。これは当の女性に物心両面の損失をもたらしうる。周囲からの冷視によって精神的に深手を負わされるリスクがある。のみならず、まさに見た目主義《ルッキズム》によって（本人の能力や人柄などとは無関係に）ワキ毛を処理していないという一事だけで悪い評判を立てられ、仕事などにも支障が出るかもしれない。ワキ毛を剃るのに要する時間が一週間あたり五分だと仮定するとき、それを敢えて拒絶した代償として、これほどの損失（社会生活の送りづらさ）が釣り合うものかどうか。

もちろん、こういう計算をさせるところが、ジェンダーの巧妙な仕掛けでもあり、男性優位社会の思うツボにはまることでもある。ワキ毛を剃る場合の手間ひまや費用と、剃らなかった場合に予想される不利益

（社会的制裁）とを天秤にかけさせ、多くの女性をして「だったら、ちょっぴり面倒だけど、さっさと剃っておくほうが得だよね」と思わせて処理させる。こうして圧倒的多数の女性が処理することによって「女性は無毛であるべきだ、そのためにしっかり体毛除去するのが当然だ」という無毛規範（ジェンダー）がさらに再生産・再強化される。すると、ますます女性にとって処理することが普通《ノーマル》になり（規範化し）、剃らないなんて〝ありえなーい〟ことになってしまう……という（悪）循環の構造がある。

一方で、思いきって剃らないことが最善策かもしれないが、そのためにピエロにされて笑いものになるのは、正直きつい。ジェンダーによる束縛は、むろん敢然と立ち向かうに値する障害物ではあるけれど、常識知らずと非難されるストレスで気持ちまで病んでしまうとしたら、それはあまりに馬鹿馬鹿しい。他方で、だからといって、これまでと同じように剃りつづけることは、まんまと男性優位社会の術中にはまることであり、ジェンダー規範によって相も変わらず剃ら（さ）れること、自己の身体に対する自由（自己決定）をみすみす明けわたすことにもなる。では、こうした葛藤《ジレンマ》にどう対処していくか。

筆者の見るところ、当面は体毛除去を継続しながら、したがって、結果的には無毛規範というジェンダーの内側に不承不承とどまりつづけながら、その中から〝内部変革〟をこころざすのが現実的な方途のように思われる。その際、なによりも最初に求められるのは、やはり「女《わたし》は剃ら（さ）れている」という認識を持つことである。ワキ毛を剃るか剃らないかの決定権（自己の身体をどのように取りあつかうかを決める自由）は、本来、女《わたし》自身が有しているはずだ。それにもかかわらず、無毛規範に従わせられるかたちで、もはや剃るほかない状況に追いこまれている。こうした仕儀を見すえておくことが、まず必要不可欠だろう。その上で、内部変革の手始めは、この「剃ら（さ）れている」という自省（悔しさ！）から転じて、「女《わたし》は剃ってやっているんだ」という自尊（不遜さ！）を獲得することではないか。男性優位社会のお仕着せである無毛規範に、はなはだ不本意ながら、しぶしぶ／わざわざお付き合いしてあげているのだと意識を変えるのである。逆に、いちばんマズいのは、女性ばかりに強いられる無毛規範が性差別（ジェンダー）であることに無自覚なまま、ただ漫然と日々〝むだ毛〟を剃ら（さ）れつづけることだ。そこから、もう一度「剃るか剃らないか」をみずからの意志で自己決定しようとする分岐点まで立ち返る必要がある。そのための自省と自尊（剃らされる／剃ってやるという意識）である。

そこからは、いろいろな展開が想定される。冒頭に掲げた大学の実験のように、ひとまず日常生活に影響の無さそうな範囲で、しばらく剃るのを止めたり、その処理していないワキ毛を誰かに（一瞬は驚いたり笑ったりしても最後は応援してくれそうな人たちの前で）さらしてみるのも一案だ。あるいは、親しい男性に試しに剃毛を体験させる手もある。無毛規範や体毛除去に違和感をいだく同志《なかま》を、身の回りやSNS上で募ってみるのもいいだろう。そこで話が盛り上がったら、たとえば「一列にずらっと並んだ女性たちが吊革につかまると、さりげなくワキ毛が……」という「ノースリーブ着て電車の吊革につかまるデモ」（金二〇〇八、五三頁）を決行するのもおもしろいかもしれない。一つひとつは小さな局所戦だが、なにがしかの攪乱を引き起こしうる。(24) このように、表向きは体毛除去をつづけ（てやり）ながら、無毛規範（あるいは社会内のさまざまなジェンダー）を内部から少しずつ食い破っていく道を探りたい。そのためにもまずなされるべきなのは、今夜、風呂場でワキ下へカミソリを当てるときに念じることだ。「女《わたし》は剃ら（さ）れるだけではない、むしろ剃ってやるんだ」と。

（1）あるアメリカの論者が述べるように「ムダ毛のない肌を維持する苦労は……性自認が女性だという人にばかり

降りかかる」（ハージグ二〇一九、二九頁）傾向にある。そこで、この課題における「女性／男性」については、ひとまず性自認（本人が自認している心の性別）を基準に考えておく。ただし、性自認は、男女いずれか一方に分けられる二者択一的なものではなく、グラデーション（段階や濃淡）をなすものである。女性の要素も強い男性とか、男女の要素が半分ずつなど、中間的な性自認を持つ人も少なくない。また、トランスジェンダー（性別違和・性別不合）のように、出生時に割り当てられた性別（戸籍上の性別／身体上の性別）とは異なる性自認を持つ人たちもいることに注意しておきたい。

（2）本章における「体毛」とは、頭髪を除いた（＝頭髪の生え際よりも下にある）、顔面をふくむ女性の体表に現れたあらゆる毛を指すが、特にワキ毛に注目する。なお、最近では、男性が、ワキ毛や陰毛を含めた体毛除去を行うことも決して珍しくなくなっている（鈴木 二〇一八、五六‐五七頁）が、今回は取り上げない。また、男性と体毛との関係では、頭髪が失われていく／薄い／無いという「ハゲ」問題が――ほかならぬ筆者自身を含めて！――切実なテーマとして存在するが、これについても別の優れた研究（須長 一九九九など）を参照されたい。

（3）歴史学や社会学はもとより、女性学やフェミニズムの分野でも「体毛（除去）」は、ほとんど扱われてこなかった。ある論者は「女性の体毛処理は、これほど広汎に拡がった営みなのに、これに関する研究はほとんど無い。女性身体をめぐるその他の実践（ダイエットや美容整形など）に比較して、取るに足らないと見なされている」（Toerien et al. 2003, p.334）と述べる。また、別の論者も「女性の体毛についての考察は、医学的ならびに美容的関心からのみ正当とされ、このふたつの関心は、それぞれの延長線上で、体毛除去という目的で一致している。それ以外の関心から、女性の体毛について考えることは、あまりにバカバカしく、あまりに取るに足らない――もしくは、あまりに醜怪――であるため議論に値しないと見られている。この意味で、女性の体毛はタブーとして設定されている」（Lesnik-Oberstein 2006, pp.1-2）と述べる。女性の体毛は、月経などと同様に、動物的で禁忌に当たるものとして扱われてきたのである（Mao 2015, p.225）。

（4）調査時期は二〇一七年八月。一〇‐六〇代の女性四六二人、男性四三九〇人を対象に行われ、年齢層と性別をほぼ同数になるよう割り付けて実施された。なお、同論文（鈴木 二〇一八）では「むだ毛処理」という語句が使われているが、身体上の特定部位に生えている体毛を「むだ毛」と捉える見方には、すでに社会的価値観が反映されているため、本稿では「体毛除去」という言葉を用いる。

（5）その他いくつかの部位の体毛除去について、それぞれ二〇代／五〇代に限って瞥見しておけば、腕の毛では、女性は八四・一％／三四・六％（男性は二二・一％／五・七％）。脚の毛は、女性は八二・六％／四六・四％（男性は二七・五％／六・九％）。陰毛《アンダーヘア》は、女性は六五・六％／一三・六％（男性は二九・八％／九・六％）であった。

（6）リビングくらしＨＯＷ研究所「ムダ毛処理事情についてのアンケート」https://www.kurashihow.co.jp/markets/9608/（二〇二〇年四月三〇日閲覧）。調査時期は二〇一七年六月。回答女性（一〇九四人）の属性について、平均年齢は四一・三歳（二〇代以下が約一〇％、三〇代・四〇代が三五％前後、五〇代が約一五％、六〇代以上が五％弱）。働き方は専業主婦が三〇％強、フルタイム勤務が四〇％弱、パートタイム・アルバイトが二五％弱、その他が約六％。結婚の有無は、独身が約三〇％、既婚が約七〇％だった。なお、エステサロン等の美容ビジネスの市場調査（商業目的）である点には留意を要する。

（7）その他の部位における「処理頻度が週一回以上」と「エステ等で脱毛済み」（および、逆に「まったく処理していない」）の全世代平均は、ヒジ下が週一以上が三一・一％とエステが一〇・五％（無処理は二七・〇％）、ヒザ下が三七・七％と一〇・五％（一六・二％）、陰毛《デリケートゾーン》が一三・五％と五・七％（四四・二％）だったという。

（8）他国の状況として、一九九八年発表のオーストラリアに関する論文では、女子大学生の九三・〇％、女子高校生の九一・二％が、ワキ毛の処理をしていた。また、六七八名のイギリス在住の女性（世代は一六歳以下から七〇歳以上まで、ほとんどが白人で異性愛者）を対象とした二〇〇五年発表の調査では、九八・六七％までが、ワキ毛を処理した経験があった（Toerien et al. 2005, pp.400-402）。

（9）脱毛・剃毛で「命も落としかねない」とは、二〇世紀初頭にＴ字型の安全カミソリが開発・販売されるまでは顔剃りに大量出血等の危険が伴ったことや、化学溶剤を用いた脱毛剤によって中毒死するケースもあったことを指している（ハージグ二〇一九、第二章、第六章）。

（10）フェミニズムには、各時代において中心的だった主張や批判の特徴に着目して、いくつかの「波」があったと説明されることが多い。すなわち、女性参政権獲得がめざされた第一波フェミニズム（一九世紀から二〇世紀前半）。次いで、女性がみずからの判断で安全な人工妊娠中絶を選択しうることをはじめとするセクシュアル・リプロダクティブ・ヘルス／ライツ（性と生殖に関する健康／権利）の保障や、性暴力の抑止、賃金格差など雇用差別の是正、家事労働が無償であることの不当性などを訴えた第二波フェミニズム（一九六〇年代から八〇年代）。この第二波は「ウーマン・リブ」とも呼ばれ、「個人的なことは、政治的である」（The personal is political）という印象的なスローガンの下、それまで家庭内という私的領域の問題として軽視・放置されてきた性別役割分業（「男が外で働き、女が家を守るべきだ」とする慣習・意識）や家庭内暴力（DV）などが、実は政治や法制度によって対処するべき公的問題にほかならないことを指摘・指弾した。その後、一九九〇年以降の第三派・第四派フェミニズムでは、女性がみずからの意思や欲求に基づいて自分に適したセックスを楽しむ性的主体性の主張や実践、〝女の子っぽさ〟（girlie）の積極評価、さらに、同じ「女性」といっても決して一くくりにはできず、人種・階級・年齢・職業・障碍・性自認・性的指向などの属性の差異によって、それぞれが置かれた境遇や受けている抑圧も異なっているという多様性・複雑性への着目（たとえば、黒人女性と白人女性、働いている女性と主婦のあいだの違い）、そして、ツイッター等のSNSを活用した運動（性暴力・セクハラを告発する「#MeToo」に代表されるハッシュタグ・アクティヴィズム）などへ多岐に展開している。なお、以上のような時期区分は、多分に図式化・単純化した捉え方であることには注意を要する。参照、荒木（二〇一九）、北村（二〇二〇）、三浦（二〇一七）。

（11）以下、ジュリア・ロバーツのワキ毛露出をめぐる一件（本文では、あえて「事件」と呼ぶ）については、Toerien et al.（2003, p.334）、ハージグ（二〇一九、一五八頁以下）などによる。

（12）「女らしさという規範をフェミニストたちは批判してきた。女性たちが、理想的とされる女らしさに自分の身体を少しでも近づけるよう加工するために、時間と労力とお金を費やすように社会的に要請されているその有り様を、フェミニストたちは長らく指摘してきたのである」（Toerien et al. 2005, p.405）。

（13）同所では、つづけて「男のほうは、……毛を誇り自慢し、毛深ければそれだけ魅力的で男らしいと考えてきた」として、女性とは対照的に、むしろ男性は毛深いほうが好意的に受けとめられやすいことが指摘されている。

(14) 以下、引用文中について、〔 〕内は筆者による補足を示す。
(15) 郷ひろみ「男の子女の子」(作詞・岩谷時子、一九七二年)より。
(16) 松たか子ほか「Let it go ～ありのままで～」(原作詞・クリステン・アンダーソン＝ロペス、ロバート・ロペス、日本語歌詞・高橋知伽江)より。二〇一三年のディズニー・アニメ映画『アナと雪の女王』の主題歌。
(17) 纏足とは、中国の漢民族を中心に一〇世紀ごろにはじまり、二〇世紀初めまで広範に行われていた風習である。女の子が三‐四歳になると足を布で縛り、足のサイズが十数センチメートル以上には成長しないようにする。当時の男たちが、幼子のようによちよちと歩く女性を好んだからとも、小さな足の女性とのセックスが快楽をもたらすと考えられたからとも、女性の外出や逃走を防ぐためだったともいわれる。ひるがえって、現代のハイヒールも、踵《かかと》が上がることで、つま先と踵の足長が圧縮されて、足が小さく見えるとともに、脚のラインも長く見える。また、重心のバランスを取るため、胸を張ることになって胸が大きく見え、腰の位置が高くなって腰を振るような歩き方になることで、女性身体の性的特徴とされる部分が強調される。その代わり、ハイヒールを履く女性は、不安定な歩行やそれによる怪我、足の痛みやマメ、靴擦れ、外反母趾などに苦しめられることも少なくない。以上は、おもに磯野(二〇一九、二九‐三四頁)、山本(二〇一三、六一‐八三頁)、権(二〇一一、八九頁)による。
なお、航空機の客室乗務員をはじめ、接客業や販売業、窓口業務といった業種において、社内規則により、ハイヒールやパンプスなど踵の高い靴の着用が義務づけられていることに異議を申し立てる「#KuToo」運動(靴と苦痛をかけた命名)が、二〇一九年以降、大きな反響と賛同を呼んでいる。
(18) 身体加工を自己コントロール感覚と関連づけつつ、社会学の加藤まどかは、女性誌の美容記事の分析などに基づいて、以下のように指摘する。すなわち「今日女性は自立への欲望を煽られるが、社会的に力を発揮できる場は限られている」という現状があるため、「女性にとって自分の身体は、「きれい」になるべく自由に手を加えられ、自己コントロールの達成感が得られる領域であるかのように呈示される」。かくして、ますます「女性は「きれいな体」に向けた自己コントロールへと誘導される」と(加藤 一九九五、一六四‐一六五頁)。
(19) まきちゃんぐ「だって、女に生まれたの。」(作詞・まきちゃんぐ、二〇一七年)より。

(20) 引用箇所では、外見は良いが仕事はできないのが男性である場合について、「でも、その人が男性だと、評価は低くなり、「格好ばかりつけて頭は空っぽ」などと外見が良いことがかえってマイナス評価につながることもあります」と述べられている。

(21) 以下の二段落については、おもに次を参照。江原(二〇〇二)、甲斐(二〇〇二)、松原(二〇〇二)、山根(二〇〇四)、大橋(二〇〇九)、大橋(二〇一五)、優生手術に対する謝罪を求める会編(二〇一八)。

(22) 優生保護法が制定翌年(一九四九年)に改正され、この「経済的理由」が、同法に追加された。

(23) かつて優生保護法は、その第一条で「この法律は、優生上の見地から不良な子孫の出生を防止する……ことを目的とする」とあからさまに定めていた。このように優生思想(優生学)とは、社会進化論(ダーウィニズム等)の影響の下、その時代・その社会において〝優良〟とされた者の子孫繁栄をはかり、逆に〝劣悪〟と評される者を淘汰・絶滅させることを通じて、人口全体の(遺伝的な)質の改良をめざすという考え方である。具体的には、特定の人種・民族や、障害をもつ人びとなど、社会的に〝劣等〟と見なされたグループから、生殖の機会を剥奪する政策(隔離・断種・結婚制限)などを行う。人びとに優劣をつける基準は、あくまでその時代・その社会における特定の価値観に基づくものにすぎない(したがって、当の時代・社会にあっても皆が支持するわけではないし、ましてや歴史や地域を貫くような普遍的妥当性など全然持たない)という点に、厳たる注意を要する。

(24) 近時(二〇二〇年八月)、剃毛用カミソリの販売会社みずからが、意外性のある巨大ポスターを東京都の渋谷駅近くに掲げて話題となった。両腕を挙げてワキ毛を見せる女性キャラクター(CG画像)の横に「ムダかどうかは、自分で決める。」というキャッチコピーを添えたデザイン。好意的な反応も多かったとされ、無毛規範に一石を投じるものとして興味深い取組みである。

参考文献

浅野千恵(一九九六)『女はなぜやせようとするのか―摂食障害とジェンダー―』勁草書房。

荒木生(二〇一九)「フェミニズムの新しい潮流――「第4波フェミニズム」」『常民文化』第四二号。

磯野真穂（二〇一九）『ダイエット幻想――やせること、愛されること』筑摩書房。

江原由美子（二〇〇二）『自己決定権とジェンダー』岩波書店。

大橋由香子（二〇〇九）［初出　一九八六年］「産む産まないは女がきめる――優生保護法改悪阻止運動から見えてきたもの」天野正子ほか編・江原由美子解説『新編日本のフェミニズム5　母性』岩波書店。

大橋由香子（二〇一五）「産むか・産まないか――からだと健康をめぐる女性の運動」堀芳枝編著『学生のためのピース・ノート2』コモンズ。

甲斐克則（二〇〇二）「刑法と母体保護法――日本法の解釈をめぐって」齋藤有紀子編著『母体保護法とわたしたち――中絶・多胎減数・不妊手術をめぐる制度と社会』明石書店。

加藤まどか（一九九五）「「きれいな体」の快楽――女性誌が編み上げる女性身体」上野千鶴子ほか編『岩波講座・現代社会学11　ジェンダーの社会学』岩波書店。

神山進（一九九九）「性の商品化と商品価値――ジェンダーを焦点にして」『彦根論叢』三一七号、滋賀大学。

北村紗衣（二〇二〇）「波を読む――第四波フェミニズムと大衆文化」『現代思想』四八巻四号（総特集「フェミニズムの現在」）。

金友子（二〇〇八）「ワキ毛――剃るも剃らぬも私の自由⁉（連載第二回・不思議の国のフェミニズム）」アジア太平洋資料センター（PARC）『オルタ』二〇〇八年九 - 一〇月号。

権仁淑（二〇一一）『母から娘へ――ジェンダーの話をしよう』中野宣子訳、梨の木舎。

笹沼朋子（二〇〇四）『女性解放の人権宣言――愛媛県男女共同参画推進条例批判』創風社。

鈴木公啓（二〇一八）「日本人におけるむだ毛処理の実態及び心理的関連要因」『フレグランス・ジャーナル』四六巻五号。

須長史生（一九九九）『ハゲを生きる――外見と男らしさの社会学』勁草書房。

田嶋陽子（二〇〇九）［初出一九八五年］「自分の足を取りもどす」天野正子ほか編・上野千鶴子解説『新編日本のフェミニズム6　セクシュアリティ』岩波書店。

ハーグ、M・レベッカ（二〇一九）『脱毛の歴史――ムダ毛をめぐる社会・性・文化』飯原裕美訳、東京堂出版。

フリードマン、リタ（一九九四）『美しさという神話』常田景子訳、新宿書房。

ポーラ文化研究所（一九八八）「アンケートにみる現代人の体毛観――無毛化を求める時代に」（https://www.cosmetic-culture.po-holdings.co.jp/report/pdf/19881210taimou.pdf　二〇二〇年四月三〇日閲覧）。

松原洋子（二〇〇二）「母体保護法の歴史的背景」齋藤有紀子編著『母体保護法とわたしたち――中絶・多胎減数・不妊手術をめぐる制度と社会』明石書店。

丸山あかね（二〇一七）「ワキ、髭、アンダーヘア……50代から「脱毛」の切ない事情」『婦人公論』一四七三号（特集「女の「毛」は悩ましい」）。

三浦まり（二〇一七）「日本のフェミニズム――女性たちの運動を振り返る」北原みのり編著『日本のフェミニズム――since 1886 性の戦い編』河出書房新社。

水島広子（二〇〇一）『「やせ願望」の精神病理――摂食障害からのメッセージ』ＰＨＰ研究所。

モネスティエ、マルタン（二〇〇五）『図説　毛全書』大塚宏子訳、原書房。

山根純佳（二〇〇四）『産む産まないは女の権利か――フェミニズムとリベラリズム』勁草書房。

山本芳美（二〇一三）「装いとジェンダー――纏足とハイヒールとコルセットとブラジャーと」都留文科大学ジェンダー研究プログラム七周年記念出版編集委員会『ジェンダーが拓く共生社会』論創社。

優生手術に対する謝罪を求める会編（二〇一八）『優生保護法が犯した罪――子どもをもつことを奪われた人々の証言〔増補新装版〕』現代書館。

Fahs, Breanne（2012）"Breaking body hair boundaries: Classroom exercises for challenging social constructions of the body and sexuality," Feminism & Psychology, Vol. 22, No. 4.

Jolly, Penny Howell（2004）"Introduction to a Social History of Hair: Roots, Knots, and Tangles/ Hair Power," P. H. Jolly et al., *Hair: Untangling a Social History*, Tang Teaching Museum.

Lesnik-Oberstein, Karín（2006）"The last taboo: women, body hair and feminism," Karín Lesnik-Oberstein, ed., *The Last*

Taboo: Women and body hair, Manchester University Press.

Macdonald, Alice（2006）“Hairs on the lens: female body hair on the screen,” Karín Lesnik-Oberstein, ed., *The Last Taboo: Women and body hair*, Manchester University Press.

Mao Jia（2015）“Body Hair: A Cultural Politics Approach,” *International Conference on Economics, Social Science, Arts, Education and Management Engineering (ESSAEME)*, Atlantis Press.

Toerien, Merran and Sue Wilkinson（2003）“Gender and Body Hair: Constructing the Feminine Woman,” *Woman's Studies International Forum,* Vol. 26, No. 4.

Toerien, Merran, Sue Wilkinson and Precilla Y. L. Choi（2005）“Body Hair Removal: The ‘Mundane’ Production of Normative Femininity,” *Sex Roles*, Vol. 52, Nos. 5/6.

Tondeur, Louise（2008）, Body Hair, Jodi O' Brien ed., *Encyclopedia of Gender and Society*, Vol. 2., SAGE Publications, Inc.

第10章 「赦し」と法
――「花岡和解」を通して――

土屋明広

《提題》

読者のみなさんには忘れることのできないひどい仕打ちを受けた経験はあるだろうか。精神的、肉体的あるいは経済的にひどく傷つけられ、相手を憎んでも憎みきれない、恨んでも恨みきれないと思ったことはないだろうか。たとえ加害者が謝罪してきたとしても、である。本章は――後述するように――赦せないものは無理して赦す必要はないし、赦しを他者から強要されることはあってはならないというスタンスに立つ。しかし人を憎み続けることは負担でもあり、被害者にとっては苦しみの継続だとも考えられる。

いわゆる「近代国家」において被害者を救済する代表的な制度は訴訟である。私人間で生じる被害は民事裁判においては「損害」として補塡が図られる。しかしながら裁判は被害者と加害者の関係性を回復したり、赦しの機会を提供したりすることはないと批判される。なぜならば、裁判は法的責任と金銭賠償責任の存否を明らかにすることを主な目的としているため、「法的争点」に無関係と思われる事実や感情といった要素は捨象されてしまうからである。そこで柔軟な解決を可能にするものの一つとして期待されているのが「訴訟上の和解」である。和解は法にとらわれずに当事者ニーズに即した多元的な紛争解決を可能にすると言われている。

しかし、そもそも人が人を赦す、とはどのようなことなのであろうか。和解＝法は赦しに寄与できるのであろうか。赦しにおける法の役割と条件はどのようなものなのだろうか。

本章では、これらの問いについて企業を相手取って提起された中国人強制連行・強制労働訴訟をもとにして考察していきたい。

1　はじめに

二〇一九年七月二四日、中国人強制連行・労働をめぐる控訴審第一回口頭弁論が大阪高等裁判所にて開かれた。本訴訟は第二次世界大戦の最中、日本国内の労働力不足を補うために中国国内から強制的に連行され、労働に従事させられた元労工とその遺族たちが日本政府に損害賠償を求めて提起したものである。[1] これまで企業が和解金を支払ったケースはあるものの、日本政府が和解金を支払ったり、国家の賠償責任が認定されたりしたケースは皆無である。口頭弁論では遺族である原告が意見陳述を行った。

強制連行、強制労働は日本の軍国主義による対外侵略と植民統治の時期に行われた重大な罪行です。また今なお妥当な解決が成されていない重大な歴史遺留問題です。この間の歴史をふり返ると、今なお大きな傷害であり、今なお癒えぬ傷跡です！　私たち強制連行被害者の末裔は日本政府に対し、歴史に対し責任を取るという態度で、この問題を解決するよう強く要求します。歴史を正視してこそ、悲劇の再演を免れます！　歴史を正視してこそ、世界に顔向けができます！（原告支援者団体作成資料より）

大日本帝国の敗戦・解体から七〇年以上が経過した現在においてもなお被害者と遺族たちの怒りは消えず、苦しみと悲しみは続いたままである。しかも被害者・遺族たちの悲しみや怒りは世代を超えて継承され、その記憶は集団化されていく。それは悲しみや怒りの集団化を意味し、ナショナリズムと相まって記憶の集合システムに集積されていく（小菅 二〇一二）。そこで本章は、近代国家の代表的紛争解決システムであり救済システムでもある裁判所が、被害者・遺族たちをして加害者への赦しをもたらしめる可能性について、中国人強制連行・労働について被害者・遺族と使役企業とが争った訴訟で成立した「花岡和解」（二〇〇〇年一一月二九日）をもとに検証することにする。換言すれば法は「謝罪と赦し」のプロセスを作り出すことができるのか、について問う。

本章が検討する「花岡和解」とは、第二次世界大戦中に「供出」され、秋田県北秋田郡花岡町（現・大館市）にて強制労働・虐待されていた中国人労工たちが、戦後に使役企業であった鹿島建設（旧・鹿島組）との交渉、裁判を経て成立した「東アジアにおける歴史和解の基本的モデル」（李 二〇一一、三五五‐三五六頁）と称される訴訟上の和解を指す。しかし和解に至る道のりは容易ではなく、裁判所による強い働きかけがなされた。さらに成立した和解は称賛を浴びつつも、被害当事者から糾弾されるものでもあった。このことから、花岡和解は赦しの条件や性質、裁判所＝法の役割と限界を考察するのに適した事例だと考えられる。

以下、花岡和解の経緯を振り返り、裁判所の強い関与を確認する（**2**）、そして赦しの性質と条件を検討し、法の果たしうる役割と限界について考察する（**3**）。

2　花岡事件と花岡和解

†中国人強制連行

一九三七年以降、戦況を拡大させていくなかで国内労働力の不足に直面した日本は、外地から労働力を補塡するようになる。中国人に限って言えば、一九四五年五月までに約四万人が日本国内に連行され、[2][3]労工として全国三五企業一三五事業所にて使役に服し（主に鉱山、工事現場、港湾荷役）[4]、不十分な食糧、不衛生な宿舎、日常的な虐待などによって帰国の途につくまでに（中国の港を出発してから帰国のため日本内地諸港を乗船出発するまで（一九四六年二月末現在））、六八三〇名が死亡した（被連行者総数三万八九三五名に対する死亡率一七・五％）。

†花岡事件

花岡事件が発生した鹿島組花岡出張所は死亡率全国六位（四二・三％）の事業所であり（被連行者数九八六人、死亡者数四一八人（もしくは四二〇人）[5]）、その過酷な状況に耐えかねて一九四五年六月三〇日（あるいは七月一日）深夜に大隊長であった耿諄《こうじゅん》氏を中心とする「花岡蜂起」が決行された。この蜂起は日本人指導員四名、日本側に協力していた中国人労工一名を殺害した後に鎮圧され、共楽館（娯楽施設）前広場で拷問を受け労工百名が死亡した。蜂起の中心人物たちを収容した仙台俘虜収容所が作成した「鹿島組華人労務者暴動状況ノ件」には労工たちが「牛馬」のように扱われていたことなど当時の過酷な状況が記載されている。[6]

第二次世界大戦終結後、花岡出張所での虐待等は横浜裁判（ＢＣ級戦犯法廷）にて裁かれ、一九四八年三月一日に三名の鹿島職員に絞首刑、花岡出張所所長に終身刑、警察署長と警察官二名に懲役二〇年の判決が下され（その後減刑され最終的には全員が釈放された）、花岡事件は幕を閉じた。(7)

†「共同発表」

一九八四年二月、日本に残っていた元労工と、労工たちの宿泊施設であった中山寮の元職員、そしてジャーナリストが鹿島建設と未払い賃金の支払いを求める交渉を開始する。(8) 中国に帰国していた耿諄氏は交渉を知り（旻子 二〇〇五、一五三頁）、一九八七年六月に来日する。その後、元労工と遺族たちは「花岡受難者聯誼《れんぎ》会（準備会）」を結成し、一九八九年一二月二二日、鹿島建設に「鹿島建設に対する公開書簡」を送る。書簡には「わが会は、ここに、鹿島組がはっきりと改悛の意を示し、史実を重んじ、平和の大道を歩むことを特に要求したい。すなわち、花岡の惨劇を教訓とし、後世を教育するとともに、世間に鹿島組の〝過ちを知らば改める〟との公明正大な態度を示すことである。それによって初めて、このいまだ償われない血債も清算される」と記され、鹿島建設に、①事実を認めて謝罪すること、②日中両国内に記念館を建立すること、③遺族・被害者全員に賠償すること、を要求した（以下、三要求）。

一九九〇年七月五日、鹿島建設と生存者・遺族を代表する耿諄氏（原告代理人も含む）は「共同発表」を公表した。同発表において鹿島建設は、労工たちの「受難」を「事実として認め企業としても責任があると認識し、当該中国人生存者およびその遺族に対して深甚な謝罪の意を表明」したうえで、三要求については「双方が話し合いによって解決に努めなければならない問題である」と認めて、「生存者・遺族の代理人等との間で協議を続け、問題の早期解決をめざす」とした。(9)

† 提訴と敗訴

しかしその後交渉が進まなかったため、一九九三年一二月、花岡受難者聯誼会は鹿島建設に対して「最後通告」を発し、一九九五年三月三〇日に交渉を打ち切り、以後、裁判の場で「鹿島の罪行と不正義を明らか」にし、「人間の尊厳と民族の尊厳」「歴史に正義と公道をとりもどす」戦いを始めることとした（野添一九九七、一八七‐一八八頁）。

同年六月、元労工と遺族を代表して、耿諄氏を団長とする被害者・遺族一一人が鹿島建設を相手取って肉体的・精神的損害に対する不法行為および安全配慮義務違反による損害賠償六〇五〇万円（一人五五〇万円）を請求する訴訟を提起した。鹿島建設側はもっぱら「時の経過」を主張して、請求棄却を求めた。審理の場であった東京地方裁判所は原告本人尋問や証拠調べなど行わないまま結審させ、一九九七年一二月一〇日に不法行為責任については除斥期間を適用し、安全配慮義務については事実上の支配関係・管理関係であった本件には適用されないとして原告敗訴の判決を言渡した（瑞慶山二〇一四、一七二頁）。

† 控訴から和解へ

原告らは控訴した。東京高等裁判所にて口頭弁論が六回続いた後、裁判所は第一回進行協議（一九九九年七月一六日）において和解解決の意思を表明した。ただし、このとき裁判所は「通常の財産訴訟とは異なるとの認識を示したのみで、具体的な内容や裁判所の決意のほどを明らかにしたわけ」ではなかった（新美二〇一一a、一七頁）。すぐさま原告代理人たちは、中国にいる原告らに裁判所の意思を伝えたところ、「原告らは、「千載一遇」の機会として和解協議に入ることを全面的に賛同し、代理人に対してあらためて全権委任状を作成署名」した（八月一三日）（新美 二〇一一a、一七頁、旻 二〇〇五、三四八 - 三四九頁、有光ほか 二〇〇九、二八〇頁）。第三回進行協議（九月一〇日）において裁判所は「職権和解勧告」を行い、一〇月四日から和解協議が開始された（新美 二〇〇一a、一六頁）。

しかしながら和解協議は「訴訟での双方の主張が、より具体的な形でかつ露骨に繰り返され」るものであった。そのため、裁判所は第八回和解期日（二〇〇〇年二月二三日）において和解意図と趣旨について示し、和解内容への言及はないものの「鹿島建設の対応を厳しく批判するとともに、一審判決に安易に依拠しようとすることも戒め」たという（以上、新美 二〇〇一b、二二 - 二三頁）。

その後、原告側は繰り返し裁判所に和解案提示を迫り、第一〇回和解期日（二〇〇〇年四月二一日）において裁判所から和解条項の骨子を示す「和解勧告書」が提示された（新美 二〇〇一a、一七頁）。勧告書は、裁判所として当事者双方が「「共同発表」に立ち返り、協議に基づいて解決することが肝要であり、かつ意義があるものであると思料し、和解に当たり当事者双方が承認すべき基本的合意事項の骨子を示し、当事者双方に和解を勧告する」と述べ、和解条項に「共同発表」の再確認、中国紅十字会への五億円の信託[10]、信託金が受難者への慰霊・追悼などの資金に充てられること、そして「本件和解が花岡事件について全ての懸案の解決を図るもの」であることを明記するように求める「極めて異例」（瑞慶山二〇一四、一七三頁）なものであった。[11]
和解勧告の趣旨については、同日に披瀝された裁判所の「見解」（所見）においても詳しく述べられる。

いわゆる戦後補償の問題解決にはいろいろな困難があり、立場の異なる双方当事者の意向がたやすく一致し得るものでないことは事柄の性質上やむを得ないところがあると考えられる。裁判所が、公正な第三者としての立場で調整の労をとり一気に解決を目指す必要があると考えて和解を勧告してきたゆえんである。しかし、開きは依然として大きく、裁判所の調整の努力も限界に達したように思われる。／この上は裁判所が和解案の骨子を提示して当事者双方にこれを受諾するか否かの最終の決断を迫るしか途は残されていないと考える。裁判所は和解を勧告する過程で折りにふれて裁判所の考え方を披瀝してきた。もちろん和解が成立しない場合には判決で請求権の存否につき判断しなければならないので心証を開示することは許されず、留保付きのものであると断ってきたが、そのような制約の下で可能な限り和解成立に向けて裁判所の意図するところが決して無理なものではなく、かえって合理的なものであることを、いわば腹のうちを打ち明けてお話ししたつもりである。／今回提示する和解案の骨子がその線に沿ったものであることは一目して明らかであると思われる。／本件が和解によって解決を見ることの意義は、社会的、歴史的にみて、判決によった場合のそれと比して数倍の価値があると思われる。当事者双方ともその意義を改めて認識し裁判所の意のあるところを汲んで、共同発表からちょうど一〇年、西暦二〇〇〇年という記念すべき年に当たって賢明な決断をされるよう切に願う次第である。（内藤二〇〇一、資料4）

見解では、裁判所は対立する戦後補償問題を「一気に解決」しようと努力してきたが、限界に達したため、裁判所が「腹のうちを打ち明けて」話してきた「線」に沿った和解案骨子を提示し、双方に「決断を迫る」しかなくなったと述べられている。さらに、和解による解決は判決よりも社会的、歴史的に「数倍の価値」があるとして、双方に「裁判所の意」を受け入れるように強く促している。

原告代理人らは同月二九日に中国にて原告らと和解内容について討論し、代理人らへの信任と、中国紅十字会に信託することの同意を得た（王紅 二〇〇一、四六頁）。

†和解の成立

新美によれば「通常の訴訟実務からすると、事ここに至れば、この和解勧告書を前提にして技術的に条項を詰めて行く作業が残されるのみ」(新美 二〇〇一a、一九頁)であったが、裁判所はさらに第一七回和解期日終了後(一一月一〇日)に細部を含む和解条項案を双方に示し、次回期日(一〇月二一日)において和解成立を図るとした。原告代理人は北京にて原告全員から賛同(同月一九日)を、鹿島建設側は取締役会での議決を経て、第二〇回和解期日において和解が成立した(同月二九日)。

成立した和解内容は八項目から成り、主に、①「共同発表」を再確認すること(一項)、②鹿島建設は受難者への「慰霊等の念の表明」として中国紅十字会に五億円を信託すること(二項)、③信託金は基金として管理され、「受難者及び遺族」が支払を求めることができ、「日中友好の観点に立ち、受難者に対する慰霊及び追悼、受難者及びその遺族の自立、介護及び子弟育英等の資金に充てる」こと(四項)、④本件和解は花岡事件のすべてを解決するものであり、受難者・遺族は一切の請求権を放棄すること(五項)、であった。

裁判所は和解成立日に「所感」を発表し、裁判所の思いを表明している。

> 裁判所は、和解を勧告する過程で折りに触れて裁判所の考え方を率直に披瀝し、本件事件に特有の諸事情、問題点に止まることなく、戦争がもたらした被害の回復に向けた諸外国の努力の軌跡とその成果にも心を配り、従来の和解の手法にとらわれない大胆な発想により、利害関係人中国紅十字会の参加を得ていわゆる花岡事件について全ての懸案の解決を図るべく努力を重ねてきた。過日裁判所が当事者双方に示した基本的合意事項の骨子は、まさにこのような裁判所の決意と信念のあらわれである。

本日ここに、「共同発表」からちょうど一〇年、二〇世紀がその終焉を迎えるに当り、花岡事件がこれと軌を一にして和解により解決することはまことに意義のあることであり、控訴人らと被控訴人との間の紛争を解決するというに止まらず、日中両国及び両国国民の相互の信頼と発展に寄与するものであると考える。

（中国人強制連行を考える会 二〇〇一、一一頁）

所感からは、裁判所が「花岡事件」の解決を戦争被害の回復に向けた世界的な取組みの一環として、また日中両国・両国民の相互信頼と発展に寄与するものと捉えていたと読み取ることができるだろう。実はこの裁判所の花岡事件解決＝花岡和解成立にかける思いは、次項で述べるように元労工・遺族たちと一致していたと思われる。しかし、和解成立直後から元労工・遺族たちの一部は本和解を痛烈に批判するようになる。

† 称賛と批判

花岡和解は、瑞慶山（二〇一四）が「大戦中の中国人強制連行・強制労働訴訟において、初めて「裁判上の和」により加害企業に少なくとも道義的責任との徴憑と評価しうる金員5億円を支払わせた事案として極めて重要な意義を有している」（一七九頁）と述べていたり、内藤（二〇〇一）が「信託方式を用いた和解という方式による補償ないし賠償は、訴訟に加わっていない全被害者に補償を行うことを可能にする画期的な司法的解決の方法」（五七頁）と述べたりしているように多くの肯定的な評価を受けている。

原告団長であった耿諄氏も原告代理人に促されて和解成立直前に次のような献言を揮毫《きごう》している。

為花岡事件和解成功　献言（花岡事件の和解成功に）

討回歴史公道（歴史の公道を取り戻し）／維護人類尊厳（人間の尊厳を守り）
促進中日友好（中日友好を促進し）／維護世界平和（世界平和を推進しよう）
（旻子 二〇〇五、三六四頁）

揮毫は、原告たちが花岡和解を個別救済にとどまらない大きな文脈に位置づけていることを明確に示していると思われる。すなわち花岡和解の成功は「歴史の公道」（正しい道）の回復、人間の尊厳、両国の友好と世界平和に寄与するものと捉えられているのである。

しかしながら花岡和解は成立直後から多くの批判を受けることになる。それは、和解条項中にある鹿島建設の法的責任に関する文言に起因する。すなわち、「被控訴人〔鹿島建設〕は、右「共同発表」は被控訴人の法的責任を認める趣旨のものではない旨主張し、控訴人ら〔原告ら〕はこれを了解した」（一項但書）との文言である。この文言は一見すると鹿島建設が自らに法的責任がないことを主張し、原告も鹿島建設に法的責任がないことを認めた、と読み取られ得るものである。この点について原告代理人は次のように説明する。「共同発表」の再確認条項を設けるにあたって鹿島建設側が、同文中の「責任」は「道義的責任」であって「法的責任」を認めるものではないことを主張した。しかし原告と裁判所がこの提案を拒否した結果、「同意や承認という意味ではないものとして「理解」ないし「了解」の用語」を使用することになった、と（新美 二〇〇一a、二〇頁、新美 二〇〇一b、三〇－三一頁）。つまり、原告代理人によれば、和解条項にある「了解」の意味は鹿島が法的責任を否定する旨の主張を行ったという事実を認めたに過ぎないということになる。

しかし、鹿島建設が同日に発表した以下のコメントによって、原告らは鹿島建設、和解、そして和解交渉を委任されていた原告代理人たちに大きな疑念を抱くようになった(12)。

当社〔鹿島建設〕は提起された訴訟内容については当社に法的責任はないことを前提に、和解協議を続けてまいりました……中国紅十字会の参画を得て受難者の慰霊、遺族の自立、介護及び子弟の育英など具体的に実施できうる仕組みも整う見込みがたちましたので、裁判所から勧告された金額を拠出し「花岡平和友好基金」の設立を含む和解条項に、合意いたしました。なお、本基金の拠出は、補償や賠償の性格を含むものではありません。

（中国人強制連行を考える会 二〇〇一、八九頁）

耿諄氏は和解条項と鹿島コメントを読んで「怒髪天を衝き、胸がはち切れんばかりとなって朦朧となり、昏倒して病院に担ぎ込まれ」た、「僅かに5億円は出すものの、賠償でも補償の性質を含むものでもないと称している。……私は、和解に断固反対し、金の受け取りを拒否することを誓う。このような「和解」は、私には無効である。[13]」との声明文を出し、和解を拒絶した。[14]

花岡受難者聯誼会も鹿島コメントについて、「歴史の事実を歪曲し、中国労工に対する搾取・虐待を否認し、鹿島建設が花岡事件について負うべき歴史的責任を、明らかに回避しようとするもの」であって「鹿島建設の「和解」に対する誠意について、我々に大きな疑念を惹起させた」、「共同発表」に示された「鹿島建設の歴史的責任への認識と謝罪の態度」こそがこの和解の基礎であったと批判した（「鹿島建設への警告書[15]」二〇〇一年一月）。

以上のように耿諄氏と花岡受難者聯誼会が問題にしたことは、鹿島建設が「当社に法的責任」はなく、拠出する基金に「補償や賠償の性格」もないとしたことである。元労工・遺族たちは、これらの主張を鹿島建設が加害を行ったという「歴史的事実」を否定すること、さらに自らの加害行為を認めて謝罪を表明した

「共同発表」そのものを反故にする行為として受け止められたと考えられる。(16)

次節では花岡事件・和解の概観から示唆される赦しの成立条件、赦しにおける謝罪の意味を検討し、訴訟上の和解＝法による赦しの可能性と限界について論じてみたい。

3　赦しの条件

†謝罪と赦し

元労工・遺族たちが一貫して求めたことは鹿島建設による加害行為の認知と謝罪であった。三要求で示された記念館建立並びに補償金・賠償金の支払いはこれらを具体化する表象行為として理解することができる。しかし謝罪そのものは赦しを自動的に導出しないことに留意する必要がある。マーサ・ミノウ（一九九八＝二〇〇三）によれば、被害者による復讐は「根源的な自尊の念」の表明であり、「正義を牽引する衡平の観念の根源」である。そのため安易な赦しは被害者自身の価値を貶めるものであると述べられる（ミノウ　一九九八＝二〇〇三、二一七頁）。

> おそらく赦しは、概念としても実践としても、それを行うのに相当な理由のある事例に限って留保されるべきである。相当な理由なき赦しは、自己を破壊しその価値を貶めることになる。（ミノウ　一九九九＝二〇〇三、三九頁）

同時に謝罪は赦しへのプロセスを生起させる起／基点にもなると考えられる。ミノウは「どれほど誠実なものであっても、行われたことをなかったことにすることはできない」という「矛盾」を内包する謝罪が赦しを喚起するには「謝罪する過程の社会的性質」が決定的に重要であると論じる（ミノウ 一九九九＝二〇〇三、一七三－一七四頁）。

謝罪はどうしても十分なものとはなり得ない。とはいうものの、赦しが得られるかどうかは謝罪次第である。もちろん、謝罪されたからといって、謝罪相手に赦しが強いられることはない。謝罪に内蔵される神秘の力は、謝罪が呼び起こし、かつ強化する社会関係次第で決まる。謝罪は単なる言葉ではない。ここで決定的なのは、謝罪する過程の社会的（communal）性質である。謝罪は独白ではない。そうではなく、謝罪は加害者と犠牲者との間の意思疎通を必要とする。各当事者の関与なくして謝罪は生じ得ない。（ミノウ 一九九九＝二〇〇三、一七四頁）

「謝罪」とは「赦し」に直結する行為ではない。謝罪が赦しをもたらす「神秘の力」を発揮するか否かは、当事者間の謝罪時／後に形成される関係性のありように大きく左右される。つまり、赦しとは謝罪を経た上で形成される継続的な関係性の中で形成されていくものであり、その成立・完結を予め措定できない性質を持つと考えられるのである。さらに謝罪は加害者側にその謝罪を成就させ得る謝罪前後のプロセス的行為を課す片務的性格を持つと考えられる。謝罪はその前後の実践を規定し、また、その実践によって無効化され得るような不確定・不安定な性質を持つと考えられるのである[17]。

このように考えれば、和解成立を記して献言を揮毫した耿諄氏が、和解条項・鹿島コメントを読んで和解を拒絶したことも理解できる。和解とは、謝罪と赦しの結果として生じるものであり、また間断のない謝罪と赦しによって常に生成され続ける結節点である。そのため和解がいったん成立したとしても、加害者のその後の言行によって無効化され得る性質を持つと考えられる。ミノウに再度立ち返れば、赦しは制裁免除やその加害行為の忘却化を許容するものではなく、赦しがあっても加害者側が完全に免責されることはない（ミノウ 一九九九＝二〇〇三、三三－四三頁、一七四頁）。

†加害行為の認定と生の取り戻し

元労工・遺族たちが謝罪の前提として鹿島建設に繰り返し求めていたことが「歴史的事実を認めること」であった。このような加害行為の認知は元労工・遺族たちにとってどのような意味を持つのだろうか。岡野八代の議論を参照して考えてみよう。

岡野（二〇一二）は従軍慰安婦問題を論じる際に、ハンナ・アレントに拠りながら「正義」の実現は被害者が世界を理解し、自らの生を取り戻し、その生をよりよいものとして構想可能になったときだと述べている。

> 刑事罰が想定してきたように、加害者への一度きりの処罰や処置、あるいは、賠償によって正義は実現するものではなくて、むしろ被害者と加害者が過去の真実を理解し、その真実が公然化され、かつ未来において被害者がその生をよりよいものとして、自分なりに構想できるような条件を整えることで、正義は実現される（岡野 二〇一二、七五頁）

突然降りかかる想像を絶する環境、虐待や死への恐怖は人間としての尊厳を深く傷つけるものである。そして自らの悲遇が何に起因するのかわからない被害者は、世界＝生から切り離されたと感じるようになる。そのため、過酷な状況から脱した後も、自らの生を取り戻すことが難しいままに放置される。この状況は親しいものを突然奪われた遺族たちも同様である。そのため被害者・遺族たちが生を取り戻すためには過去の真実を理解し、よりよい生を構想できるような状況にならなければならない。ここで述べられる「過去の真実を理解する」ことには、被害者が味わった苦境の原因を理解すること、その前提として加害者が自らの加害行為を認めることが含まれていると考えられる。つまり、強制連行と虐待を生き抜いてきた元労工・遺族たちにとって鹿島建設側が加害事実を認めることは、自らの苦境の原因を知り、生を取り戻すために必要不可欠な要素であったと考えられるのである。

それでは、訴訟上の和解は謝罪と赦しの連鎖を生み出す契機と成り得るのであろうか。

†赦しの機会

本章冒頭で言及した李（二〇一二）は、和解を「裁判上の和解」（訴訟上の和解）と「心の和解」に分けて、後者を「戦争や紛争等によってもたらされた民族間・国民間にわだかまる感情的な摩擦や歴史上の対立を解消させるための歩み寄りで、過去をふまえた未来の共生のため寛容の精神を発揮する行為」（李 二〇一二、三七九頁、2）と定義する。そして、「裁判上の和解」終結以降の花岡和解を「『心の和解』に向けての努力」の時期」に位置付けている。原告代理人も「花岡事件訴訟和解は、成立と同時に目的を達成する例とは異なり、和解を実現していく過程を経なければならないところに特徴がある。」（新美 二〇〇一c、五二頁）と述べているように、花岡和解はその成立を事後的なプロセスに依存しているという特徴を持っている。すなわち、李が述べる「心の和解」が成立するためには加害者による加害行為の認知と謝罪、そして被害者の赦しを産出する持続的な取り組みが必要だということになる[18]。しかし心の和解に向けた努力に裁判所は関わることができるのであろうか。また、関わることに問題はないのであろうか。

本章は上記の問いに答える準備をしていない。そのため以下のような部分的な試論を展開するにとどめたい。赦しを一回的に完結する行為としてではなく、その都度の謝罪によって構成される連続体として理解するのであれば、裁判所が寄与できる部分は多くはない。なぜならば、裁判所が事件当事者と関わりを持つのは、係争中に限局され、事件終局後に当事者間の謝罪と赦しの実践的行為に寄与することはできないと考えられるからである。しかしながら、花岡和解の検討からわかることは、裁判所は訴訟上の和解の過程において、当事者双方に和解成立後も織り成される謝罪と赦しの運動を駆動させる機会を提供し得るということである。花岡事件控訴審が、本事件は判決よりも訴訟上の和解による解決のほうが「数倍の価値」があると述べていたように、和解は法的争点に制約されない柔軟な解決を可能にすると論じられている[19]。花岡和解においては裁判所は膠着する両当事者の和解交渉を進めるべく、社会的、歴史的な文脈に位置づけて解決の意義を説くなど、和解成立へと積極的に関与していた。同時に裁判所による見解や所感の公表は、社会的関心を喚起することで和解成立を間接的に後押ししようとしたとも推測できる。このような裁判所の関わり方を「心の和解」成立に向けた働きかけとして評価することもできるだろう。

だがしかし、すぐさま喚起されることは公的機関である裁判所（裁判官）による和解勧試や和解進行が権力的、恣意的運用に陥ることの危険性である[20]。裁判所から「決断」を迫るような関与はその是非をめぐって議論の余地が多くあるだろう。また社会的関心を動員して和解を推進することは、原告はともかくとして被告にとって望ましいことであったのか疑問なしとはしない。そもそも和解の可否や意味づけは当事者が行うものと考えるのであれば、花岡和解での裁判所の行為は当事者を疎外するものだった可能性も否定できない。

さらに言えば、花岡和解を拒絶する元労工・遺族たちの存在そのものが裁判所＝訴訟上の和解＝法の限界を指し示しているのではないだろうか。それはまた法による赦しの難しさを物語っているように思われるのである。

4　むすびにかえて
――赦しへの寄与――

謝罪は赦しを直接的に導き出さない。赦しは継続的な謝罪と赦しの連続的な点からなる線として考えられるからである。ある時点での赦しの不成立は遡及してそれ以前の赦しを無効化する。このように謝罪、赦しを捉えるのであれば、裁判所にできることは、争っている当事者の間に立って強権的ではない形で加害者に被害者の思いに至らせ、謝罪へと動機づけること、そしてその結果として被害者の赦しを手助けすること、そのきっかけを与えることだけだとも考えられる。しかし、謝罪－赦しが被害者・遺族たちにとって自らの生を取り戻すために必要なプロセスであるのであれば、今後考察すべきは裁判所の権力的モメントを規制しつつ、訴訟上の和解過程において、そのプロセスを起動させる制度設計や具体的な手法であるのかもしれない。

【付記】　本研究はＪＳＰＳ科研費 18H01004 の助成を受けたものである。

（1）二〇二〇年二月四日大阪高等裁判所は、日中共同宣言において個人の賠償請求権は放棄されたとする原審を支持し、原告敗訴とした。
（2）朝鮮人強制連行については割愛する。
（3）日本政府は交戦国国民の強制労働を禁止する国際法を回避するために自ら設置した中国側機関である「華北労工協会」などを通じて中国人を契約労働者として扱うことにした。
（4）強制労働の就業先内訳は鉱業・土木建築業が八一・八％であり、その他は港湾荷役業、造船業であった。
（5）各事業所での死亡率は最高五二・〇％から最低〇・三％まで高低差は約一七三倍であり、花岡出張所に隣接していた同和花岡事業所の死亡率は三・四％（二九八人のうち死者一一名）であった。
（6）「花岡蜂起」に関する記録は管見の限り四点である。①仙台俘虜収容所「鹿島組華人労務者暴動状況ノ件」（花岡問題全国連絡会（準）（一九九一）『中国人強制連行・暗闇の記録』花岡問題全国連絡会（準）、所収）、②全国の労工の就労状況や死亡状況等を調査した「華人労務者就労事情調査報告書」（いわゆる「外務省報告書」、作成用資料として「華人労務者就労状況調査ニ関スル聴取覚書」、報告書並びに覚書は田中宏・松沢哲成編（一九九五）『中国人強制連行資料』現代書館、所収）、③主導者たちを裁いた秋田裁判の記録（石飛仁監修・金子博文編（二〇一〇）『花岡事件「秋田裁判記録」』彩流社）、④花岡事件の日本人側当事者を裁いた横浜BC級戦犯法廷に関する記録（花岡研究会編（二〇〇六）『花岡事件横浜法廷記録』総和社）である。「外務省報告書」の成立経緯や内容については前掲田中・松沢編（一九九五）所収の各論考に詳しい。NHK取材班（一九九四）も参照のこと。
（7）「花岡蜂起」を主導した耿諄氏ら一二人は一九四五年九月一一日、秋田地方裁判所にて無期懲役から二年の間の有罪判決が下された（その後全員が釈放され、その多くは中国に帰国した）。
（8）詳しくは石飛（二〇一〇）を参照のこと。
（9）中国人強制連行を考える会（二〇〇一）八頁。
（10）和解交渉が続く中、原告代理人は花岡事件の全体的な解決には「信託法理」がふさわしいと考え中国紅十字会から了承を得ていた。
（11）その内容は金額を除いて原告側の主張とほぼ同じであったとされる（新美 二〇〇一a、一八頁）。

(12) 原告らと支援者の一部は、和解成立直前に北京でなされた説明会において、原告代理人らが「法的責任」に関する説明を意図的に省略したのではないかとの疑念を抱いた。二〇〇七年から二〇〇九年にかけて花岡和解は主に雑誌「世界」誌上において論争になる。それは原告代理人や支援者が「耿諄さんの生き方を理解できなかった」とする批判と(野田 二〇〇九、一二八頁)、「法的責任」を含めて「和解」に関するすべてを説明した、最終的な決定権限は耿諄氏を含めた聯誼会にあったとする主張の対立であった(林 二〇〇八、三〇〇-三〇三頁)。この論争は「世界」誌上において、和解直前の会議の録画記録を分析し、原告らと原告代理人との行き違いをコミュニケーション不足と結論づける検証論文にて収束した。

その他の和解批判については李(二〇一一)が四点にまとめている。それらは本文で言及している点以外に「共同発表」の文言が和解条項に記載されていない点、和解に参加していない遺族・被害者の鹿島建設への交渉・請求の権利を奪っている点、金額が少ない点である(三六七頁)。植民地主義の残滓として原告代理人と日本社会を批判するものとして以下を参照のこと、坪田(二〇一八)。

付言すれば、支援者団体発行の通信(中国人強制連行受難者「聯誼会連合」を支える会通信 No.11. 2010/9/15)には、二〇一〇年七月二一日に花岡訴訟の支援者たちと耿諄氏が「花岡和解」以降一〇年ぶりに再会したとの記事が掲載されている。

(13)「厳正に表明する」(山邉悠喜子・張宏波訳)二〇〇三年三月一四日、「私の戦後処理を問う会」(https://www.ne.jp/asahi/hanaoka/1119/koujun1r.html 最終閲覧二〇一九年一月二八日)

(14) より和解成立時期に近い資料として「人民網日本語版」二〇〇一年五月八日記事がある。(http://j.people.com.cn/2001/05/09/jp20010509_5344.html 最終閲覧二〇一九年一〇月九日)

(15) 中国人強制連行を考える会(二〇〇一)、八九-九〇頁。

(16) 同時に同聯誼会においても和解の意義を評価し擁護する声明や追悼文が発表されていることに注意されたい(林 二〇〇八、三〇四-三〇五頁、声明(二〇〇一年六月二七日、二〇〇三年一〇月二六日))。

(17) このような着想は、和解=合意内容の実現がその後の交渉と実践に委ねられるとの法社会学や紛争解決論・学における議論と軌を一にする。それらの議論は「和解」を紛争の終結点としてではなく、輻輳／複層的で収拾不可能であった多様な争点を解決可能な主題への集約させ解決を導出させる通過点として捉える。そして和解内容の実現は和解成立後の当事者間の関係性と交渉に依存するものであり、反故や当事者関係自体の破綻可能性に常に晒されていると指摘される（尾崎 二〇〇二）。そのため、和解の持つ不安定性や不確定性をカバーするような関係性を予め当事者間で構築することがきわめて重要だとされる（和田 二〇一八、二〇〇二）。

(18) 草野も和解を「当事者双方が未来に実行することを合意により約束することにより、現在の紛争を終了させるもの」「直接未来に繋がるもの」だとする（草野 二〇一八、八頁）。

(19) 始関（二〇一八）は、訴訟上の和解のメリットとして、「事案の実態に適合した柔軟な解決を図ることができること」、「訴訟物にとらわれずに紛争の抜本的解決をはかることもできること」、「金銭債権の回収可能性が高まり得ること」、「訴訟や強制執行に要する時間、労力、費用を軽減することができること」を挙げている（二八八－二九三頁）。

(20) 裁判官の和解手続に関する議論（和解技術論、和解手続論等）をまとめたものとして、垣内（二〇一八）二九頁以下を参照のこと。

参考文献

有光健ほか（二〇〇九）「花岡和解を検証する」『世界』七九五号。

石飛仁（二〇一〇）『花岡事件「鹿島交渉」の軌跡』彩流社。

NHK取材班（一九九四）『NHKスペシャル　幻の外務省報告書〜中国人強制連行の記録』日本放送出版協会。

尾崎一郎（二〇〇二）「トラブル処理のしくみ」和田仁孝ほか編『交渉と紛争処理』日本評論社。

岡野八代（二〇一二）「修復的正義——国民基金が閉ざした未来」志水紀代子・山下英愛編『シンポジウム記録「慰安婦」問題の解決に向けて』白澤社。

垣内秀介（二〇一八）「訴訟上の和解の現在」豊田愛祥ほか編『和解は未来を創る』信山社。

草野芳郎（二〇一八）「和解は未来を創る」豊田愛祥ほか編『和解は未来を創る――草野芳郎先生古希記念』信山社。

小菅信子（二〇一一）「記憶の歴史化と和解――日英を事例として」黒沢文貴／イアン・ニッシュ編『歴史と和解』東京大学出版会。

始関正光（二〇一八）「訴訟上の和解の現状と改善策」豊田愛祥ほか編『和解は未来を創る』信山社。

瑞慶山茂（二〇一四）「秋田・鹿島花岡　中国人強制労働訴訟」瑞慶山茂編『法廷で裁かれる日本の戦争責任』高文研。

坪田典子（二〇一八）「植民地主義の脱構築に向けて」『理論と動態』一一号。

中国人強制連行を考える会（二〇〇一）『花岡鉱泥の底から　第8集　花岡和解特集』中国人強制連行を考える会。

内藤光博（二〇〇一）「戦後補償裁判における花岡事件訴訟和解の意義」『専修大学社会科学研究所月報』一八、四五九号。

新美隆（二〇〇一a）「花岡事件　和解の経緯と意義」中国人強制連行を考える会（二〇〇一）所収。

新美隆（二〇〇一b）「花岡事件和解研究のために」『専修大学社会科学研究所月報』四五九号。

新美隆（二〇〇一c）「「花岡和解」についての補足と今後の課題」中国人強制連行を考える会（二〇〇一）所収。

野添憲治（一九九七）『花岡事件と中国人』三一書房。

野田正彰（二〇〇九）『虜囚の記憶』みすず書房。

ミノウ、M（二〇〇三［原著一九九八］）『復讐と赦しのあいだ』荒木教夫・駒村圭吾訳、信山社。

旻子（二〇〇五）『尊厳』山邉悠喜子訳、「私の戦後処理を問う」会編集、日本僑報社。

李恩民（二〇一一）「市民運動と日中歴史和解」黒沢文貴／イアン・ニッシュ編『歴史と和解』東京大学出版会。

林伯耀（二〇〇八）「大事な他者を見失わないために」『世界』七八〇号。

和田仁孝（二〇〇二）「交渉と合意」和田仁孝ほか編『交渉と紛争処理』日本評論社。

和田仁孝（二〇一八）「和解の文脈負荷性と暗黙の次元」豊田愛祥ほか編『和解は未来を創る――草野芳郎先生古希

記念』信山社。

王紅（二〇〇一）「大義を明らかにし、大局を重要とする」中国人強制連行を考える会（二〇〇一）所収。

［コラム４］

ハンセン病問題が問う平和

二〇一九年六月二八日、ハンセン病に関する国賠訴訟において、熊本地裁は国の責任を認める判決を下した。二〇〇一年五月の判決に続いての原告勝訴となった。前者はハンセン病を患った者の家族、後者は過去にハンセン病を患った元患者・回復者が、原告となった裁判であった。二つの裁判で争点の一つとされたのは、米軍統治下の沖縄の問題であったが、どちらの裁判でもそのことは十分に検証されることなく判決を迎えた。

二つの判決は、ハンセン病回復者やその家族に国からの謝罪や賠償を含めた救済の道を開き、ハンセン病をめぐる問題への世論喚起など大きな役割を果たした。二つの裁判の判決時の原告数は、それぞれ五六一名、五九一名であったが、前者の約四〇％、後者の約五七％は沖縄の原告であった。

沖縄戦を軸にして戦前と戦後に拡がる歴史は、沖縄社会に変容や激しい破壊をもたらし、現在も問題を生起し続けているが、ハンセン病をめぐる問題も決してその例外ではない。一九三〇年代に設置された沖縄の二療養所（現在の沖縄愛楽園、宮古南静園）は、一九四四年、沖縄に駐屯した日本軍の患者強制収容によって、定員を大幅に超える人々が暮らす場所となり、米軍等の攻撃により施設は徹底的に破壊された。愛楽園では、園長命令による在園者の壕掘り作業が進んでいたために、空襲等による直接的な死者は一名にとどまった。しかし、食糧事情の悪化や不衛生な壕生活に加え、壕掘り作業の傷からの敗血症、赤痢やマラリアの流行により、両園で一九四五年の一年間に三六二名が亡くなっている。命は助かったが指や足の切断を余儀なくされた人も少なくない。

沖縄では、一九四九年から治療薬プロミンの使用が開始され、多くの在園者はハンセン病回復者となっていった。一方で、沖縄戦が社会に与えた影響は大きく、また緩やかな復興が行われたことで、沖縄ではハンセン病を発病しやすい環境が長引くことになった。ハンセン病は、病原性の弱い菌による感染症であるがゆえに、発病を決める要因のなかでも人体側の問題——暮らしている社会状況が、一般的な感染症に比して大きく関係する。

一九五四年、アメリカ陸軍省の命を受け琉球列島のハンセン病調査を行ったレオナルド・ウッド記念財団のジェームス・ダウル（医務主任）とフレッド・C・クルス（准疫学医）は、ハンセン病対策の中心を療養所から保健所に移すよう琉球政府と琉球列島米国民政府に勧告している。有効な治療薬により治る病気となったハンセン病は、特別な隔離施設ではなく地域のなかで扱うべきだと。ダウルらは、日本型の政策が行われている沖縄の現状を次のように捉えている。「全ての患者は病型を問わず……発見されると同時にらい療養所に連れていかれる。……外の世界では、家族が彼は永遠に失われたものと考え、何年かのうちに忘れてしまう[1]」と。

調査が行われたのは、沖縄でプロミン治療が開始されて五年が経とうとしていた時期であった。在園者には患者作業や沖縄戦時下の壕掘りによる後遺症を抱えている者も少なくなかったが、細菌学検査の結果、被験者の六八%はすでに菌陰性——他人にうつす菌を出さない状況、であった。

一九六一年、琉球政府は日本本土のらい予防法をベースとしたハンセン氏病予防法を制定する。この法律は、らい予防法と異なる条項をいくつかもっており、療養所から出る道が開かれ、また療養所以外に治療を受けられる場所がいくつか設けられていたが、政策の基本は療養所を中心とした発病者の隔離であった。

結果として沖縄県は、療養所の外で暮らすハンセン病回復者の数が全国一多い県となったが、その一方で回復者であることをカミングアウトできる人が現在でも一〇名にも満たない状況をもつくりだした。発病者の療養所隔離を基本とする政策は、人々の間にあるハンセン病に対する差別や偏見を是正しなかった。

国籍や人種、性別、軍人・民間の区別なく沖縄戦で亡くなったすべての人の名前や存在を刻銘する平和の礎に、愛楽園と南静園で亡くなった戦没者の刻銘が進んだのは、二〇〇四年からだ。

二〇一九年六月二八日、熊本地裁は、社会で平穏に暮らせる家族の権利等が侵害されてきたと認めた。平和の意味を深めることが求められている。**（沖縄愛楽園交流会館学芸員　辻《つじ》　央《あきら》）**

（1）ジェームス・A・ダウル／フレッド・C・クルス（二〇〇六）「琉球列島のらい病——1954年」沖縄県ハンセン病証言集編集総務局編『沖縄県ハンセン病証言集　資料編』所収、沖縄愛楽園自治会。

第11章 「議決への法的拘束力の付与」をめぐって
——司法制度改革審議会における検察審査会制度改革議論の特徴——

宇都義和

《提題》

ある一つの司法参加制度の改革をめぐり、七〇年以上にわたって議論が続けられてきた。しかしながら意見の対立が続き、妥協点を見出すこともできずに議論は平行線のままであった。それがわずか二年間の会議を経て一定の結論が導き出されたとき、この議論は過去の議論と比べ、いかなる特徴を持つのだろうか。

ここでは、司法制度改革審議会にて行われた検察審査会制度の改革をめぐる議論の過程を対象に、そこでいかなるものが論点として承認されまたは排除、抑圧されていったのかを過去の議論と比較しながら検討する。この作業によって、一般市民が司法制度の運用に携わる司法参加制度の改革を、推進あるいは逆に抑制ないし停滞を引き起こすこととなる論点やそれらをめぐる論者たちの反応の一例を見出したい。それはおそらく今後の司法参加制度の改革論議において、議論の膠着を避け、進展させるための一助になるのではないかと考える。

1　拘束力の付与をめぐる過去の議論

司法制度改革審議会の議論を分析する前に、まずはその準備作業として検察審査会の改革をめぐる過去の議論の概要と、次に、本章の検討対象である司法制度改革審議会がどのような改革方針を有し、そして議論環境にあったのかを確認しておこう。

検察審査会は、戦後間もない司法改革の中で検察の民主化改革の一環として、一九四八年七月に根拠法が公布、施行され翌年からその制度運用が始まった。検察官の行った不起訴処分について、衆議院議員選挙の選挙人名簿から無作為に選ばれた一般市民が、その適否の審査を行う司法への市民参加制度である。

この制度は、日本の司法制度全般に及ぶ改革案を議論するため一九九九年から二〇〇一年の間に内閣府に設置された司法制度改革審議会による「最終意見書」(二〇〇一年)を受け、二〇〇九年より検察審査会が出した議決に対して、法的拘束力が付与されることとなった。検察官によって不起訴とされた事件につき、当審査会が二度にわたり起訴すべきとの議決を出した場合、その事件は強制的に起訴されるのである。

検察審査会制度は、それまで議決に拘束力がなく、たとえ審査会が起訴を求める議決を出したとしても、検察官は不起訴処分を維持することが可能であった。そのため、この「議決への拘束力付与」をめぐっては戦後間もない制度運用開始当初から各種の主張がなされてきた。その主なものとして挙げられるのが審査員の審査能力の適否をめぐる議論である。まず、批判的な見解としては、専門性の高い法的問題を一般市民が適正に判断しうるのか、そもそも審査員間の議論が成り立つのか、感情に左右されるのではないか、などの意見が繰り返し述べられてきた[1]。これに対する反論として、検察官ほどではないものの、一般の国民であっても刑事事件の不起訴処分を審査し得る能力は十分にあり、民意反映をより重視する見地から、拘束力の付与を求める意見が述べられてきた[2]。両者の議論は同じ国民を対象として、その能力を疑問視する声と逆に期待する声とに分かれ、一部の事件の審査結果や起訴された後の裁判の判決結果を根拠に反論を繰り返し、議論は平行線をたどってきたといえる。これら以外では、一般市民の審査能力を否定はしないものの、審査対象をより市民の審査に馴染む審査項目や事件の種別に審査対象を限定すべきではないかとの声[3]や、拘束力付与は時期尚早との声などもあった。しかし、これらの議論がまとまることはなく、今回の司法制度改革審議会の意見書にて拘束力の付与が提言されるまで、検察審査会制度の改革は長年棚上げされた状態が続いていたのである。

2　司法制度改革審議会の改革方針

司法制度改革審議会は、省庁再編や内閣の機能強化を行った「行政改革」からの司法に対する人的・制度的基盤整備の要求、政財界等からの規制緩和の要請、日弁連を中心とした国民のための改革の要望等を受け[4]、一九九九年七月二七日に内閣に設置された。その目的を、「二十一世紀の我が国社会において司法が果たすべき役割を明らかにし、国民がより利用しやすい司法制度の実現、国民の司法制度への関与、法曹の在り方とその機能の充実強化その他の司法制度の改革と基盤の整備に関し必要な基本的施策について調査審議すること」（司法制度改革審議会設置法第二条一項）とし、二年間の設置期限の間に六三回もの審議を重ね、最終的には司法制度全般にわたる約五〇項目もの改革案を「最終意見書」として内閣に提出した。この提言を受けて、二〇〇一年一月に内閣に設置された司法制度改革推進会議が具体的な制度設計と立法化の作業を担い、諸改革が実現され、現在その運用がなされているところである。

過去の司法制度改革が法曹主導型であったのに対し、今回の改革は特に「国民の視点」を重視した改革と評されている。この視点は司法制度改革審議会設置前の各界からの要望にも含まれており[5]、さらには審議会設置法案を審議した参議院法務委員会でも附帯決議第二項にて「特に利用者である国民の視点に立って、多角的視点からの司法の現状を調査・分析し、今後の方策を検討すること」[6]が当審議会に求められていた。

こうした要望や指示を受け、司法制度改革審議会では実際に「国民の視点」を取り入れるための委員構成や各種調査活動が図られている。司法制度改革審議会では一三名の委員のうち法曹三名、法学者三名といった法律専門家に加え、他分野の研究者、労働団体や財界などの司法制度のユーザー側の立場の委員七名も加えられた[7]。さらに国民一般の声に耳を傾けるための調査活動として会議内でおよそ三〇回にも及ぶヒアリングを行い、その中で、法曹や司法関係者のほかに、労働問題や消費者問題に取り組む人々の声も聴取した。このほかに、全国四か所（大阪、福岡、札幌、東京）での公聴会、民事訴訟の利用者への意識調査、郵送や電子メールによる一般国民からの意見や要望の受け付けなども実施し、広く国民の声に耳を傾ける体制がとられていたのである。

3　改革対象としての検察審査会
――「論点整理」までの議論――

ここからは、いよいよ司法制度改革審議会の審議過程の分析に入る[8]。その際、議論の流れを三つに分けて分析を行う。まずは司法の現状把握と検討課題の整理を行った「論点整理」提示までの期間、次に各検討課題に対する今後の改革の方向性を示した「中間報告」公表までの期間、最後に具体的な改革提言の内容を審議して「最終意見書」としてまとめるまでの期間である。分析の主な対象となるのは、委員やヒアリング時に招集を受けた法曹三者による提言や議論、書類での回答書である。分析対象をこれらに絞るのは、検察審査会に関する改革案の提言や議論はほぼこれらの論者からのみとなっているからである。

では、初回会議（一九九九年七月二七日）から、「論点整理」の提示（第九回会議一九九九年一二月二一日）までの議論を見ていこう。

司法制度改革審議会ではじめて検察審査会の改革に関する言及を行ったのは、元日弁連会長の中坊公平委員である。第四回会議（一九九九年一〇月五日）では、外部有識者へのヒアリングの後、司法が果たすべき役割等について委員が自由に意見交換する時間が設定され、そこで中坊委員は今回の改革の基本的視点や審議項目の骨格について提案を行った。その中で、起訴独占・起訴便宜主義に基づく検察官の公訴権行使の裁量を問題視した上で検察官制度の改革を主張し、その方策の一つとして検察審査会による「起訴強制」の必要性を挙げている。

次に、論点整理に向けて各委員が一〇分程度の意見を述べた第六回会議（一九九九年一一月九日）では、日本労働組合総連合会副会長の高木剛委員が、検察改革の一環として起訴便宜主義の改善と検察審査会の改革を検討すべき事項として挙げている。(9)

この時期はまだ検討項目の提案段階であるため、両者とも詳しい改革内容の提示までには至っていないが、検察審査会はまずは検察改革の一環として位置付けられ、刑事司法分野の中で、その機能強化が提言されていった。

これに加えて、検察審査会は司法参加制度の領域でもその改革の必要性が主張されている。同じ第六回会議にて、刑事訴訟法学者の井上正仁委員は、司法に対する国民の理解や親近性の強化を図るために「国民の司法参加の増進」を掲げ、陪審制度や参審制度の導入の可否のみに限定せず、既存の司法参加制度の改革も必要として、その中で「検察審査会の機能強化」を求めた[10]。こうした既存の司法参加制度の充実や強化を目的とした言及は、民事訴訟法学者の竹下守夫委員、元広島高等裁判所長官で弁護士の藤田耕三委員、元名古屋高等検察庁検事長で弁護士の水原敏博委員からも同様になされており、いずれも新たな司法参加制度（この時点では陪審・参審）の導入の可否が議論の焦点となる中で、副次的な問題として既存の司法参加制度の拡充、検察審査会制度の改革について言及している。

陪審・参審に関する議論に重きを置く傾向は、審議会委員以外の法曹三者にも見受けられる。司法制度改革に対する法曹三者の考えを聴取した第八回会議（一九九九年一二月八日）にて、法務省の原田法務事務次官は、陪審・参審の導入については既存の裁判システムが果たしてきた機能と、新たな司法参加制度の導入に際しての諸問題の十分な検討を求め、これらに限らず、既存の参加制度（調停、司法委員、検察審査会）の在り方について検討することも意義があると主張する[11]。司法参加制度の意義を認め、既存の制度を評価するものの、新たな制度の導入となると慎重な姿勢を示すのは最高裁も同様であった。日弁連のみが、陪審・参審の導入に積極的な姿勢を示すも、既存の司法参加制度についてはここでは言及していない。

その後、司法制度改革審議会では、改革の方向性ならびに検討項目に組み込むべき事項について議論を重ね、その結果を「司法制度改革に向けて―論点整理―」（平成一一年一二月二一日）にて公表した。この論点整理の中で検察審査会は、「司法の制度的基盤の強化」のうち「国民の司法参加」の中で、陪審制・参審制の導入の可否と並び、その在り方について見直すべき「現行制度」（調停委員、司法委員、検察審査会等）の一つと位置付けられ、正式に検討対象となった。

以上のように、検察審査会に関しては早い段階から改革の必要性や改革内容の提案が示され、しかも刑事司法と司法参加の二つの分野にまたがる問題として位置付けられている。その提言内容は、強制起訴の導入、権限強化、単に検察審査会の改革など、範囲やトーンもさまざまであるが、改革対象として制度の見直しを図ることについては、委員間、法曹の間でも異論はなかった。

この「論点整理」の提示以降の会議では、この上記の二つの領域で議論が進められていくこととなる。以下では、この「刑事司法のアリーナ」と、「国民の司法参加のアリーナ」に分けて、議論を見ていこう。

4　「中間報告」提出までの議論

ここでは、「論点整理」で示された各検討項目について調査と議論を重ね、その結果を「中間報告」として公表する第三八回会議（二〇〇〇年一一月二〇日）までが対象となる。

†刑事司法のアリーナでの議論

「論点整理」提示以降の司法制度改革審議会の調査・審議方法としては、テーマごとに担当委員が数名ずつ振り分けられ、それらの者が司法制度の現状における問題点や改革の方向等について報告を行い、その後、全体で議論していくスタイルが取られた。検察審査会については、先に、刑事司法に関するテーマ「国民の期待に応える刑事司法の在り方」の中で検討がなされ、その後「国民の司法参加」でも引き続き検討がなされている。

刑事司法に関する議論では、委員間で検察への評価は異なるものの、その訴追裁量における問題点は以下のとおり概ね共有されている。

「国民の期待に応える刑事司法の在り方」をテーマに、担当委員からの報告とそれを受けての意見交換を行った第二五回会議（二〇〇〇年七月一一日）で、報告担当の髙木委員は、検察審査会が「起訴相当」、「不起訴不当」の議決を提示しながらも、それに対して検察官が実際に起訴へと踏み切った件数が少ないことを問題視して、検察の公訴権行使に対するチェック機能の強化や手続の充実化を求めた(12)。具体的には、検察審査会の議決への拘束力付与、検察官から審査会への意見聴取、証拠調べを請求できる制度の創設、さらには不当な起訴への審査権限の付与の検討など、検察審査会への多岐にわたる権限付与、強化案を提示している。

もう一人の報告担当者の山本勝委員（東京電力取締役副社長）は、わが国の刑事司法は「十分な捜査と慎重な起訴、詳細な公判審理」により社会の支持を失っているわけではないとしつつも、重大事件や少年犯罪などでの「被疑者、被告人に対する人権擁護、量刑のあり方」に国民が違和感を覚えていることは事実であるとする。そのため、被害者感情への応答の点で当該制度のさらなる活用も考えるべきであるとし、検察審査会が起訴を求める議決への法的拘束力の付与を検討する余地があるのではないかと提案する(13)。起訴の判断は慎重になすべきだが、検察審査会では相応の審査が行われており、最終判断は起訴された後の裁判所が行うことを考えれば、法的拘束力のないことが「不自然」であると述べている。

検察への異なる評価を示しながらも国民の批判の声や違和感に応答すべきとし、その方法として議決への拘束力付与やその他制度の強化を求めるのは、法曹三者も同様である。

たとえば日弁連は、第二六回会議（二〇〇〇年七月二五日）での法曹三者へのヒアリングにて、前年に刑事手続き関して弁護士を対象に行った独自のアンケート結果に基づき、検察の起訴独占に対する批判の声や、本来起訴されるべき事案が多いとする弁護士の回答が複数にのぼることを示し、検察の公訴権行使に一定のコントロールを行うシステムの構築を求めた。その具体的な方策のうち、検察審査会に関するものとしては議決への拘束力付与、不当起訴の審査権限付与、検察の事務に関する建議・勧告の強化等を提案している[14]。

一方、日弁連とは異なる方向での提案を行ったのが法務省である。法務省は検察がその起訴独占主義の下でも、その公訴権は、「時代の流れや国民の意識の変化に対応しつつ」そして、「基本的人権の保障等を全うしつつ事案の真相を明らかにするとの観点を踏まえ統一的、かつ、公正に行使されている。」とし、その公訴権行使における判断基準の妥当性を主張した。その上で、本来起訴されるべき事件が不起訴となっているとの批判の声があることも認めている。その対応として法務省は、検察審査会の議決へ法的拘束力を付与すべきとの声もあるが、議決への拘束力付与を行うにあたり検討しなければならない課題があるとして、訴追の公平性の担保、審査手続きの在り方、リーガル・アドバイザーとしての法律家の配置などの体制整備、訴追主体、裁判で無罪となった場合の国家賠償責任等を挙げている。つまり、ただちに拘束力付与を行うのではなく、そのための条件をまずは検討すべきと提案したのであった[15]。

その後、「刑事司法の在り方」の取りまとめを図るため、事前の意見交換を行った第二七回会議（二〇〇〇年八月四日）にて、中坊委員から、審査会の議決については「拘束力を持つという意見でよいのではないか」との提案がなされた。だが、これに対して水原委員からは、「拘束力の付与を含めて、検察審査会にどういう権限を与えるかということも含めて、更に具体的な制度の内容を今後検討していくべきではないか」との反論がなされた。これに一定程度同調するように井上委員からは、大きな方向についてほとんどの委員は、異論はないと思われるとし、司法参加の領域にも関わる問題であるため制度の仕組みについては、今後もう少し議論を継続する必要性があるのでは、との提案があり、これに他の委員も同意したため、この件は「司法参加」のアリーナへ審議の場を移して引き続き議論することとなった。

以上の刑事司法の議論空間では、検察の捜査や起訴に対する評価は分かれるが、その公訴権行使に対して、それが国民の声に十分応えてはいないとする点では、法曹三者も審議会委員も概ね見解は一致していると言ってよいだろう。そして議決への拘束力付与の方向で議論が進むも、検察審査会の機能強化や手続きの拡充については多様な方向での案が展開され、まだ拘束力の付与は決定となっていない。

†「国民の司法参加」アリーナでの議論

第三〇回会議（二〇〇〇年九月一二日）では、「国民の司法参加」をテーマに法曹三者へのヒアリングを行っているが、陪審・参審を中心とした質疑応答がなされ、法曹や各委員からの検察審査会への言及は少ない。法務省より、検察審査会が行った議決について近年では検察庁は三〇％ほど起訴しており、一定程度議決を尊重している旨の反論がなされた点以外は、刑事司法のアリーナで言及したことと概ね同一の内容にとどまっている。

続く第三一回会議（二〇〇〇年九月一八日）では「国民の司法参加」報告担当委員の（株）石井鐵工所代表取締役社長の石井委員、主婦連合会事務局長の吉岡初子委員、髙木委員から報告がなされたが、いずれもこれまでと同様に陪審・参審の導入の可否についての報告に多くを割き、検察審査会の改革については、以下の髙木委員と石井委員の言及があるのみとなっている。

石井委員は、検察審査会については、まずは当該制度の認知度の低さを「最大の問題」とし、そもそも制度を知らない国民に審査させることは賢明ではなく、「事務局（裁判所職員）主導の会議」と捉えられかねないと指摘する。そのため、制度の周知活動の充実と義務教育段階からの教育制度の見直しも必要との認識を示している。そのほかに、検察審査会が出した結論を最終的に起訴するかどうかを検事正が判断する仕組みそのものが、「チェック機能として有効に作用するものかどうか疑問」であり、さらに、強制起訴となった場合にその後の訴訟行為を検察官に委ねることの妥当性についても問題があるとする。

審査員による審査への不安を示した石井委員と異なり、髙木委員は、審査員による審査の妥当性を前提とした改革案を示した。まず、司法参加制度の意義として、司法への市民参加により司法における国民主権の実現ならびに司法が国民の支持を得ることが可能になるとする。検察審査会については、検察が有する広範な訴追裁量に対してチェック機能を有しながらも、その議決に法的拘束力がなく、「充分なチェック機能が果たせていないのではないかという強い指摘がある」とし、その拘束力の付与と、検察事務についての改善を提言する機能として審査会に備えられている「建議・勧告」制度の有効な活用のための見直しを求めた[16]。

次の、第三二回会議（二〇〇〇年九月二六日）では「国民の司法参加」についてのこれまでの議論を踏まえ、この段階での取りまとめに臨む[17]も、陪審・参審に議論を費やし、検察審査会については、わずかに残された時間内でのやり取りとなっている。

まず、井上委員は、自身の印象では「皆さん大体、拘束力を認めるのが望ましいのではないかということだったかな」と述べた上で、だが、付与する上で検討しなければならないことがあると再度強調する。その具体的な内容として井上は、「法的拘束力を与える決定の種類」や「要件」、「今の検察審査会のやり方で果たして十分判断できるような仕組みになっているのかどうか」、「法的なアドバイス」の必要性、「訴追主体」の問題など、拘束力付与に伴う審査手続きの充実・強化の必要性を主張している[18]。

拘束力を付与するにあたり、その前提となる条件を先に議論すべきとするこの井上委員の提案について、これまで一貫して拘束力の付与を求めてきた髙木委員も、拘束力を「付与する方向」で、との条件を付した上で、具体的制度内容を今後さらに詰めていくことに同意を示した。この点について審議会全体でも合意が得られ、第三八回会議（二〇〇〇年一一月二〇日）で決定された「中間報告」にてその旨が記載された。当該報告では、まず、「国民の期待に応える刑事司法の在り方」の中で検察の公訴権行使に民意を反映させることの必要性、ならびに検察審査会制度の機能強化の検討を求め、「国民の司法参加」では、上記の観点から、「検察審査会の一定の議決に対し法的拘束力を付与する方向で、被疑者に対する適正手続の保障にも留意しつつ、検察審査会の組織、権限、手続の在り方や起訴、訴訟追行の主体について検討すべきである。」と記された。

このように「司法参加」のアリーナでは、検察官の公訴権行使に対する評価のみならず、検察審査員の審査能力に対する評価も分かれていたが、審議会全体として「拘束力の付与」は概ね合意が得られたようである。だが、法務省や水原委員、井上委員が「拘束力の付与」の前提条件として、制度の手続きの充実、審査機能の強化、被疑者への適正手続き、訴追の公正さなどを求め、他の委員もこれに同意を示したため、拘束力の付与はまだ確定へと至らなかった。こうして検察審査会に関する論点は「拘束力の付与の可否」から、「付与にあたっての審査手続の強化・充実の検討」へと移行していったのである。

その後、司法制度改革審議会はこの公表された「中間報告」に対する各界からの反応を踏まえ、最終的な改革提言を取りまとめる段階へと進んでいく。

5　「最終意見書」提出までの議論

✝法曹三者の主張

「中間報告」公表後の二〇〇一年二月二日に、脅迫事件の被疑者の夫である福岡高裁判事に対し、福岡地方検察庁の次席検事が捜査情報を漏洩するという事件が発覚し、その後関係者への懲戒処分が行われた。この事件を受け第五一回会議（二〇〇一年三月一三日）では、但木法務省官房長より、検察の自浄手段ならびに改善策として、国民の信頼回復を図るための人事や教育制度の見直し、犯罪被害者への配慮等に加え、検察審査会の機能強化も示されている。具体的には、「検察審査会の一定の議決に法的拘束力を与えること」、ならびに「建議・勧告」制度の充実、強化として、「勧告・建議が行われた場合には、対象庁は必ずこれに対する応答をしなければならない」とする案であった。このように期せずして、検察審査会のチェックを受ける立場の法務省が、自ら当審査会の機能強化を積極的に求めることとなったのである。

この第五一回会議ではさらに、「国民の司法参加」をテーマに据え、法曹三者からペーパーにて、これまでの議論を踏まえた上での具体的な制度案が示されている。

まず、最高裁は、法的拘束力の付与を認めた上で、手続きの強化や充実においては、被疑者に対する適正手続きの保障、可能な限り訴追の公平性も図れるよう「検察官への説明の機会の付与」、「被疑者からの事情聴取制度の導入の要否」、「公正かつ中立な立場から法的助言を与える者を置くこと」なども検討されるべきとしている[19]。

法務省と日弁連の提言を比較すると、最高裁と同様に拘束力の付与について異論はないものの、付与後の適正な審査のあり方をめぐり、この二者はそのベクトルが大きく異なっている。

まず法務省は、審査会の議決への拘束力付与を相当としながらも、起訴に至る議決を行うにあたっては、検察官と同じく、十分でありなおかつ慎重な「事実の認定及び刑罰法令の解釈適用」、また起訴便宜主義に則った「十分な情状の吟味」、「訴追の公平性への配慮」が求められるとしている。その具体的な制度や手続き強化の案として、公訴に至る場合での検察官への意見聴取の義務化、検察官が審査会に出席し自らの意見を述べる権利の付与、審査員に法的助言を行うリーガル・アドバイザーの配置等を提示した。[20]こうした法務省の提言、なかでも審査基準や検察の関与の点からは、審査員にいわば検察官と同等の審査基準を求めようとする意向と、審査員の判断能力に対する不信が見受けられる。

一方で日弁連は、ここまでの司法制度改革審議会の議論を踏まえ新たに作成した「より民意を反映させる方策の試案」を示した。そこでは検察官による不起訴理由の開示義務、検察審査会に対する申立人や証人への尋問や一定の調査権限の付与、申立人ならびに被疑者の出頭陳述権の保障、尋問や法的アドバイスを行うリーガル・アドバイザーの設置などを求めている。日弁連は、こうした審査権限の強化にあたっては、審査の適正化や迅速化と併せて、被疑者へ適正手続きの保障、出頭陳述権を認め防御権を保障することが必要であるとしている。[21]制度機能・手続きの強化案において、日弁連はリーガル・アドバイザーの設置では最高裁や法務省と同じであるが、そのほかは申立人・被疑者・被告人への配慮に加えて、審査員への多岐にわたる権限強化を提案しており、法務省とは異なり、審査員の判断能力に対する信頼あるいは期待がうかがえる。

† 委員間の議論

「中間報告」公表後に検察審査会を対象とした議論が行われたのは第五五回会議（二〇〇一年四月一〇日）であり、これが審査会に関する最後の議論となった。「国民の期待に応える刑事司法」をテーマとするこの回では、先の法曹三者の提言内容（第五一回）について、法曹と審議会委員とで質疑応答を行いつつ、これまでの議論を踏まえた制度設計について意見を交わしている。

検察審査会について取りまとめの議論を行うにあたり、はじめに、佐藤幸治審議会会長から、議決への拘束力付与は法曹三者も共通しており、細かい部分での異論はあるが、全体の方向は共通しているとの印象を受けるとし、審議会での議論を賜りたい旨の発言があった。

　これに藤田委員、竹下委員も同意を示し、竹下委員は細かい点での議論を詰めるためとして、①中立人の陳述権の可否、②公訴の訴追権者、③拘束力付与の対象事件の限定について、他の委員に意見を求めた。そして、この三点について、委員間での活発な議論が展開されていく。審査中立権が濫用される危険性、事件被害者への手続き上の配慮として意見陳述権を認めるべきとする考え、事件を不起訴と判断した検察官が強制起訴後の訴追権者となることへの懸念、被疑者・被告人を弁護する立場の弁護士が訴追権者となることについての公正さの問題、議決を拘束力に付与することで起訴件数が増える可能性が考えられること、強制起訴の効力を持たせる議決の種別をどうするかなど、である。

　このようにして、事件の被害者ならびに被疑者の権利保障、手続きの公正さ、拘束力付与に伴うリスクを想定した各種意見等が出されていったのだが、多岐にわたる議論が展開されていったがゆえに、容易に合意点が見出されないまま時間が経過していった。

　最終的にこれらの議論を終結させたのが中坊委員である。中坊委員曰く、拘束力付与は「コペルニクス的な発想」であり、今までの資料等を前提にして考えられるものではなく、「これからの問題」であり、「予測してやるにしては、余りにも大きな改革」であるとする。そのため、「余りこれはこうだと細かく考えないで、もう少し大体の方向付けだけを我々で決めた方がよい」とし、詳細な制度設計については議論を先送りするよう提案した。

　この中坊委員の提案を受け、会長の佐藤氏は、検察審査会に関する改革内容の取りまとめの内容として、「大きな方向としては、起訴相当について法的拘束力をもたせる」こと、その他の細かい制度設計の部分については、さらに検討すべきと提案し、全委員の了承を得るに至った。

これに加えて、「建議・勧告」制度については、同じ第五五回会議で検察の在り方を議論する中で、但木法務省官房長が示した法務大臣の自己改革の提言、ならびに現行の「建議・勧告」制度が「有名無実」となっているとの中坊委員の指摘を受け、佐藤会長より、その「実質化」を図るべきとの提案が示され、審議会で同意を得て、それが「最終意見」に盛り込まれることとなった。

以上の長きにわたる審議を経て、司法制度改革審議会は「最終意見」にて、改革提言の結論を示している。検察審査会の改革案は、「議決への拘束力付与とそれに伴う機能拡充」、ならびに「建議・勧告の実質化」の二点が提言された。議決の拘束力付与については、「被疑者に対する適正手続きの保障にも留意しつつ、検察審査会の組織、権限、手続の在り方や起訴、訴訟追行の主体等について十分な検討を行った上で、検察審査会の一定の議決に対し法的拘束力を付与する制度を導入すべきである」と結論づけた。

「中間報告」提出以降も、議決への拘束力付与に伴う審査会の機能や手続きの強化という第二の論点をめぐって議論は続き、その具体的内容については、広範囲にわたる議論が展開され、それゆえに議論は拡散していった。最終的には中坊委員の発言により、具体的な制度設計を先送りする形で意見がまとめられたが、その背景には、「最終意見書」提出期限までのスケジュールに余裕がなかったこと、具体的な制度設計や法制化を担う「司法制度改革推進本部」が後に設置されることなどの、外的要因があったことにも留意しておく必要がある。

以上、検察審査会を対象とした司法制度改革審議会の議論のプロセスを簡単に確認してきた。以下では、審査会をとりまく過去の議論と比較しつつ、今回の改革をめぐる議論がいかなる特徴を有するのか検討していこう。

6　司法制度改革審議会における議論の特徴

†拘束力の付与をめぐる議論

まずは、最初の論点である「議決への拘束力付与」の可否をめぐる議論と、それに対する委員や法曹三者の反応から当審議会の議論の特徴を検討していこう。拘束力の付与は、会議の初期の段階から提言がなされ、回を重ねる中で多くの委員の承認を得ていった。過去の議論では、拘束力の付与をめぐり、検察審査員の審査能力を疑問視する声とそれに対する反論とが繰り返し述べられ、議論は長く膠着状態にあった。いうなれば専門家である検察官の審査能力と、一般市民である審査員のそれを異なる性質のものとして対比させる「二元論」である。

しかし、今回の司法制度改革審議会の議論では、市民の審査能力が問題視されることはあったが、それでもって拘束力付与が否定されることはなかった。まずは「刑事司法」と「司法参加」という異なるアリーナで、検察改革の一環や既存の司法参加制度の見直し等といった多様な理由付けでもって拘束力付与の主張がなされていく。その後、上記の各アリーナでは検察官に対する評価ならびに参加する市民の審査能力への評価が分かれ、過去の「二元論」に類似した対立が見受けられた。しかし、検察の公訴権行使に対する市民の不満の声に対して何らかの応答をする必要性については、市民の能力を疑問視するあるいは批判をする者も同意し、その対処手段として、拘束力の付与を行う方向で議論が進展していく。

以上のような議論展開となった要因として、いくつかの点が考えられる。司法制度改革審議会がそもそも「市民の視点に立った改革」を標榜しており、なおかつ委員構成でも法曹以外に多くの市民の立場を代弁するユーザー委員が加わっている。さらには裁判員制度導入をめぐる議論の中で、一通り一般市民の判断能力に対する議論がなされていることなどが少なからず影響しているといえるだろう。こうしたいわば「市民寄りの改革方針の共有」や「市民批判をし難い議論状況」の形成が審議会でなされていき、それが一般市民の能力を問題とする議論を回避させ、「二元論」に基づく対立を抑制し、さらには「拘束力の付与」の主張を後押ししたと考えられる。[22]

つまり、ここでの議論の特徴とは、過去と類似の「二元論」的対立が生じつつも、審議会で共有された改革方針やその場の議論環境とそれに応じた委員たちの反応が、その対立を抑え、同時に拘束力付与への推進力を生み出している点にある。

†「拘束力の付与」を前提とした制度設計に関する議論

とはいえ、「拘束力の付与」がすぐに決定したわけではなかった。この付与を前提に制度の機能強化をどのように図るか、という第二の論点が生じた。そしてこれは結果的に「拘束力の付与」に対する牽制としての役目を果たし、なおかつ具体的な制度設計に関する意見の集約を最後まで困難なものにしている。

この第二の論点が司法制度改革審議会の中で妥当性を有することができたのは、おそらく、それが法的拘束力付与を前提として行う議論であり、なおかつ、この付与によって審査会の権限が強化され、審査員の議決でもって事件が起訴されうるため、被疑者の権利保障の観点からなお一層、慎重かつ適正な審査が求められるとの認識が委員間にあったからであろう。こうした要請に応えるための、制度のさらなる機能強化や手続きの充実化は、「市民寄り」の傾向を有する審議会としても当然検討すべき課題であった。

そしてこの付与前提の制度の強化や充実化の議論の中で、着目すべき点がある。それは、当該制度設計の議論を拡散させ、結果的にその取りまとめを困難なものにした「二元論」の存在である。

「中間報告」提出までの議論を振り返ると、第二五回会議にて髙木委員は、検察側は検察審査会が起訴すべきとした判断を十分尊重していないと批判したのに対し、同じ回で山本委員は検察は適正な捜査や起訴を行っており、社会的支持を失っていないと反論するなど審議会内では「拘束力の付与」が概ね了承されつつある中でも、委員間では検察官と審査員それぞれに対する評価が分かれている。その後、「拘束力の付与」を前提に具体的制度設計の検討がなされていった「中間報告」以後の議論をみると、法曹三者のうち法務省は、審査会が検察官と同レベルの審査水準となるための様々な制度改革案を示したのに対して、日弁連は、「より民意を反映させるため」の強化策として、拘束力の付与以外にも各種の権限を審査会に与える案を提示していた。つまり、過去の議論でみられた「二元論」につながる議論と対立が「拘束力の付与」を前提にして審査方法のさらなる適正化を検討する場でも表れていたのである。

これに加えて、被害者や申立人への配慮、被疑者の権利保障を図るための審査手続きの整備、訴追の公正さの担保など、当事者である市民や手続きの公正さに目を向けた細かい論点も複数提示され、それらをめぐる議論も交わされている。これらはスケジュールの問題もあって取りまとめられるまでには至らず、最終的には拘束力の付与は行うものの、具体的な制度設計については方向性を示すにとどめて先送りするという結論で議論を終えている。

確かに、スケジュール上非常に制約された中の議論であったため、時間的制限が議論の取りまとめを困難にしたとの考えも否定はできない。この点を留保しつつ、ここでの議論の特徴とそれをもたらした要因を考えると次のようになる。

拘束力付与を前提とした具体的な制度設計というこの第二の論点での議論の特徴をあげるとすれば、第一の論点つまり拘束力付与をめぐる議論では、その機能を発揮し得なかった「二元論」が、今度は、より慎重で適正な審査手続を図るための論点において、議論の場を変えて再び現れ、被疑者・被告人の権利保障や訴追の公正さとともに、議論を停滞または拡散させることに成功していた。

その要因を考えると、まずこの第二の論点では、議決への拘束力付与によって審査会の権限が強化されるため、その審査をより適正かつ慎重なものとしなければならない。なおかつ被疑者や被害者への権利保障も、より一層考慮することが求められ、これらの必要性が委員間にも共有されていた。つまり、ここでの「二元論」とその他の細かい論点は、拘束力の付与をめぐる第一の論点とは異なり、いずれも「市民の立場に立つ」審議会の改革方針や「市民批判をし難い」議論環境と、一定程度適合的であった。それゆえに、容易には否定または無視しがたいものとして存続しえたと考える。

7 さいごに

本章では、検察審査会の改革をめぐる司法制度改革審議会の議論の特徴として、市民批判を抑制し、議決への拘束力付与を後押しした「市民」志向の傾向と、議決への拘束力付与の可否ならびに拘束力の付与を前提とした制度設計の議論で共通して見られた、専門家と一般市民を対照的な関係に置く「二元論」と、それに対する審議会の異なる二つの反応、つまり「抑制」と「適合」を示した。

さいごに、この「二元論」との付き合い方に関する今後の課題を指摘しておきたい。審議会の議論では、この「二元論」は改革前のものと異なり、それ単体で議論を膠着させるものとはなりえていないが、それは論点や議論の場を変えて何度も現れていた。さらには、審査会の議決に拘束力が付与され、それに伴い手続き上の要件として、二段階審査や弁護士による助言等が設定され、事件の審査手続きは以前より慎重なものとなったにもかかわらず、拘束力付与後の制度運用に関する議論[23]でも、本章で提示した「二元論」は生じているようである。それは、国民の司法参加に関する議論空間上で汎用性を持ち、なおかつ不可避な問題なのかもしれない。

仮にこのように考えた場合、ではこの「二元論」とどのように付き合えばよいのだろうか。その手掛かりとして、本章の分析結果から以下の二点を挙げておきたい[24]。まずは、改革や議論の方針の共有や議論環境が「二元論」による議論の対立へ抑制的に働く可能性である。第一の論点で示したように、「市民の立場に立つ」方針と市民批判を抑制する議論環境が、このような作用をもたらし、「拘束力の付与」を推し進めていった。次に、第二の論点で述べたように、逆にこうした方針や議論環境に適合的な論点であれば、「二元論」による対立も生じうる可能性がある。さらに、他の細かい論点も組み合わさることで、より議論は錯綜するのかもしれない。

もちろん、こうした捉え方が他の議論空間でどこまで妥当な見解となるかは、さらなる検討を要するだろう。また本章では改革前の議論について詳しく検討し、紙幅を割く余裕がなかったため、簡略化しすぎているとの批判も考えられる。今後、以上の点をさらに詳しく検討していきたい。

（1）一般市民の審査能力を批判する声は、制度運用開始後の早い段階からあった。たとえば、不起訴処分の審査には良識に加え「相当程度の法律知識や刑事政策的見識を要するのであって、今日のわが国民の一般的な知識水準に照らすとき、その至難なことはいうまでもないところであろう」とするものがある（辻 一九五二、二七頁）。審査員の能力問題に加え、実際に検察が起訴に至った事件の少なさからして、審査員の議決が慎重に行われていないのではないかとする声（植松 一九六八、四‐五頁）もあった。これらはいずれも、一般市民の判断基準よりも法律の専門家である検察官の判断基準を、適正あるいは妥当なものと考える見解と言えるだろう。

（2）過去の議論をみると、検察審査会による判断への期待が主張されるのは、世間の注目を集めた汚職事件、公害事件などの不起訴事件を審査会が審査した場合である。そこでは、市民の常識や民意の尊重が強く求められ、議決への拘束力付与へと結び付けられていった。大出（二〇一一）を参照。

（3）審査員の審査対象とする事件や審査する箇所を限定すべきとの意見は、早い段階から述べられている。たとえば、本田（一九六九）は検察の不起訴処分（嫌疑不十分、起訴猶予等）の性質ならびに一般市民の知識水準や能力からして、検察審査会での「しろうと」の意見が介入しやすい分野とそうではない分野があるとする。前者は良識による判断がしやすい分野、たとえば自動車事故などでの過失の認定を指し、後者は法律や判例の解釈、民事商事の複雑な事案、証拠の判別が容易にはしがたいものである。こうした対象区分や拘束力の付与をめぐる初期の議論を整理したものとして、太田（一九七六）を参照。

（4）司法制度改革の機運を高めることとなった行政改革、経済界、日弁連等の動向や要求内容等を概観したものとして斎藤（一九九九）、宮澤（二〇〇五）を参照。

（5）第二回会議配布資料の「各界提言要旨」において、政府関係、政党関係、各種団体関係ごとに司法制度改革に対する提言内容がまとめられており、それら多くが国民の視点に立脚した改革を求めている（https://www.kantei.go.jp/jp/sihouseido/dai2kai-appendlist.html 二〇二〇年一月二八日確認）。

（6）第一四五回国会参議院法務委員会「司法制度改革審議会設置法案に対する附帯決議」（平成一一年五月二七日）参照。

（7）司法制度改革審議会委員の選任にあたっては、第一四五回国会衆議院法務委員会「司法制度改革審議会設置法案に対する附帯決議」（平成一一年四月二一日）第二項にて、「政府は、審議会の委員の選任に当たって、司法制度の実情を把握すると同時に国民各層からの声が十分に反映されるように努めること」と指示されていた。それを受け、司法制度改革審議会の委員一三名の構成は以下のとおりとなっている。なお肩書は当時のまま表記した。法学分野の研究者は三名からなり、会長で近畿大学法学部教授・京都大学名誉教授の佐藤幸治氏（憲法）、東京大学法学部教授の井上正仁氏（刑事訴訟法）、一橋大学名誉教授・駿河台大学長竹下守夫氏（民事訴訟法）である。法学以外の分野の研究者は二名で、中央大学商学部長北村敬子氏（会計学）、慶應義塾大学学事顧問の鳥居泰彦氏（経済学）となっている。法曹出身の委員は三名で、弁護士の中坊公平氏（元日本弁護士連合会会長）、弁護士の藤田耕三氏（元広島高等裁判所長官）、弁護士の水原敏博氏（元名古屋高等検察庁検事長）である。経済界からの委員二名は、（株）石井鐵工所代表取締役社長の石井宏治氏、東京電力（株）取締役副社長の山本勝氏。労働者委員として日本労働組合総連合会副会長の髙木剛氏、消費者委員は主婦連合会事務局長の吉岡初子氏。そして最後に作家の曽野綾子氏となっている。なお、本章では当時の肩書のまま表記した。

（8）本章で用いる議事録や配布資料のデータは、司法制度改革審議会の会議開始後間もなく開設されたホームページ（https://www.kantei.go.jp/jp/sihouseido/index.html 二〇二〇年一月二八日確認）に掲載された会議議事録ならびに配布資料と、有斐閣の雑誌『ジュリスト』一二〇八号（二〇〇一年九月一五日号）の付録『司法制度改革審議会全記録CD－ROM』に収められた審議会配布資料である。本章では審議会の議事録から引用した記述等の出典については、該当会議の回を本文中に記載してあるため、注での表記は省略した。配布資料を引用または参照した場合は、別途、注にて出典を表記した。なお、ジュリストのデータの中には、審議会ホームページには掲載されていない資料もある。本章でその資料を使用する際にはその旨も別途注に明記した。

（9）第六回会議配布資料「司法制度改革の論点について　―「公正、透明、参加」の新しい司法制度を―　髙木剛（1999年11月9日）」。

（10）第六回会議配布資料「司法制度改革審議会において検討すべき論点について　井上正仁（平成11年11月9日）」。

（11）第八回会議配布資料「司法制度の現状と改革の課題　法務省（平成11年12月8日）」。

（12）第二五回会議配布資料「「国民の期待に応える刑事司法の在り方」に関するレポート（レジメ）髙木剛（日付なし）」。

(13) 第二五回会議配布資料「国民の期待に応える刑事司法のあり方について(骨子)山本勝(平成12年7月11日)」。
(14) 第二六回会議配布資料(ジュリストCD-ROM)「「国民の期待に応える刑事司法のあり方」について日本弁護士連合会(2000年7月25日)」。
(15) 第二六回会議配布資料(ジュリストCD-ROM)「「国民の期待に応える刑事司法のあり方」について法務省(平成12年7月25日)」。
(16) 第三一回会議配布資料「「国民の司法参加」について　髙木剛(2000年9月18日)」。
(17) 司法制度改革審議会では一定程度議論が進んだ後、報告担当委員やその分野に関わる専門職経験のある委員、審議会会長の佐藤や場合によっては会長代理の竹下を交えて、全体での会議とは別に取りまとめ作業が行われている。それを次の会議で提示し、さらに議論を進めていた。だが、この取りまとめ時のやりとりについては議事録として公開されていない。そのため、取りまとめの内容に変更があった場合の委員間のやりとりを検証することはできない。
(18) なお、佐藤会長からこの主張の意図について問われた井上委員は、課題の山積を理由に拘束力付与を阻止しようというのではなく、「具体的制度設計に行くためには、まだステップが必要だという意味」であると答えている(第三二回会議議事録)。
(19) 第五一回会議配布資料(ジュリストCD-ROM)「司法制度改革審議会からの質問に対する回答　最高裁判所事務総局(2001年3月13日)」参照。
(20) 第五一回会議配布資料(ジュリストCD-ROM)「検察審査会制度の改正について　法務省(日付の記載なし)」参照。
(21) 第五一回会議配布資料(ジュリストCD-ROM)「国民の司法参加　照会事項に対する回答書　日本弁護士連合会(2001年3月13日)」参照。
(22) 審議会では検察審査会に関する議論とは異なり、陪審制度や参審制度に関する議論においては、それらに参加する一般市民の判断能力に対する批判が繰り返し述べられてきた。たとえば、第三〇回会議では法務省が市民による判断の難しさを述べ、最高裁は市民による判断は結果が不安定であって、その予測可能性が低いとする。第三一回会議では経済界からの意見として石井委員が、判決の公平性、納得性に疑問があり、その評議過程の「ブラックボックス化」も問題視している。こうした批判や消極的意見に対して、髙木委員や吉岡委員らは、国民の司法参加は国民の「統治主体」や「国民主権」の意識を高める上で必要であるとし、また、日本人に向かないとする批判には、検察審査会経験者へのアンケート結果を用いて反論を行っている。その後も議論の応酬は続いたが、第三二回会議にて、会長の佐藤氏が、審議会には国民の司法参加への関与、特に訴訟手続きに国民が関与することについて何らかの意見を出すことが求められており、陪審や参審を議論するにあたっては、アメリカの議論に振り回されずに考えるべきとの考えを示した。さらに、「論点整理」においても国民が統治主体としての意識転換を図ることを求めており、専門家と一般国民との関係の在り方を視野に入れ、陪審や参審にとらわれない視点からも議論を行っていきたいと述べている。この発言以降、審議会では国民の能力への批判は沈静化していったようである。

(23) 拘束力付与後の議論として、たとえば、民主的多数決で決すべき場面と、法的専門的合理性でもって判断すべきところを切り分ける必要性を今関（二〇一一）は主張する。拘束力付与後は、国民が公訴権の権力を有することを意味し、民意の反映、国民主権といった捉えがたいあいまいな概念でもって「法固有の論理」を一方的に否定し、「素人の独善」での支配となる危険性が生じるためとする。また、強制起訴後に無罪となった事件をめぐる議論状況について川﨑（二〇一七）は、検察官同様に有罪の確証があって強制起訴すべきとする「精密司法」の立場と、審査会ではそうした厳格な起訴基準を取らず、公判での最終的な判断を求めるべきとする立場とが対立していると分析している。

(24) 本文に記した対処法以外のものを、もう一つ挙げておこう。そもそも、審査員の能力をめぐる意見の対立では、専門家と一般市民との異質性に着目した事例や裁判結果、たとえば起訴され有罪となった事件や逆に無罪となった事件が例として用いられることが多い。だが、これまでも幾度か指摘されていることだが、検察審査会で審査した事件数全体からすればそれはごくわずかであり、多くの事件で審査員は「不起訴相当」の議決を出している。たとえば、二〇一八年の検察審査会の事件の処理人員数（被疑者数による延べ人員）は処理数の総数二三二九人に対し、起訴相当が三人、不起訴不当が八一人、不起訴相当が一九五八人、その他が二八七人、未決が八六七人となっている（法務省「令和元年版 犯罪白書」http://hakusyo1.moj.go.jp/jp/66/nfm/n66_2_6_2_1_3.html 二〇二〇年一月三〇日確認）。つまり両者の同質な部分や共有しうる点などを検証していき、とりあえずは「二元論」に基づいた誤解の検証や対立の緩和を行う方法も考えられる。

参考文献

伊藤栄二（二〇〇九）「検察審査会法改正の経緯及び概要について」『法律のひろば』六二巻六号。

今関源成（二〇一一）「検察審査会による強制起訴」『法律時報』八三巻四号。

植松正（一九六八）「検察審査の実効を期して」『判例タイムズ』二二二号。

太田幸四郎（一九七六）「公訴権の行使と検察審査会」『法制論集』六九号。

大出良知（二〇一一）「検察審査会の強制起訴権限実現前史」『現代法学』二〇巻。

春日勉（二〇一二）「嫌疑不十分と強制起訴」『神戸学院法学』三・四号。

川﨑英明（二〇一七）「検察審査会ははりきりすぎか」指宿信他編『刑事司法を担う人々』岩波書店。

越田崇夫（二〇一二）「検察審査会制度の概要と課題」『レファレンス』六二巻二号。

斎藤浩（一九九九）「司法制度改革2つの流れの合流点」『月刊司法改革』一号。

新屋達之（二〇〇一）「検察審査会」法律時報・法学セミナー編集部編『法律時報増刊シリーズ司法改革Ⅲ』。

辻辰三郎（一九五三）「検察審査会は必要か」『時の法令』一一四号。

本田正義（一九六九）「検察からみた検察審査会」小山昇他編『兼子博士還暦記念 裁判法の諸問題（上）』有斐閣。

三井誠（一九七一）「検察官の起訴猶予裁量（二）」『神戸法学雑誌』二一巻一・二号。

宮澤節生（二〇〇五）「今次司法改革における「市民のための司法改革」論の軌跡」『法律時報』七七巻八号。

第12章 法の現場とフィールドワーク／エスノグラフィー
——人々とかかわる魅力的な法社会学研究の実践に向けて——

小佐井良太

《提題》

日本の法社会学研究においては、近年、その研究実践のあり方や認識論を含めた方法論に対する一定の関心に立脚する形で、一つの魅力的な研究スタンスへの支持と共感が徐々に広がりつつあるように見受けられる(1)。すなわち、研究者がさまざまな「法の現場」へと積極的なかかわりを持つことを前提とし、「法の現場」で出会うさまざまな人々の「声」に耳を傾け、人々の広い意味での法と社会にかかわるさまざまな意味づけとその解釈の仕方に関心を寄せる立場であり、そうした「声」や意味づけの理解と解釈を掬い取り記述するそのただ中において、これらと密接に関連づけ切り結ぶ形で法社会学的な研究分析や問題発見・分析を織り込んでいくことを重視する研究スタイルである(2)。

こうした研究スタイルを採用する場合、さまざまな「法の現場」を対象としたフィールドワークの実践が必要になる。また、その成果をとりまとめ、論文等の形での学術的な報告を行うに際しては、文化人類学の伝統と背景を有するエスノグラフィーを意識して書くことが求められる。ただし、こうした「フィールドワークを行い、エスノグラフィーを書く」作業には、さまざまな困難が伴うこともまた事実である。また、こうした困難さのゆえ、日本の法社会学におけるフィールドワーク型の研究実践とその成果としてのエスノグラフィー型の研究論文は、まださほど多くないのが実情である。(3)

本章では、法社会学研究をより実り豊かで社会に開かれた魅力的な研究実践とする可能性に富む、さまざまな法の現場を対象とした「フィールドワークを行い、エスノグラフィーを書く」研究実践が、より多くの研究者の手によって担われ、展開・蓄積されていくことを願って、こうした系譜に連なることを目指した筆者自身の研究実践の経験に依拠しつつ、その魅力と意義・必要性を確認する一方、その課題の一端を明らかにすることを試みる。

1　フィールドワーク／エスノグラフィー型法社会学研究の必要性

† 法の諸現象の記述と人々の「意味世界のリアリティ」解明の重要性

日本の法社会学研究における「古くて新しい問題」から、本章における問題の所在を説き起こすことにしたい。かつて、いわゆる「隣人訴訟」事件をめぐって提起されたさまざまな法社会学的論点に改めて立ち返ると、今なお、多くの論点にかかわる法社会学研究が十分には行われていないのではないか、との思いを抱かざるを得ない。(4) たとえば、この種の訴訟の「提訴動機」をどのように理解するかをめぐる問題、訴訟に対する当事者の「意味づけ」と「期待」の内容を明らかにする問題、周囲の第三者の訴訟利用に対する理解をめぐる問題等、人々の「意味世界のリアリティ」解明を目指す法社会学的研究は、各種の実証的研究が取り組まれている一方、質的研究に限ってみた場合はまだまだ十分な研究蓄積に乏しいと言わざるを得ないのではないだろうか。

こうした問いの解明に取り組む上では、量的方法論／量的研究よりも質的方法論／質的研究が適しており、その方法論的な意義や強みを、存分に生かし得るものと考えられる[5]。中でも、さまざまな「法の現場」を対象としたフィールドワーク型の研究を通じて、法の諸現象（紛争、法過程、法や制度・手続・法実務家の果たすべき役割と実情等）にかかわる人々の見方や解釈を聴き取り記述する作業を通して、その現場＝フィールドにおける人々の意味を明らかにすること、人々の法現象に対する理解を報告として提示するエスノグラフィー型の研究実践とその蓄積が重要である。

† 法社会学研究における質的研究／方法論への理解と評価をめぐる問題

このように、日本の法社会学研究は、もっとさまざまな「法の現場」を対象に「フィールドワークを行い、エスノグラフィーを書く」研究実践を積極的に推し進めるべきであると言える。率直に言って、日本の法社会学研究は、膨大な領域として存在するさまざまな「法の現場」で日々生起している法的社会現象とこれらをめぐる人々の実践と意味解釈の解明作業に、まだほとんど手を付けることができていないのではないだろうか。この点に関して筆者は、ある種の危機感ないし焦りにも似た思いを抱いている。

こうした状況を考える上で見逃せないのは、日本の法社会学研究ではこれまで、「フィールドワークを行い、エスノグラフィーを書く」研究実践を含めた広い意味での質的方法論／質的研究に対する理解と評価について、「誤解」の下で十分な積極的評価が十分には与えられてこなかったように思われることである。質的方法論／質的研究は、その独自の理論的前提や意義ないし有効性が必ずしも十分には理解されないまま、暗黙の裡に量的方法論／量的研究が依拠する理論的前提ないし尺度に照らした評価がなされ、量的方法論／量的研究に「一段劣るもの」との評価や従属的な位置づけがなされてきたのではないだろうか。この点については、以下の指摘[6]が参考になる。

……従来、質的な研究は、量的な研究との対比において、その意味を保ってきた。例えば、従来の社会学的調査法においては、質的研究は、データを多く集め統計的な手法で分析する「量的研究」に対する「個別事例的な研究」として位置づけられた。そして、それによって、質的研究は、「量的研究」や「統計的研究」に対する残余的カテゴリーにおかれた。そこでは、様々な異質な研究が、「量的でないもの」「統計的ではないもの」として集められ、質的という共通のレッテルを貼られることになった。……しかし、現在の「質的研究」は、大きく変わってきている。それは、「質的研究」に様々な領域で様々な方法でアプローチする研究者たちに、共通した研究の課題や方法論的課題が生まれたからである。様々な分野の研究者たちが、単に個々の現象を見ただけではわからない、定型性や定常性が、現象を集め、それを詳細にみることで発見できることに気づいていった。だが、同時に、様々な分野の研究者たちが、集められた個々の現象が、それぞれのおかれた状況と深く結びついており、それを単に数値的に処理するだけではその現象の性格自体を見失ってしまうということにも気づいていった。研究者たちは、集められた現象のなかに定型性や定常性を発見するという研究課題と、それをどう発見し状況依存性の問題についてどう考えるかという方法論的な課題を持つことになった。これによって、質的研究は、固有の研究課題と方法論的な課題をもつことになったのである以上のような方法論的な問題関心の状況を踏まえて、今後、日本の法社会学における質的方法論／質的研究の発展を図るためには、量的方法論／量的研究との関係において、後者（量的）をメインとみなし前者（質的）をサブとみなす枠組みから脱却することが不可欠である。そのためには、量的方法論／量的研究の評価尺度に照らした質的研究に対する「誤解」を解き、質的方法論／質的研究の独自の意義と強みを適切に理解する必要がある。「フィールドワークを行い、エスノグラフィーを書く」研究実践も、こうした日本の法社会学研究の方法論をめぐる広い意味での問題状況の中で、適切にその意義を位置づける必要があると言える。

†本章の内容と射程

本章は、筆者が「死別の悲しみ」を伴う紛争事例を対象に行った質的研究（事故で子どもを亡くした遺族両親を主たる対象として行った長期間の継続的な聴き取り調査を中心とするフィールドワーク）の経験と成果に依拠して、法社会学研究における質的方法論の有効性と質的研究が果たす役割、とりわけ、さまざまな法の現場を対象として「フィールドワークを行い、エスノグラフィーを書く」研究実践の意義と可能性、その方法論的課題について論じるものである。その際、抽象的な理論レベルでの議論・検討に終始することは避けつつ、また、実際の質的研究にまつわる単なる苦労話・エピソードの披瀝とならないよう十分に注意しながら、筆者が質的研究に取り組む過程で実際に直面した具体的な困難や課題を中心に、より具体的な問題提起を行うことを目指す。

なお、本章は、質的研究／フィールドワークに関する方法論ないし理論的前提に関して、主にウヴェ・フリック（二〇一一）、佐藤郁哉（二〇〇六）に緩やかな形で依拠するほか、より狭義には、和田仁孝

（二〇一六、二〇二〇）が提唱する「法の臨床としての解釈法社会学」ないし「法臨床学」の構想や問題関心を基本的に共有するものである。

2 フィールドワーク／エスノグラフィー型法社会学研究の経験

† フィールドワーク／エスノグラフィー型法社会学研究——筆者の経験

筆者はこれまで、大学生の飲酒死亡事故に関するフィールドワーク（小佐井 二〇〇四、二〇〇六、二〇〇七a。以下、「論文①」とする）、学校部活動中の死亡事故に関するフィールドワーク（小佐井 二〇〇七b、二〇〇八。以下「論文②」）に取り組み、それぞれエスノグラフィーを意識した研究論文を公表してきた。このほか、飲酒運転死亡事件を中心とした交通死亡事故に関するフィールドワーク（代表的なものとして、損害賠償請求における定期金賠償方式の「命日払い」としての活用事例について扱った研究。小佐井 二〇一二）、その他、無料法律相談の利用者を対象に「満足度」を訪ねるヒアリング調査[7]や労働審判制度の利用者に制度の利用経験を尋ねるヒアリング調査等[8]にも取り組んできた経験を有する。

以下ではこのうち、主として論文①および論文②の内容並びにフィールドワークの経験に依拠して論じることにしたい。

† なぜ、フィールドワーク／エスノグラフィーなのか

筆者が、論文①や論文②にまとめた質的研究／フィールドワークに取り組むに至った経緯と問題関心について簡単に触れると、以下のとおりである（本章の内容と目的に照らして、この作業には一定の意味がある

ものと思われる。しばし、お付き合いをいただきたい）。

　まず、筆者は学部生時代のゼミを通じて、「隣人訴訟」事件に対する関心を持つに至った。とりわけ、その時点では自らの問題関心を明確に対象化して意識することができなかったものの、漠然とした形でため池での幼児水死事故によりかけがえのないわが子を喪った遺族両親の抱える「死別の悲しみ」の問題と、そのことに対する「世間」・第三者の無関心ないし冷淡さが深く印象に残った。筆者にとって、法社会学に対する学問的関心の原点は、この「隣人訴訟」事件にあると言って過言ではない。

　その後、筆者の問題関心は、「隣人訴訟」事件における原告夫婦（子どもを亡くした遺族両親）の提訴動機をどのように理解すべきかという問題に絡んで、紛争行動における当事者の「意味の理解」への関心が高まり、法意識論／法文化論に対する関心へとつながっていくことになった。最終的にまとめた修士論文では、日本社会における人々の「責任」観念に対する「法文化」論的アプローチに基づく考察を行い、紛争事例として「隣人訴訟」事件と薬害スモン訴訟事件をとりあげた。この時点では、人々の間での「意味の了解」を可能にする枠組みないし背景として「法文化」を位置づけ、とりわけ、薬害スモン事件被害者の手記に示された「意味づけ」に関心を抱き、当事者の「間主観的意味世界の解明」[9]に取り組むことが、紛争解決過程における当事者の意味づけと併せて紛争行動を理解する上で重要なのではないかと考えるに至った。

　しかし、その後、方法論ないし理論枠組みとしての「法文化」論的アプローチの採用には行き詰まる結果となった。その「打開策」として筆者は、和田（一九九六）に示された「法現象のエスノグラフィカルな研究実践」に取り組むことが必要と考え、実際にある学校部活動中の死亡事故に関する遺族両親と伝手を介して出会い、この事件を対象としたフィールドワーク（論文②）を開始した。具体的には、事故をめぐり遺族両親が提起した民事の損害賠償請求訴訟事件の裁判傍聴を重ね、遺族や関係者（弁護士、部活動関係者、地域市民等）へのインタビューをそれなりに時間と労力をかける形で実施した。ただ、インタビューを中心にさまざまなデータを収集することができたものの、データの分析枠組み・問題関心が定まらず、活字化までには一定の時間を要することになった。

そうした中で、二〇〇〇年から、大学生の飲酒死亡事故に関する数組の遺族両親と出会う機会があり、うち一組の遺族両親に対しては足かけ七年間におよび継続的なフィールドワークを実施することができた（論文①）。年に数回程度の頻度で実施したこのフィールドワークでは、時間をかけて遺族両親との一定の関係性を構築し、遺族両親の事故に対する「思い」や民事裁判を提起した動機、経験した民事裁判や弁護士に対する印象等、さまざまな心情や考えに接する機会を得ることができた。その中で、「死別の悲しみ」を抱えた遺族当事者の視点から見た法や裁判の問題を記述し、「死別の悲しみと法」の問題設定にたどり着くことになった。この過程において、筆者は体験的に、遺族両親の抱える「死別の悲しみ」を共感的に理解することの重要性、並びに「死別の悲しみ」と関連づけて遺族両親の紛争解決過程における意味づけやさまざまな行動の理解に関する解釈と接する機会を得た。そして最終的にフィールドワークの成果を論文としてまとめるに際しては、まずもって、遺族両親の視点を追体験的に共有する文体での事件展開に関する記述を読み手に経由してもらう必要があるものと判断し、この趣旨を徹底したエスノグラフィーを意識した論文を書くことに挑戦した。

こうした経験を経て、その後、論文②についても、部活動死亡事故の遺族両親が抱える「死別の悲しみ」に対する理解を軸に考察をまとめ、こちらについても読み手に与える効果的な印象を意識して筆者なりに文体にもこだわったエスノグラフィー型論文の執筆に取り組んだ。

以上が、筆者の取り組んだ主要なフィールドワーク／エスノグラフィー研究の概要とそこに至る経緯、問題関心の変遷である。

† 人々の意味実践への接近――「対象理解型／問題発見型」研究の重要性

以上の個人的な研究の経緯を踏まえて、筆者は、法社会学研究において、量的方法論／量的研究が目指す「行為の因果法則的な説明[10]」に関する知見の蓄積や理論構築／理論仮説の演繹的検証だけではなく（もちろん、その意義を否定するものではない）、「対象理解型／問題発見型」の性質を有する質的方法論／質的研究の強みを生かして、法現象への理解を深め、人々の「意味世界のリアリティ」に対する解明・解釈を豊かにするとともに、法現象を対象とした「問いを発見する」型の法社会学研究をより一層積極的に推進する必要があると考えている（一例として、筆者が取り組んだ損害賠償の「命日払い」請求に関する研究、小佐井二〇一二、等）。質的方法論／質的研究に基づく法社会学的な研究実践が待たれるフィールド／研究テーマは膨大であり、法解釈や法実務の現場に対する批判的検証や原理的な問い直し、政策提言等の実践的課題も視野に入れる必要があろう。

3 フィールドワーク／エスノグラフィーをめぐる諸問題

† 研究者の立ち位置／スタンス――対象者と調査者の「距離」をめぐって

論文①において、筆者が採用した調査対象者の「立場性へ寄り添う」スタンスは、「死別の悲しみ」に伴う問題を扱う中で対象者から得た示唆に導かれたもの[11]であり、対象の性質／社会の中での問題に対する理解の状況等から要請されたものと筆者は理解している。同様に、研究対象や問題の性質に応じて、研究者の取り得るスタンスは可変的であり得るし、またそうであるべきではないかと考えている（ただし、一つの問題に対して有効となり得たスタンスが他の問題に対しても同様に有効となるかは、もちろん別の問題である）。結局この問題は、質的研究の研究対象／取り組む問題の性質と切り離して論じられないように思われる。

この点に関して示唆を与えるのは、江口・林田・吉岡編（二〇一二）の「エピローグ」で言及されている「たじろぎの自己言及／自己言及の倫理」というスタンスの有効性である。多少長くなるが、重要な指摘が含まれる記述を以下、引用の形で示すことにする[12]。

……以上、ごく簡単に本書の議論を振り返ってきた。すでにおわかりのように、どの章にも決定打となりうる明快な解決策とか、ましてや「正解」などは見当たらない。むしろ反対に、そこにあるのは法の境界の微細な観察を通じて見えてくる法の「忸怩たる要素」を際立たせ、それを自分自身の立脚点に引き写しながら、繰り返し境界線のあり方を考え直していく姿である。これは、法の境界問題を自分たちの手の届かない「圏外」と捉えるのではなく、逆に、法の境界と自分自身の立ち位置／生活圏を絶えず連動させていこうとする態度といってもよい。以下、本書の最終弁論という意味も込めて、こうした態度を「自己言及の倫理」と名づけ、その重要性を提起しておこう。

自己言及とはなかなか一筋縄ではいかない概念なのだが、さしあたり「自分が何事かについて言及するとき、自分自身の〝立ち位置〟を抜きにはできない」という程度の意味で理解しておこう。言い換えれば、私たちが何かを主張する場合に、「客観的立場」だとか、社会全体を俯瞰できる「特権的観察点」など存在しない、ということだ。

……

結局のところ、自己言及に忠実であろうとすれば、法の圏内に踏みとどまりながら、圏外からの声なき声に耳を澄ませるしかない。私たちは、この態度にあえて「倫理」というコトバを充当したい。〈大文字〉の主語に安易に依存することなく、あくまで私自身の立ち位置から語り始め、その限界に自覚的であること、圏外へのイマジネーションを怠らないこと、これらを倫理的態度として提示したいのである。それは明確な基準を示してくれるわけでもなければ、決して雄々しくもない。決定不能な自己言及の循環を前にあれこれ悩みながら、自分自身の言葉を紡いでいこうとするこの態度は、どこまでも〝たじろぎながら〟でしかありえないだろう。だが、そうした構えを見失わないことこそ、法の境界を着実にずらしてゆく可能性を秘めた、ささやかだが終着点のない倫理的態度の核心なのではないだろうか。

引用文にもあるように、質的研究／フィールドワークを行うに際して、研究者は、絶えず自らの立ち位置／スタンスに自覚的であることが求められ、フィールド／調査対象者との関係において超越的な「客観的立場／特権的観察点」を取り得ないことについて、十分に自覚／自戒することから出発しなければならない。

†研究過程での問題意識の変遷と専門性に対する問い

「死別の悲しみ」に関連した問題を扱うという問題意識は、先に見たように、筆者が２つの質的研究／フィールドワーク（学校死亡事故：論文②、大学生飲酒死亡事故：論文①）に取り組む中で最初から明確に捉えられていたわけではなく、対象者への聴き取りを重ねる中での変遷を経て、徐々に見えてきた経緯がある。このことについてはたとえば、次の新聞記事で示された原告訴訟当事者の心情をめぐる理解の例を挙げることができる。

昨年五月、××市の中学校の弓道部で起きた事故で亡くなった中学生の両親が、学校管理責任を問い、同市などを相手に損害賠償を求める訴訟を、○○地裁に起こした。約11カ月が経過し、事故が忘れられかけていたのに加え、矢を射た生徒が被告として含まれていたことに驚いた。「ここまでしなくても」という声も、上がっていた▼提訴後の会見では当然、その点についても質問が出た。訴状では、矢を射た生徒にも周辺への注意を怠った過失があるとなっていたが、終始うつむいていた遺族が声を詰まらせて話した。「二度とこのような事故を繰り返してほしくないんです」▼そのためにも、当時の現場を知っている生徒に裁判を通して、クラブ活動中の状況を証言してほしいという思いが強かったように感じた。第三者には測りかねる悲しみと、複雑な心情を象徴した提訴に、どこまで真実に迫れるか。記者として襟を正させられる思いだった

ここで示した新聞記事の内容[13]について、筆者は当初、少なくとも悪い印象は持っていなかった。記事の末尾に「第三者には測りかねる悲しみと、複雑な心情を象徴した提訴に、どこまで真実に迫れるか。記者として襟を正させられる思いだった」と書かれていることからも、記者なりに提訴の重みを受け止めた記事だと、どちらかと言えば好意的に理解していた。ところが、実際にこの事件の原告当事者の一人である被害中学生の母親と会って話を聞いた際、この記事について話を向けると「あの記事には、頭にきました」という反応が返ってきて、正直、面食らってしまった[14]。母親に最初に話を聞いた時点では、なぜ「あの記事には、頭にきた」のか、恥ずかしながらその理由に思い至ることができなかったのである。

後に、大学生の飲酒事故遺族への足かけ七年におよぶ聴き取り調査の経験を経て、筆者にはようやく、あ

の時、被害中学生の母親がなぜ「あの記事には、頭にきた」と述べたのか、その理由が筆者なりに理解できたように感じた。改めて記事を見直すと、引用部分の三行目に「約11カ月が経過し、事故が忘れられかけていた」との記述がある。事件経緯を振り返れば、被害中学生の両親にとって、この事件での民事訴訟の提起は、ようやくたどり着いた「問題解決の糸口」だったにもかかわらず、記者からは「事故が忘れられかけていた」と書かれてしまっていたのである。野田正彰が指摘する遺族に特有の時間の問題（野田二〇一四）を持ち出すまでもなく、被害者遺族の母親にとっては、自分たちの提訴に込めた言葉にならない思いを必死に伝えようとした場面を伝える記事において、肝心の事故が、事故で亡くなった息子の死と存在が、「忘れられかけていた」と書かれたことに、「頭にくる」だけのどうしても許せない憤りを感じていたのではないか、とみることができる。

以上は、ほんの一例に過ぎないが、筆者の経験に引き付けて考えれば、研究対象／対象者／データに対して真摯に向き合う中で研究を取り巻く環境や条件にも影響を受けながら、研究者の問題意識は変遷し得るし、むしろ可変的であることが望ましい場合もあるものと思われる。改めて当時を振り返ると、筆者が遺族当事者の「死別の悲しみ」を理解したいという強い思いを持っていたこと、一方で自らの立ち位置や専門性に対する自問自答を絶えず続けざるを得なかったこと、研究対象について筆者が十分な知識と理解を持ち合わせておらず、対象者への聴き取りを通じて学ばなければならないという「未熟者への自覚」を持っていたこと／持ち続けられたことが、結果として重要だったように思われる。

上記二つの質的研究／フィールドワークに取り組むに際して、筆者が当時、人生経験の面でも乏しい大学院生であったこととの「強み」は、その後、筆者が専門の研究者／大学の研究者となり年を重ねるにつれて、また対象者との年齢差等の面で変化していかざるを得なかった。(15) その意味で質的研究には、研究者のパーソナルな個人史や性格等の反映される面が少なからずあることは間違いない。

†先行研究の成果や議論・論点との切り結び方

「論文①」（大学生の飲酒事故）並びに「論文②」（部活動中の学校死亡事故）では、フィールドワークによって得られたデータを踏まえた紛争過程の詳細な再現的記述と、記述を踏まえて論じられるべき論点の抽出に大きなウェイトが置かれており、抽出された論点と従前の法社会学ないし法学における先行研究の成果・知見、並びに議論・論点といかに切り結んでいくかが大きな課題[16]となった。

結局、筆者の上記二つの論文においてこの点は、中途半端な形にとどまったことを否定できない。オリジナルなフィールドワークを通じて得られた個々の知見を、既存の理論・知見の安易な適用を避けつつ従前の先行研究の成果・知見と具体的にどのように切り結ぶか、より具体的には、データの解釈に際して先行研究の知見をどのように活用し、新たに得られた知見とどのように比較検討するのかという問題は、フィールドワークによって得られた知見の応用可能性をめぐる問題ともかかわって、非常にクリティカルな問題となる。同様に先行するフィールドワーク研究の成果を後に続く研究はどのように参照し、知見を切り結んでいくべきだろうか。この点は、文化人類学などすでにフィールドワーク／エスノグラフィー研究の蓄積が十分な他の学問分野における具体的な実践と議論を参考としながら、法社会学研究においても詰めていくべき課題の一つであると言えよう。

†解釈の妥当性とその客観的評価をめぐる問題

フィールドワーク研究における研究者の解釈の妥当性は、どのようにして担保／評価され得るのか。筆者はこの問題に関して、主として論文①において、フィールドワークで得られた調査対象者の「語り」等のデータを最終的にエスノグラフィーの形でまとめる段階で、主要な調査対象者（子どもを亡くした遺族両親）に原稿を読んでもらい、時間をかけて解釈の妥当性および記述内容を確認・検討する作業をなるべく丁寧に、複数回、共同作業の形で行った。こうした研究者と調査対象者との間での解釈・記述の確認作業は、質的研究／フィールドワークの入門書等でも推奨されており（フリック 二〇一一）、調査対象者のチェックを経ることで解釈の妥当性を一定程度担保し得るものと思われる。

こうした作業を行う際に限らず、最終的なエスノグラフィーにおいて、データの記述と研究者の解釈を併せて提示する際には、研究者の解釈と矛盾する「都合の悪い内容」を捨象することなく併せて提示することで、解釈の多様性と批判可能性を開かれたものにしておくことが要請される。

† 研究成果の記述スタイル・表現方法をめぐる問題

筆者は、論文①（大学生の飲酒事故）および論文②（部活動中の学校死亡事故）を研究成果報告としてのエスノグラフィーにまとめるにあたり、その「書き方」の面で試行錯誤を重ね、最終的に「やや奇妙な文体」を実験的に採用するに至った。

すなわち、これら二つの論文では、その「読み手」として主たる調査対象者の遺族両親やその周囲の人々を強く意識し、彼らに理解可能な形を目指したこと、並びに「読み手」としての第三者が「死別の悲しみ」を抱えた遺族両親の経験を可能な限り「追体験」するような「感覚」の体感を目指して、時系列に従い、あえて長文の訴状や関係資料等を要約することなく引用して、「読み手」に紛争状況の細部に至るリアリティの体感を「強要」するスタイルを採用した。

フィールドワークに基づく研究成果をエスノグラフィーとして「書く」際には、研究テーマやデータの内容・性質に即して、多様な文体を駆使する等一定の「書く」工夫が要請される場合がある。質的研究／エスノグラフィーの評価に際しては、こうした文体／記述スタイルの「多様性」に関する適切な理解が求められる。

4　フィールドワーク／エスノグラフィー型法社会学研究のこれから

†共同研究プロジェクトの意義と重要性

筆者の実感として、複数の研究者が関与する質的調査研究プロジェクトへの参加（例：トラブル経験調査、労働審判制度利用者へのインタビュー調査等。後者について、佐藤・樫村（二〇一三）を参照）は、研究者が相互に自らの方法論に伴う強みや弱み、課題を認識し、データの解釈を磨く上で最も有意義な実践の機会を提供する。こうした機会を積極的に創出し、豊かな研究過程を共有し多様な研究成果を蓄積していくことは、フィールドワーク／エスノグラフィー研究のみならず、広く質的研究の方法を継承・発展させる意味だけでなく学会全体の発展にも大きな寄与となるであろう。

ただし、日本の法社会学におけるフィールドワーク／エスノグラフィー研究の蓄積は、まだ限られていると言わざるを得ない。今後、多くの研究者が関心を共有する中で、研究実践が蓄積されていくことにより、より発展的な形での研究展開が望まれることになろう。

†研究実践の評価と担い手の養成をめぐる問題

多様であり得る質的研究の成果をどのように評価するか、その評価方法ないし評価基準をめぐる問題も存在する。また、これと併せて／連動して、質的研究を生み出すための研究の進め方に関する教育方法をめぐる問題を、先行する他の学問分野の状況を踏まえて十分に検討することが不可欠である。

†研究実践の意義と研究成果の活用／被活用をめぐる問題

質的研究の存在意義と果たすべき役割は、狭い意味での法社会学の実践的な役割、すなわち、法解釈学や法実務に対する批判的検証に基づいて法の課題を明らかにし、問題提起や提言を行うことにおいても有効と考えられるが、それだけにとどまらない。より広い社会的文脈において、時々のアクチュアルな問題を対象とした質的研究に取り組むこと並びにその成果の公表を通じて、広く社会一般の人々に対して、法や社会、特定の問題に対する人々の認識を「人々が理解可能な形で」相対化し学習する機会を提供できる可能性を持つ点で、極めて有効と考えられる（参照：波平・小田 二〇一〇）。

他方、アクチュアルな課題とかかわる法社会学的質的研究の成果を、具体的な問題にかかわる対処や実践に際してどのように活用するか、またどのように活用されるかについては、その危険性も十分視野に入れておく必要があるものと思われる。[17]

（1）ここでは代表的なものとして、「解釈法社会学」のスタンスから「臨床法社会学」を構想する和田仁孝の著作（和田 二〇一六、二〇二〇）並びに和田との問題関心の共有を表明するものとして、西田（二〇一九）、入江

（二〇一九）を挙げておく。なお、飯（二〇一九）が提唱する「パブリック法社会学」の試みも、筆者の見るところ、和田らと問題関心を共有する立場と思われる。この他、法社会学研究におけるフィールドワーク論として、林（二〇一四）も参照。

（2）こうした研究実践をまとめたものとして、西田（二〇一九）がある。西田は、「人々の日常的実践に近づいたときに見えてくる〈法と社会とのかかわり〉の記述と考察」として自らの研究を位置づけた上で、「まずは接近すること。生きられる過程として当事者の活動を位置づけ、当事者が経験し関わっている〈現実〉の一端を知ることが出発点となる。この当事者の経験過程を理解すること抜きで、法の働きや限界を知ることはできそうにない」と述べていて、非常に示唆に富む。筆者自身も、こうした西田のスタンスに共感するものである。

（3）法社会学分野での地域滞在型調査に基づく基重な研究実践例として、吉岡（二〇一三）がある。

（4）津地裁昭和五八年二月二五日判決。『判例時報』一〇八三号、一二五頁以下。同事件の詳細と法社会学的論点については、さしあたり、星野英一編（一九八四）『隣人訴訟と法の役割』有斐閣、を参照のこと。

（5）ここでは便宜的に、量的研究／質的研究という一般的な二項対立図式に基づいて整理しているが、この点に関して質的研究内部の多様性を指摘して二項対立図式の不毛性を説くものとして、杉野（二〇一九）を参照。なお、本章では、杉野の指摘が重要であることを理解しつつも、詳細な議論に立ち入ることはできないことをお断りしておく。

（6）以下の引用部分は、山崎（二〇〇九）による。

（7）その一例として、小佐井良太（二〇一二）「司法過疎地における法律相談：鹿児島県島嶼の事例より」『法社会学』第七六号、一五八 - 一七一頁、参照。

（8）インタビュー調査の記録は、当事者の「語り」として佐藤・樫村編（二〇一三）にまとめられている。

（9）この点を分析したものとして、栗岡幹英（一九八六）「薬害被害者の意味世界の諸相」宝月誠編『薬害の社会学』世界思想社、参照。

（10）阿部昌樹（二〇二〇）は、自身が取り組んできた法社会学研究の営為を振り返った上で経験的研究であったと位置づけつつ、「経験的であるとは、五感をとおしての体験によって基礎づけられた外界についての知識を蓄積し、それらを相互に関連づけていくことをとおして、外界に生起する諸事象間に作用している因果法則を解明することを目的とした知的営為であるということができるであろう」とする。ここでの因果法則の解明というスタンスは、和田が提唱する「臨床法社会学」の立場・理解とは異なるものであるように思われるが、ここでは十分に議論を掘り下げることができない。

(11) 具体的には、ある大学生の飲酒死亡事故遺族の母親（論文①の遺族両親とは別の遺族）から得た示唆によるところが大きい。当時、子どもを亡くした遺族両親に対してインタビュー調査への協力を求めることで、遺族両親の心情を傷つけてしまうことを恐れていた筆者に対し、「私たちの話を否定せず、まずはしっかりと聞いてそのまま受け止めてほしい。私たちの話を真剣に受け止めて下さる方にお話することは、私たちにとって苦痛ではない」と言葉をかけてもらえたことが、その後のフィールドワーク研究を続ける上で大きな励ましとなった。なお、その際、併せて「私たちを研究の対象、分析の対象としてみないでほしい」と言われたことも、その後の研究に取り組む姿勢に大きな糧となった。

(12) 引用部分は、江口・吉岡・林田編（二〇一二）、三一七頁、および三二〇-三二一頁。

(13) 引用部分は、小佐井（二〇〇七b、四三二頁）。なお、地名等の固有名詞については一部伏字とする処理を行っている。

(14) 小佐井（二〇〇七b、二〇三頁）、注59の記述、参照。

(15) こうしたフィールドワーカーと対象者との関係性に関して、その権力性に注意を喚起するものとして、阿部（一九九八）を参照。

(16) この点について筆者は、問題関心を共有する西田（二〇一九）の書評において、改めてその問題の困難さと重要性について簡単に言及している。小佐井（二〇二〇）参照。

(17) テキストとしての研究成果が持ち得る権力性とその活用／被活用に伴う問題について、阿部（一九九八）を参照。

参考文献

阿部昌樹（一九九八）「書評　和田仁孝著『法社会学の解体と再生』」『法社会学』五〇号、二六五-二六九頁。

阿部昌樹（二〇二〇）「経験的法社会学の研究実践」『法と社会研究』第五号、三-二八頁。

飯考行（二〇一八）「法社会学研究と民主主義法学」『法の科学』四九号、六〇-六五頁。

飯考行（二〇一九）「津波訴訟への接近――パブリック法社会学の試み」D・フットほか編『法の経験的社会科学の確立に向けて――村山眞維先生古稀記念』信山社、三九九-四一七頁。

入江秀晃（二〇一九）「臨床法社会学の構想――当事者性を持って、媒介し、現場に関わる」D・フットほか編『法の経験的社会科学の確立に向けて――村山眞維先生古稀記念』信山社、三九九-四一七頁
江口厚仁・林田幸広・吉岡剛彦編（二〇一二）『圏外に立つ法／理論――法の領分を考える』ナカニシヤ出版。

小佐井良太（二〇〇四、二〇〇六、二〇〇七a）「飲酒にまつわる事故と責任（一）～（三・完）――ある訴訟事例を通してみた死別の悲しみと法」『九大法学』八八号、九三号、九四号。

小佐井良太（二〇〇七b、二〇〇八）「学校死亡事故をめぐる「救済」と法（一）、（二）――ある訴訟事例の検討を手がかりに」『九大法学』九五号、九六号。

小佐井良太（二〇一二）「「死別の悲しみ」と金銭賠償――法は死者を悼みうるか」江口厚仁・林田幸広・吉岡剛彦編『圏外に立つ法／理論――法の領分を考える』ナカニシヤ出版、四五-六八頁。

小佐井良太（二〇二〇）「書評　西田英一著『声の法社会学』」『法社会学』八六号、一九六-二〇〇頁。

佐藤郁哉（二〇〇六）『フィールドワーク 増訂版――書を持って街へ出よう』新曜社。

佐藤岩夫・樫村志郎編（二〇一三）『労働審判制度をめぐる当事者の語り――労働審判制度利用者インタビュー調査記録集』東京大学社会科学研究所研究シリーズ No.54
杉野勇（二〇一九）「定性的社会科学の新たな展開と課題――質的比較分析と過程追跡」D・フットほか編『法の経験的社会科学の確立に向けて――村山眞維先生古稀記念』信山社、五〇一-五三〇頁。

波平恵美子・小田博志（二〇一〇）『質的研究の方法――いのちの〈現場〉を読みとく』春秋社。

西田英一（二〇一九）『声の法社会学』北大路書房。

野田正彰（二〇一四）『喪の途上にて――大事故遺族の悲哀の研究』岩波現代文庫。

林研三（二〇一四）「第6章フィールドワーク論」塩谷弘康ほか編『共生の法社会学――フクシマ後の〈社会と法〉』法律文化社、一三五‐一六四頁。

フリック、ウヴェ（二〇一一）『新版　質的研究入門――〈人間の科学〉のための方法論』小田博志監訳、春秋社。

山崎敬一（二〇〇九）「質的社会研究シリーズの刊行に寄せて」伊藤智樹『セルフヘルプ・グループの自己物語論――アルコホリズムと死別体験を例に』ハーベスト社。

吉岡すずか（二〇一三）『法的支援ネットワーク――地域滞在型調査（エスノグラフィー）による考察』信山社。

米盛裕二（二〇〇七）『アブダクション――仮説と発見の論理』勁草書房。

和田仁孝（一九九六）『法社会学の解体と再生――ポストモダンを超えて』弘文堂。

和田仁孝（二〇一六）「臨床知としての法社会学――解釈法社会学と実践」『法と社会研究』第二号、三‐二四頁。

和田仁孝（二〇二〇）『法の権力とナラティブ』〈法臨床学への転回第1巻〉北大路書房。

［コラム5］

我が子の事故を通じて考える裁判の在り方

二〇一二年七月二〇日は、私たちの心から離れることのない日となりました。

当時、私たちは愛媛県西条市に住んでいました。息子の慎之介は、市内の私立幼稚園に通っていました。この日、慎之介は幼稚園のお泊り保育に参加し、川遊びが行われたときに、増水によって数名の園児と一緒に流され亡くなりました。死因は溺水。ライフジャケットの装着など水遊びの安全対策は何もなされていませんでした。慎之介は五歳一〇か月で未来を閉ざされたのです。

事故直後から警察の捜査が始まり、二〇一六年五月に刑事裁判で元園長に有罪判決が言い渡され、二〇一八年一二月には民事裁判で、幼稚園を運営している学校法人と元園長に損害賠償責任が認められました。裁判では、ライフジャケットの装着など安全対策の不備が過失と認められました。

事故後、保護者の方とお泊り保育に参加した子どもたちと一緒に、事故現場となった石鎚ふれあいの里の前を流れる加茂川で、事故の検証を行いました。子どもたちを救助してくださった方や、現場付近に住んでいる方から当時の状況を教えていただいたり、増水する川の様子を撮影したり、原因究明のためにできる限りの調査をしました。

一方で、幼稚園の先生方に事故の説明を求めても、「何も話せない」という回答が続き、なぜ、このような対応をされるのだろうと理解に苦しみましたが、残念ながら、他の保育・学校事故でもよくあることだということを、後に知ることになりました。

事故翌年二〇一三年七月一九日に、事故を風化させたくない、先生方に公的な場で真摯に事実と向き合ってほしいという思いから民事提訴をしました。

私たちは、事故を繰り返さないように、行政によって事故調査が実施され、再発防止策や安全対策などが、全国の保育・学校施設に周知されるだろうと信じていました。しかし、調査は実施されないという実情を知り、大変驚きました。民事提訴前二〇一三年六月に、「学校安全と再発防止を考える会」を発足させ、事故の原因究明と再発防止のために、西条市と愛媛県に対し、事故調査の要望書を提出しました。ですが、私立幼稚園に対しては指導監督する権限は無いという理由から、調査は行わないという回答を受け、独自に第三者検証委員会を発足させ、有識者の先生方に事故の検証をしていただきました。[1]活動を通じてご縁を頂いた、保育・学校事故の遺族の方や有識者の方とともに、再発防止のために必要な事故検証や初動調査・対応の問題・課題など、保育・学校管理下の事故と安全を考える勉強会を重ね、二〇一四年九月に事故の教訓をいかすために法人を設立し、日本子ども安全学会を発足させました。[2]

私たちは、責任を追及する裁判と再発防止のための活動を同時に進めてきた中で、事故の教訓をいかすための仕組みが必要だと痛感しました。

刑事裁判では、被害者参加制度を利用し、捜査資料を閲覧し検察官から説明を受け、公判に出廷したことで、事故の状況と慎之介の死を理解することができました。同時に、権限のない調査の限界を実感しました。

民事裁判に関しては、原告側の立証責任の大変さ、書面を通じて責任は無いという主張が長く続くこと、和解に関する問題、真実究明や謝罪の場ではないこと、裁判官が尋問の必要性を認めなければ被告への尋問は叶わないこと等々、裁判の限界と解決しきれない問題を確認し、提訴前にもっと理解しておくべきだったと思いました。同時に、弁護士との関わり方も考えさせられました。事故の問題と向き合うにあたり、弁護士の選定に苦労しました。知り合いや親族からの紹介に頼る形になりましたが、弁護士への相談はハードルが高く、法があまりにも遠すぎるのではないか、私たちの権利は保障されていないのではないかと感じました。

事故や事件の当事者にならない限り、裁判について詳しく知る機会がない状況は非常に問題で、とても悲しいことだと思います。裁判員裁判制度や被害者参加制度が導入され、市民が裁判に関わることができるようになったとはいえ、裁判と法、判決の意義や再発防止などについて考える機会はほとんどありません。また、刑事裁判で有罪判決を言い渡された元園長が、刑事裁判の判決文は読んでいないと発言したことから、有罪判決を受けた人が判決文を読み、事故・事件を理解し反省することはあるのだろうかと疑問を持ちました。

事故や事件について裁判の判決が出たとき、これまで多くの遺族が「この判決をいかしてほしい」と社会に伝えてきましたが、同様の事故・事件が発生したときに、裁判の中で先例として扱われることはあっても、判決から教訓を得て、再発防止にいかすような仕組みはありません。社会の中で事故や事件をタブー視するのではなく、事故や事件について語ることができる、再発防止と予防の活動に、市民が積極的に参加できる文化が必要だと思います。

　裁判とは何のためにあるのでしょうか。遺族としては、責任の所在を明確にすることは当然ですが、それだけでなく、我が子の権利の回復と命をいかしたい、という強い思いがあります。裁判と法、子どもの命について考え、学びを共有することができる社会になってほしいです。

　教訓がいかされて、子どもの命が守られる社会になることを心から願います。**（吉川《よしかわ》豊《ゆたか》・吉川《よしかわ》優子《ゆうこ》）**

（1）学校安全と再発防止を考える会（http://shinnosuke0720.net/）。学校法人ロザリオ学園　西条聖マリア幼稚園管理下における園児溺死事件に関し学校安全管理上の問題を検証する第三者委員会（通称：慎ちゃん委員会）

（2）一般社団法人吉川慎之介記念基金（https://shinnosuke0907.net/）

エピローグ

本書はここまで、具体的な事象を題材としながら、法／社会のさまざまな作動を、その内外で展開されるコミュニケーションに照射する形で明らかにしようと試みてきた。本書を締め括るにあたり、改めてこれまでの内容を振り返っておこう。

本書の起点となる序章では、法システムが内包する自己言及のパラドクスにまつわる問題が扱われた。まずは、法の根拠づけ問題に関わる「法／不法」区別において常に法が先取りされる基本構造が確認された後、四つの具体的テーマ（法の支配、先例拘束性、法令拘束性、憲法改正）をとりあげ、それぞれのテーマに即してパラドクスの具体的な「展開」の仕方と巧妙な「隠蔽」のありようが記述される。これらの記述を通じて、法システムにとって自明の「背後仮説」となっているものごとを外的視点から観察すること／内部観察者には見えなかったものを可視化してみせることの意義が具体的に示されるとともに、法システムにおいてはその進化を支える根源としてパラドクスの積極的な活用を図ろうとする構図が確認される。序章を通じて示されるパラドクスの具体的な展開に着目する視点、パラドクスの展開において「見えなくなるもの」への感度を保持しようとする態度、より生産的なパラドクスとの折り合い方はないかと自問する姿勢、これらは総じて本書全体の基底をなすものとして共有されている。

序章に続く「第Ⅰ部　折り合う」では、さまざまな課題／現実と「折り合う」ためのコミュニケーション、あるいは「折り合う」ことでよいのかを捉え直そうとする中から生まれるコミュニケーションのあり方が論じられる。

第1章では、憲法九条について考えるとはどういうことかを、カントの戦略（永遠平和のために）に依拠しつつ示そうとする。序章からの展開を受け、平和主義と法の支配をめぐる法のパラドクスの問題（平和主義の法システムへの組み込みに伴う問題）にも言及しつつ、理念と現実の二項対立を超えてあるべき世界平和への道を構想する手がかりとしての憲法九条の位置づけが確認される。私たち一人ひとりの法システムとの付き合い方、法的なるものを思考し、異質な他者との公的なコミュニケーションを取り続けること、そうした場の必要性と私たち一人ひとりが持つべき覚悟を問う。

続く第2章では、ルーマンの視点に基づいた権利論の検討がなされる。具体的には、自由、自由権、選挙権、平等、尊厳といった憲法上の諸権利（基本権）をとりあげ、一方でそれぞれに関する伝統的な憲法学的捉え方を簡潔に示しつつ、他方でそれぞれに対するルーマン的診断のエッセンスが見取り図的に提示されていく。従来的な「国家 vs. 国民」の二項対立図式に基づく権利論の限界を指摘しつつ、多元化した社会／複雑化した社会を前提に「自由」（行為が各人の人格へ帰属することと捉えるルーマン的な自由）の観点で再定位された権利論の必要性とその重要性が説かれる。

第3章では、企業等の組織が組織存続の危機を乗り切るために設置する「第三者委員会」の理論的な解明が試みられる。ここでの問いは、なぜ内部調査では不十分で第三者委員会による調査でなければならないのか、また、第三者委員会が策定する再発防止策には法的拘束力が伴わないにもかかわらず、なぜ組織はこれを実行しようとするのか、この二点に集約される。これらの問いに対する答えとしては、いずれもルーマンの理論枠組みを援用しつつ、第三者による「観察の観察」の意義と「信頼」の獲得過程に働く社会的圧力がソフトローとして機能することを指摘する。

第4章では、私たちが普段は見ずに済ませられている「非知」(よくわからないこと)をめぐる問題状況が検討される。新型コロナ感染症をめぐる社会的な問題状況を手がかりに、社会で生じる出来事の説明や意味づけは「一筋縄ではいかない」ことが改めて確認される。その上で、「責任」や「共感」には「非知」の作用が伴うこと、すなわち「よくわからないこと」を不可視なものにする/見ずに済ませられるようにする働きがあることを指摘した上で、対処のための処方箋として、「非知」を契機に絶えず別様に考えていく/考え続けていくことが求められていると説く。

「第Ⅱ部　生み出す」では、各種の法的コミュニケーションが別様のコミュニケーションに接続し、そこから新たなコミュニケーションが生み出されていく可能性ないし具体的な展開のさまが捉えられ、描かれる。

第5章では、紛争処理の局面において紛争当事者が「待つ」ことをめぐる問題が論じられる。子どもの引渡し、交通事故による後遺症、環境紛争の具体的裁判事例の検討に基づいて、紛争当事者が「待つ」という行為を選択するに至る背景事情とその紛争解決上の意義が確認される。ここでは、法的紛争解決過程において紛争当事者の「待つ」という事実上の戦略＝法の外での戦略が、問題性を孕みつつも必ずしも否定＝排除できない現状を踏まえて、時間資源をめぐるコミュニケーションの規律問題として理論的な把握と対処が必要であることが指摘される。

続く第6章では、景観論を手がかりとして法と空間の関係が検討される。国立市景観訴訟をめぐる判決文の検討を通して二種類の「景観利益」を確認し、一方で良好だと認識されてきた地域の景観・空間の特性（秩序）のありようそのものが地権者間での「景観を維持すべき」とのルール形成につながった側面を指摘する。他方、「良好な景観」とは何かをめぐる法的コミュニケーションには一定の困難さ（コンセンサスの形成が容易ではない側面）を伴うところ、景観が「もの」（物質的基盤）に依拠していることから、「ものに定位したコミュニケーション」として作動させることでそうした困難さを解消し得る可能性が指摘される。

そして第7章では、商工ファンド関連の民事訴訟事件を題材に、「みなし弁済」に関する裁判所の判断が分かれ「変動期」にあった時期の法的コミュニケーションのあり方が、具体的かつ詳細に検討される。民事訴訟の手続的機能に着目し、当事者自治を再生させることに民事訴訟制度の機能を見出す過程志向の民事訴訟機能論に依拠しつつ、具体的事件の展開過程が子細に分析されていく。交渉の行き詰まりや再開、請求異議訴訟や強制執行に孕む公的暴力／私的暴力の顕在化などの流れを具体的に示しつつ、民事訴訟における法言説と関係形成のありようが具体的に描かれる。

最後に第8章では、健康食品規制のアポリアを手がかりとして、「営業の自由」に対する行政規制を行う際の情報の機能について論じている。具体的には、機能性表示食品について、事業者の便宜に配慮したガイドラインが設けられることにより、食品の機能性に関して医科学的に確証を得た情報／不確実性を制御する上で有意味な情報が規制庁である消費者庁データベースには集積されない問題点を指摘する。消費者の生命・健康・財産を守るための制度が現状では十分に整備されていないとして、多様化する健康食品の使用類型に応じた実効性のある法規制の立法論的対応が必要であると説く。

「第Ⅲ部　息づく」では、社会におけるさまざまな支配的コミュニケーションによって抑圧され、見えにくくされている問題を顕在化させ、対抗的コミュニケーションを通じて社会の支配的な見方／権力への抵抗を企てようとする動きの息づかいを伝えることが試みられる。

第9章では、一見「取るに足らない」テーマと思われる「女性がワキ毛を剃る行為」をとりあげて、「女性は無毛」というジェンダー規範がどのように社会的に構築されているかを明らかにする。習慣化され身体化された「日常動作」としてもはや意識にのぼることすらないジェンダーの「気づきにくさ」に対して十分な注意を喚起した上で、女性身体を取り戻すための方策としては、無毛規範への正面切った果敢な挑戦を試みるよりも、まずは「剃らされている」ことへの認識から出発して「剃ってやっているんだ」という自尊／不遜さの獲得を目指すべきことが示される。

第10章では、第二次世界大戦中の強制連行・労働事案である花岡事件をめぐる「花岡和解」の検証を手がかりに、訴訟上の和解における「赦し」の可能性ないし「赦し」の条件と和解＝法の果たし得る役割についての考察が試みられる。謝罪と「赦し」の関係性、被害者・被害者遺族が自らの生を取り戻すために加害者による加害行為の認定を必要とすることとの確認を経て、権力的なモメントを有する公的機関たる裁判所が、訴訟上の和解を通じて謝罪と赦しの連鎖を生み出すことに関与し得るのか、またそのことが果たして妥当であるのか、その可能性と限界が論じられる。

第11章では、司法制度改革審議会での検察審査会制度の改革をめぐる議論において、検察審査会の議決に法的拘束力を付与する改革案がどのように扱われたのかを、過去の改革議論との比較を交えて検証する。検察審査会制度をめぐる過去の議論とは異なり、一九九九年にスタートした司法制度改革審議会における議論では、一方で「国民の視点」を重視した改革方針が採用され、また、他方で裁判員制度の導入が検討された結果、一般市民から選ばれる検察審査員の能力を問題視する議論を回避する傾向が生じ、検察審査会の議決に法的拘束力を付与する主張を後押しすることにつながったと指摘する。

最後に第12章では、法社会学研究における研究実践の一つのあり方として、法の現場を対象とした「フィールドワークを行い、エスノグラフィーを書く」研究実践の意義と必要性を論じ、その方法論的課題を検討する。さまざまな法の現場＝フィールドを舞台に、法の諸現象に関わる人々の見方や解釈を聴き取り、記述する作業を通して「人々の意味世界のリアリティ」に対する理解を豊かにすることを目指した研究実践の意義が確認されるとともに、研究者の立ち位置とスタンスをめぐる問題や研究成果の記述スタイル・表現方法をめぐる問題などの課題が検討される。


このように改めて振り返ると、本書で各論稿がとりあげ論じてきたテーマや題材は実に多種多様であるが、同時にそれぞれの論稿が序章において示されたシステムの外部観察／外的視点からの観察の目的と問題意識を共有しながら、それぞれの形で法／社会の作動を観察・分析し、記述を試みていることが理解される。以下では、蛇足となることを承知しつつ、プロローグでも示した法／社会の作動と社会の変わろうとするベクトル／現状を維持しようとするベクトルの同時的両立ないしせめぎ合いについて、最後に改めて簡単に言及することでまとめに代えることとしたい。

法／社会の作動のダイナミズムが具体的な変化となって現れるわかりやすい一つの局面は、裁判所が時に判例変更を伴う形で新たな判断を示す場合であろう。ある程度巨視的な視点で日本の裁判史ないし社会史を眺めれば、戦後の時期に限定しても、時代の転換点を画したとも言うべき判決をいくつも数え上げることができる。社会の変化に伴い、時々の社会の要請に応える形で個々の問題解決が図られ、法の解釈や法的ルールそれ自体も変わってきている。本書の序章において示されたのは、こうした法／社会の作動のダイナミズムを法システムの外部観察として、法システム内部でのパラドクスの展開とその積極活用の観点から捉えた分析・記述であった。

他方で、こうした時代の転換点を画するような法／社会の作動のダイナミズムがもたらす具体的な変化の現れに立ち会うことはきわめて稀な出来事であることも、私たちは承知している。個々の問題の当事者が問題の解決や切実な救済を法ないし裁判に求める際、法／社会の「変わらなさ」は往々にして壁として立ちはだかる存在でもある。こうした場面では、多くの場合、社会の「変わらなさ」を支える形で法が具体的に作動する局面を観察することができるだろう。実際、本書の各論稿においても、そうした法の作動とこれを支える法の内部コミュニケーション／外部コミュニケーションを観察した記述が随所で示された。

こうした法／社会の作動のダイナミズムと社会の変わろうとするベクトル／現状を維持しようとするベクトルを捉えようとする視点、その同時的両立ないしせめぎ合いのさまについて外的観察と記述を試みようとする視点から見て、今後、さらなる検討が進められるべき具体的事象の一つとして、東日本大震災での津波被災事件をめぐって提起された一連の各種津波被災訴訟に簡単に言及してみたい。

ごく大まかに見れば、一連の津波被災訴訟事件には、社会の変わろうとするベクトルと現状を維持しようとするベクトル、それぞれの作用が働いていたことを見て取ることができる。大川小学校事件・仙台高裁判決（平成三〇年四月二六日判決。裁判所ウェブサイト）のように、将来の学校安全・防災のあり方に明確な変化をもたらす判決が出された一方で、七十七銀行女川支店事件・仙台高裁判決（平成二七年四月二二日判決。「判時」二二五八号、六八頁以下）のように、企業防災のあり方が問われながら自然災害の予見可能性・過失責任判断に関する従来型の法的な判断枠組みを大きく超えることができなかった判決もある。一見すると、一連の各種津波被災訴訟事件全体では、大川小学校事件・仙台高裁判決を除き、各訴訟の原告当事者が期待したような明示的に「社会を変える」ような判決は必ずしも得られなかったようにも見受けられるが、果たしてこうした見方は妥当であろうか。

結論から述べれば、結果として各津波被災訴訟事件・原告当事者側の法的請求を棄却した判決においても、自然災害の予見可能性・過失責任判断に関する東日本大震災「以前」の従来型の法的判断枠組みは必ずしもそのまま維持されたわけではなく、東日本大震災以後の「後例」の解釈判断に一定の変化をもたらす可能性を秘めているものと捉えることができるように思われる。具体的な一例として、七十七銀行女川支店事件・仙台高裁判決では、原告（指定避難先の近隣高台ではなく支店長の指示により支店屋上に避難して津波に被災、死亡・行方不明となった支店銀行員遺族）側の請求を退けつつも、津波発生時の避難としては「津波の高さの予想にかかわらずより安全な場所に避難すべき」ことを認めており、この点は、今後、東日本大震災「以後」の同種事案における裁判所の判断において変化のベクトルとして作用する可能性があるのではないだろうか。同時に、社会の側では、同判決が持つ今後の企業防災のあり方に関する備えの必要性に関するメッセージがより積極的に読み取られることで、社会の変化のベクトルとして作用することを願ってやまない。

二〇二一年三月には、東日本大震災の発生から一〇年を迎える。東日本大震災・津波被災訴訟事件の検討も含め、私たちは改めて、この日本の社会において変わろうとするベクトル／現状維持のベクトルが具体的にどのように働いているのか、そこでの法／社会の作動を捉えるべく、さまざまな観察を試み、そのダイナミズムを描き示す必要があるだろう。本書の取組みは、そのためのささやかな出発点となることを期すものでもある。

本書が成るにあたっては、各方面から多くのご支援をいただいた。本書に配された五本のコラムでは、それぞれテーマも語り口も異なるが、いずれも現在の時代状況に即して考えられるべきアクチュアルな課題が鋭く読者に提示されている。多忙な中、コラムの執筆をご快諾いただいた執筆者のみなさまに、編者一同、心より感謝を申し上げる。また、出版事情が大変に厳しい中、前作『境界線上の法／主体』、前々作『圏外に立つ法／理論』に続くシリーズ三冊目として、本書の刊行をお引き受けいただいたナカニシヤ出版に深甚の謝意を表したい。とりわけ前々作から編集担当として引き続き関わって下さった石崎雄高さんには、本書の企画段階から、ともすれば遅れがちとなる編者たちの作業に忍耐強くお付き合い下さり、適切な助言と叱咤によって、見舞われたコロナ禍の影響を最小限にとどめる形で本書の刊行を後押しいただいた。編者一同、厚く御礼を申し上げたい。

最後に、本書に与えられた一つの意味づけについて触れることをお許しいただきたい。本書は、本書序章の執筆者である江口厚仁・九州大学教授の還暦を記念して刊行される。本書の執筆者はいずれも、かつて学部や大学院時代に九州大学に在籍し、現在に至るまでさまざまな形で江口教授から学問的な薫陶を受けてきた。執筆者一同、江口教授が還暦を迎えられたことを祝し、これまでにいただいた学恩に心より感謝を申し上げる次第である。

編者一同

吉岡剛彦（よしおか・たけひこ）
1972年生まれ。九州大学大学院法学研究科博士後期課程修了。法哲学専攻。佐賀大学教授。『境界線上の法／主体――屈託のある正義へ』〔共編〕（ナカニシヤ出版，2018年），『圏外に立つ法／理論――法の領分を考える』〔共編〕（ナカニシヤ出版，2012年），『周縁学――〈九州／ヨーロッパ〉の近代を掘る』〔共編〕（昭和堂，2010年），他。
〔担当〕第9章

＊土屋明広（つちや・あきひろ）
1974年生まれ。九州大学大学院法学府博士後期課程修了。法社会学・教育法学専攻。金沢大学准教授。『境界線上の法／主体――屈託のある正義へ』〔共著〕（ナカニシヤ出版，2018年），「第三者委員会と紛争処理」（『日本教育法学会年報』48号，2019年），「津波訴訟における「真実解明」のゆくえ」（『法社会学』84号，2018年），他。

〔担当〕第10章

＊宇都義和（うと・よしかず）
1973年生まれ。九州大学大学院法学府博士後期課程単位取得退学。法社会学専攻。志學館大学准教授。『境界線上の法／主体――屈託のある正義へ』〔共著〕（ナカニシヤ出版，2018年），『圏外に立つ法／理論――法の領分を考える』〔共著〕（ナカニシヤ出版，2012年），「司法への市民参加にみる「市民的能動性」の両義的性格」（『九大法学』100号，2010年），他。

〔担当〕第11章

＊小佐井良太（こさい・りょうた）
1972年生まれ。九州大学大学院法学研究科博士課程修了。法社会学専攻。愛媛大学教授。『圏外に立つ法／理論――法の領分を考える』〔共著〕（ナカニシヤ出版，2012年），『トラブル経験と相談行動――現代日本の紛争処理と民事司法2』〔共著〕（東京大学出版会，2010年），「「死別の悲しみ」を伴う紛争事例の解決をめぐって――定期金賠償方式に基づく「命日払い」請求再考」（『交通法研究』38号，2010年），他。

〔担当〕第12章

同体と正義』〔共著〕（御茶の水書房，2004 年），他。
〔担当〕第 4 章

上田竹志（うえだ・たけし）
1975 年生まれ。九州大学大学院法学府博士後期課程単位取得退学。民事訴訟法専攻。九州大学教授。『境界線上の法／主体――屈託のある正義へ』〔共著〕（ナカニシヤ出版，2018 年），『圏外に立つ法／理論――法の領分を考える』〔共著〕（ナカニシヤ出版，2012 年），『民事紛争と手続理論の現在――井上治典先生追悼論文集』〔共著〕（法律文化社，2008 年），他。
〔担当〕第 5 章

兼重賢太郎（かねしげ・けんたろう）
1967 年生まれ。九州大学大学院法学府博士後期課程単位取得退学。法社会学・都市法論専攻。明海大学准教授。『境界線上の法／主体――屈託のある正義へ』〔共著〕（ナカニシヤ出版，2018 年），『圏外に立つ法／理論――法の領分を考える』〔共著〕（ナカニシヤ出版，2012 年），『新版　紛争管理論――さらなる充実と発展を求めて』〔共著〕（日本加除出版，2009 年），他。
〔担当〕第 6 章

仁木恒夫（にき・つねお）
1968 年生まれ。九州大学大学院法学研究科単位取得満期退学。民事訴訟法・法社会学専攻。大阪大学教授。博士（法学）。『ブリッジブック民事訴訟法〔第 2 版〕』〔共著〕（信山社出版，2011 年），『少額訴訟の対話過程』（信山社出版，2002 年），『「人体実験」と法――金沢大学附属病院無断臨床試験訴訟をめぐって』〔共著〕（御茶の水書房，2006 年），他。
〔担当〕第 7 章

塩見佳也（しおみ・よしなり）
1975 年生まれ。九州大学大学院法学府博士後期課程単位取得退学。国法学専攻。東海大学准教授。「中国「優生優育」政策」〔共著〕（『生命倫理』Vol.24No.1，日本生命倫理学会，2013 年），「カール・シュミットの公法学における「サヴィニーの実証主義」」（『法政研究』76 巻 3 号，2009 年），「初期カール・シュミットの法適用論――『法律と判決』（1912）を素材として」（『九大法学』89 号，2004 年），他。
〔担当〕第 8 章

■執筆者紹介（執筆順，＊は編者）

江口厚仁（えぐち・あつひと）

1959年生まれ。九州大学大学院法学研究科博士後期課程単位取得退学。法社会学専攻。九州大学教授。『境界線上の法／主体――屈託のある正義へ』〔共編〕（ナカニシヤ出版，2018年），『圏外に立つ法／理論――法の領分を考える』〔共編〕（ナカニシヤ出版，2012年），『自由への問い（3）公共性――自由が／自由を可能にする秩序』〔共著〕（岩波書店，2010年），他。

〔担当〕序章

城下健太郎（しろした・けんたろう）

1984年生まれ。九州大学大学院法学府博士後期課程修了。法哲学専攻。九州大学大学院法学研究院協力研究員。『境界線上の法／主体――屈託のある正義へ』〔共著〕（ナカニシヤ出版，2018年），「ヴォルフガング・ケルスティングの所有秩序構想――カント的リベラル社会国家の可能性」（『九大法学』111号，2015年），「カントの家族法論における人間性の権利」（『九大法学』105・106号，2013年），他。

〔担当〕第1章

西村枝美（にしむら・えみ）

1972年生まれ。九州大学大学院法学研究科博士後期課程単位取得退学。憲法専攻。関西大学教授。『論究憲法　憲法の過去から未来へ』〔共著〕（有斐閣，2017年），『人権論の再定位3　人権の射程』〔共著〕（法律文化社，2010年），『新世紀の公法学――手島孝先生古稀祝賀論集』〔共著〕（法律文化社，2003年），他。

〔担当〕第2章

福井康太（ふくい・こうた）

1967年生まれ。九州大学大学院法学研究科博士後期課程修了。法学・政治学専攻。大阪大学教授。博士（法学）。『法理論のルーマン』（勁草書房，2002年），『はじめての法学』〔共編〕（成文堂，2005年），T. ヴェスティング『法理論の再興』〔共訳〕（成文堂，2015年），他。

〔担当〕第3章

＊林田幸広（はやしだ・ゆきひろ）

1971年生まれ。九州大学大学院法学研究科博士後期課程単位取得退学。法社会学専攻。北九州市立大学准教授。『境界線上の法／主体――屈託のある正義へ』〔共編〕（ナカニシヤ出版，2018年），『圏外に立つ法／理論――法の領分を考える』〔共編〕（ナカニシヤ出版，2012年），『共

作動する法／社会
——パラドクスからの展開——

2021 年 3 月 31 日　　初版第 1 刷発行

編　者　林　田　幸　広
土　屋　明　広
小 佐 井 良 太
宇　都　義　和

発行者　中　西　　良

発行所　株式会社　ナカニシヤ出版
〒606-8161　京都府左京区一乗寺木ノ本町15
TEL（075）723-0111
FAX（075）723-0095
http://www.nakanishiya.co.jp/

印刷／製本・モリモト印刷
＊落丁本・乱丁本はお取り替え致します。
ISBN978-4-7795-1528-6　Printed in Japan